KB066441

혈통과 민족으로 보는 세계사

세계사의 90%는 결국 혈통이다

우야마 다쿠에이 지음 | 전경아 옮김

역사 지식에서 국제 시사 이슈까지
한 방에 해결해 주는 세계사 공부의 끝판왕

센시오

민족을 알면
세계사가 새롭게 다가온다

"저 사람은 우리나라 사람하고는 달라."

많은 사람이 거리에서 스쳐 지나가는 외국인을 보고 우리나라 사람하고는 다르다고 생각합니다. 무엇을 보고 그렇게 구분하는 걸까요? 예를 들어 한국인과 중국인, 일본인은 얼굴이나 차림새에 별 차이가 없는데도 척 보기만 해도 어느 사람인지 알아봅니다. 어떻게 이런 일이 가능한 걸까요? 대부분의 사람들이 아마도 "분위기로 알 수 있죠." 라고 대답할 것입니다. 생김새가 비슷해도 각 나라의 국민과 민족에게는 그들 특유의 독특한 분위기가 있습니다. 막연한지도 모르지만 우리는 분명 그것을 느낄 수 있습니다.

역사 속에서 각 민족이 살았던 사회와 환경, 문화와 전통의 기억은

꼼짝없이 그 민족의 유전자에 새겨집니다. 그리고 그것은 민족의 혈통으로 다음 세대에 계승됩니다. 우리는 잠재의식 속에 흐르는 '피의 기억'에 저항할 수 없고, 그것을 포장하지도, 은폐하지도 못합니다. 그 기억은 자연스럽게 필연적으로 표출되며, 민족 고유의 '분위기'가 되어 겉으로 드러납니다.

이 책은 역사적 사실에 입각하여 세계 각 민족의 궤적을 살펴보고, 민족 특유의 분위기가 어디에서 기인하는지 그 정체를 파악하며, 각 민족의 진정한 모습을 있는 그대로 드러내는 것을 목적으로 합니다. 각각의 민족이 손대기 꺼려하는 '역사의 어둠'도 있을 테지만, 그걸 감추려 할수록 어둠이 주는 트라우마는 점점 더 커질 수밖에 없습니다. 때문에 이 책은 역사의 어둠을 피하지 않고 정면으로 바라보며, 그것을 극복하는 계기를 마련할까 합니다.

현재 전 세계는 민족주의, 이민과 난민 문제, 민족 대립과 분쟁, 인종 차별 등 보이지 않는 장벽에 의해 수많은 갈등을 겪고 있습니다. 도대체 현대인에게 민족이란 어떤 의미일까요? 독자 여러분과 함께 조심스럽게 그 금기에 다가서려 합니다.

우야마 다쿠에이(宇山卓栄)

차례

Part 1

민족은
이렇게
시작되었다

민족을 어떻게 정의할 수 있는가?

인종과 국민, 민족은 어떻게 다른가?

어족이란 무엇인가?

인도인과 유럽인은 정말로 같은 인종일까?

히틀러와 나치는 왜 그렇게 '아리아인'을 우상화했고, 유태인을 탄압했을까?

과연 우리 민족은 특별한가?

"캭, 퉤!"

중국인 관광객이 침을 뱉는 소리가 귀를 거슬립니다. 최근에는 그런 광경을 접하는 것이 드물어졌지만, 한때 중국인 관광객들이 전철 안에서 침을 뱉는 걸 보고 아연실색한 적이 한두 번이 아니었습니다. 우리 국민은 그런 중국인들을 차갑게 바라봅니다. 우리 마음속에는 그런 중국인과 우리를 다른 인종으로 '선을 긋는' 면이 있습니다. 하지만 유전학적으로 보면 한국인과 일본인, 중국인은 같은 인종입니다. 일부 몰지각한 중국인과 똑같은 취급을 받고 싶지 않다고 생각하는 사람도 있겠지만, 그렇다고 해서 같은 인종이라는 사실이 지워지지는 않습니다.

유전학적으로 '몽골로이드 Mongoloid, 몽골계라는 뜻'라는 인종이 있는데, 한국인을 비롯해서 일본인과 중국인, 동남아시아인은 모두 몽골로이드로 분류됩니다. 비교적 잘사는 나라인 한국과 일본에는 다른 몽골로이드와 비교하여 '우리는 다르다'는 인식을 가진 사람이 더러 있을지 모르지만, 서양 사람의 눈에는 다 똑같아 보입니다.

따지고 보면 우리도 30~40년 전에는 아무 데서나 침을 뱉었습니다. 지금의 중국인 관광객과 다르지 않았습니다. 당시 나는 어린아이였는데, 그런 모습을 자주 접했습니다. 또 쓰레기장이나 다름없어 보이는 동남아시아 국가의 더러운 길거리를 보고 화들짝 놀라며 묘한 우월감을 느끼는 사람이 있을지도 모릅니다. 하지만 동북아시아의 선진국이라고 자부하는 한국과 일본에서도 30~40년 전에는 거리가 아주 더러웠습니다. 우리 국민은 예의 바르고 위생적이라고 생각하며. 그래서 우리는 다른 아시아인과 다르다고 생각하는 이들이 있겠지만, 역사의 긴 안목에서 보자면 이러한 우월 의식은 아무런 의미가 없습니다.

인종을 구분하는 기준은 뭘까?

인류는 크게 흑인, 황인, 백인, 세 종류로 나뉩니다. 그중 한국인은 황인에 속합니다. 인도인과 유럽인은 어떨까요? 그들 중에는 피부가 하얀 사람도 있고 검은 사람도 있어서 고개를 갸우뚱하게 됩니다.

[1-1] 4대 인종의 구분 (※ 콜럼버스가 아메리카 대륙에 도착한 1492년 당시의 인종 분포)

■ **코카소이드**　유럽인, 인도인, 이란인, 아랍인, 북아프리카인
■ **몽골로이드**　한국인, 중국인, 일본인, 동남아시아인
■ **니그로이드**　사하라 이남의 아프리카인
■ **오스트랄로이드**　에보리진(Aborigine, 오스트레일리아 원주민), 뉴기니아인
➡ **신인류의 확산 경로**(추정)

　사실 흑인, 황인, 백인이라는 분류는 겉으로 보이는 피부색을 비교하여 나눈 것이지 학술적인 정의는 아닙니다. 단순히 외모에서 풍기는 인상으로 나눈 분류이기 때문에 인도인과 아랍인이 이 3가지 중 어디에 속하는지는 정해진 답이 없습니다.

　과거에는 유전학의 관점에서 다양한 기준으로 인종을 분류하려고 시도했습니다. 하지만 현재는 코카소이드Caucasoid, 몽골로이드, 니그로이드Negroid, 오스트랄로이드Australoid라는 4대 인종으로 분류하는 것이 일반적입니다.

　단, 이런 분류에 따른 인종의 DNA 염색체가 물리적으로 구별되느냐 하면 그렇지는 않습니다. 아무리 순수한 한국인이라도 코카소이드와 니그로이드의 유전적 특성이 뒤섞여 있습니다. 특정한 인종을 결정짓는 특정한 DNA 유형이 있는 것도 아닙니다(인종을 결정하는 기준은 상호적이라서 유전적 개체의 명확한 경계는 없다는 것이 일반적인 학설입니다). 따라서 4대 인종을 구분하는 기준 역시 명확한 유전적·생물학적 기준이 있는 것이 아니라 개념적인 것이라 할 수 있습니다.

[1-1]에 나온 대로 코카소이드로 분류된 유럽인인 백인과 피부색이 검은 편인 인도인이 같은 인종이라고 하면 고개를 갸우뚱거릴 사람이 적지 않을 것입니다(이에 대해서는 뒤에서 자세히 설명하겠습니다). 또 유럽인과 아랍인을 같은 인종으로 보는 견해에 대해서도 마찬가지로 의구심이 들 겁니다.

인도인은 인도의 강한 햇빛에 오랜 세월 노출되어 피부가 검어지고 현지인인 드라비다인과 섞이면서 오늘날과 같은 인도인이 되었다고 추정됩니다. 하지만 이목구비가 뚜렷한 얼굴형 같은 유전적 골격은 유럽인과 아랍인, 인도인이 유사합니다. 다시 말하지만, 같은 코카소이드라고 하더라도 그 범위가 상당히 넓어서 엄밀하게 구분하거나 정의할 수는 없습니다.

이러한 4가지 대표적인 인종 구분 외에, 광범위한 지역에서 계속 피가 섞이며 태어난 복합적인 인종도 상당히 많습니다. 예를 들어 터키인은 원래 몽골고원과 중앙아시아에 분포하여 몽골로이드로 구분되었으나, 10세기에 서쪽으로 이동하면서 이란인, 아랍인, 유럽인과 섞이게 되었습니다. 때문에 터키인을 몽골로이드로 봐야 하는지, 코카소이드로 구분해야 하는지는 딱히 결정된 기준이 없습니다.

인종, 민족, 국민의 의미와 차이

우리는 보통 한국인, 미국인, 일본인 등과 같이 '~인'이라는 말을 자주 씁니다. '~인'이라는 말에는 '인종', '민족', '국민'이라는 각기 다른 분류 기준이 포함되어 있습니다.

인종은 DNA 등의 유전학·생물학적 특징에 따라 분류한 카테고리이고, 민족은 언어, 문화, 관습 등의 사회적 특징에 따라 분류한 카테고리입니다. 한국인과 일본인은 '인종'이라는 관점에서는 같은 몽골로이드이지만, 언어 등이 다르기 때문에 '민족'이라는 기준에서는 같은 민족으로 분류할 수 없습니다. 인종과 민족은 비슷한 말처럼 여겨지지만, 의미상으로는 차이가 있습니다.

인종, 민족이라는 분류에 더하여 '국민'이라는 분류도 있습니다. 국민은 한 국가에 소속된 구성원을 가리키며 국가가 정한 법과 제도를 공유합니다. 미국인은 국민이라는 카테고리에는 모두가 속하지만, 인종과 민족이라는 카테고리를 모두가 공유하는 것은 아닙니다. 미국인 중에는 코카소이드^{이른바 백인}도 있지만 니그로이드^{이른바 흑인}와 몽골로이드^{이른바 황인}도 있습니다. 이들은 인종과 민족이 다르지만 국민이라는 기준에서 보자면 같은 미국인으로 분류됩니다.

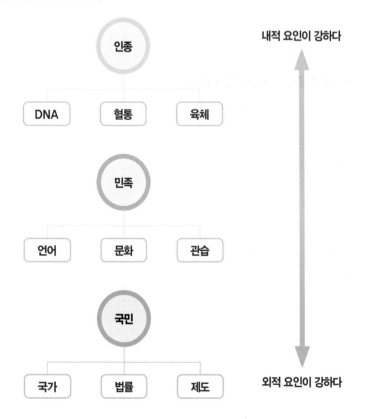

같은 '~인'이라 해도 한국인이라는 말에는 '민족적 동질성'을 전제로 하는 성격이 짙게 반영되어 있는 반면, 미국인이라는 말에는 '국민적 동질성'을 전제로 하는 성격이 짙습니다. 이렇게 '~인'이라는 말의 뉘앙스, 조건, 정의는 그 집단이 형성된 역사적 배경에 따라 크게 달라집니다.

민족과 혈통의 문제

[1-2]와 같이 인종은 내적 요인에 따라 특징지어진 유형이며, 국민은 외적 요인에 따라 특징지어진 유형입니다. 민족은 그 중간에 위치합니다. 민족에 대해서는 미리 이해해 두어야 하는 복잡한 문제가 있습니다.

민족은 언어, 문화, 관습 등의 사회적 특징에 따라 분류된다고 앞에서 설명했습니다. 그러면 같은 언어를 쓰고 같은 문화적 환경과 관습을 누린다면 동일한 민족으로 보아야 할까요? 백인과 흑인이 한국어를 완벽하게 구사하고 문화와 관습에 있어서도 한국인에 동화되면 그들은 '한민족'이 되는 걸까요? 아마도 그들을 한민족이 아니라고 보는 사람이나 한민족으로 보는 시선에 거부감을 갖는 사람이 압도적으로 많을 것입니다. 백인이나 흑인이 한국인에 동화되었다고 해도 인종과 혈통이 다르기 때문입니다. 민족이란 언어, 문화, 관습이라는 사회적 특징에 의해 분류되기에 앞서 혈통으로 분류되어야 한다는 보이지 않는 인식이 있기 때문입니다.

히틀러가 이끌던 나치는 민족 정화라는 명분을 내세워 유대인 사냥에 나섰습니다. 당시 독일에 살던 유대인 중에는 자신을 독일인이라 여기고 유대인의 피가 섞였다는 사실을 알지 못한 사람이 많았습니다. 나치는 호적을 뒤져서 수 대에 걸친 친족과 혈통을 살펴봄으로써 유대인이 있는지 없는지 조사했습니다. 유대인의 피가 4분의 1 이상 섞인

| 독일 부헨발트의 집단 수용소에 수용된 유대인들.

사람쿼터, 즉 조부나 조모가 유대인은 빠짐없이 수용소로 보내졌습니다. 그들 대부분 이 독일의 언어와 문화, 관습에 완전히 동화되었는데도 나치는 그들을 '독일 민족'으로 보지 않고 그들의 혈통을 문제 삼은 것입니다.

이렇게 민족과 혈통은 떼려야 뗄 수 없는 상호 불가분의 관계를 맺고 있습니다. 이러한 관계에 대해서라면 우리는 누군가에게 배우지 않아도 감각적으로 인지하고 있습니다. 그리고 그 '감각'을 숨겨진 금기처럼 여긴다는 사실도 우리는 알고 있습니다. 이 책은 이 숨겨진 금기를 철저하게 해부하여 세계 민족이라는 관점에서 혈통의 역사와 그 전모를 밝히는 것을 목적으로 합니다.

Chapter 2

민족의 역사적
혈통 증명서

백인은 신의 선택을 받았다?

15페이지의 '[1-1] 4대 인종의 구분'을 보면 코카소이드라는 이름이 제일 먼저 나옵니다. 코카소이드는 유럽인, 인도인, 이란인, 아랍인, 북아프리카인까지 범위가 넓습니다.

코카소이드라는 명칭은 카스피해와 흑해 사이에 있는 코카서스 지방^{카프카스 지방}의 이름에서 유래합니다. 왜 하나의 지역 이름이 인종을 구분하는 명칭이 되었을까요? 여기에는 기독교 세계관이 관련되어 있습니다.

『구약 성서』의 「창세기」에는 노아의 방주에 관한 이야기가 나옵니다. 대홍수가 일어났을 때, 신의 계시를 받은 노아가 방주를 만들어 그 안에 가족과 암수 동물 한 쌍씩을 태웠고 이 배에 탄 인간과 동물들은

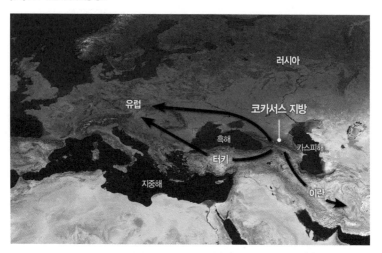

살아남았다고 합니다. 대홍수가 지난 뒤 노아의 방주가 코카서스 지방의 아라라트산에 도착했고, 이때부터 노아의 가족이 현재 인류의 시조가 되었습니다.

'코카서스 지방에서 파생된 노아의 자손들'이라는 의미를 담아서 18세기에 코카소이드라는 명칭이 탄생했습니다. 18세기 당시에는 노아의 자손들을 백인으로 규정했기 때문에 코카소이드는 백인을 가리켰으나, 20세기 들어 인류학이 발전하면서 아랍인과 인도인도 코카소이드에 포함되었습니다.

이 '노아의 방주' 전설로부터 코카소이드란 이름을 만들어 낸 인물이 독일의 요한 프리드리히 블루멘바흐Johann Friedrich Blumenbach, 1752~1840입니다. 그는 '인류학의 아버지'라고 불리는데, 19세기까지 블루멘바흐를 비롯한 유럽의 인류학자들은 코카서스 지방 출신의 백인이야말로 인류의 원형이고, 그 외의 인종은 퇴화한 열등 인종이라 여겼습니다. 그들은 '백인은 신에게 선택받은 인종이며, 그 증거로 다른 어느 인종보다 아름답고 지적이다.'라는 내용의 논평을 빈번하게 발표했습니다.

최근에는 코카소이드라는 명칭에 역사적 편견이 내포되어 있다는 주장이 제기되기 때문에 이러한 논쟁을 피하기 위해 '서유라시아인'이라고 부르기도 합니다.

어족이란 무엇일까?

앞에서 설명한 바와 같이 인종은 유전학상의 생물학적 특징에 따라 분류하고 민족은 언어, 문화, 관습 등 사회적 특징에 따라 분류합니다. 따라서 민족의 뿌리를 찾기 위해서는 그들이 사용하는 언어와 그 형성 과정을 추적하는 일을 빼놓을 수 없습니다.

알타이 어족이나 인도-유럽 어족과 같이 '~ 어족~ 어계'라는 표기를 본 적이 있을 겁니다. '어족'이란 동일한 선조로부터 갈라져 나왔다고 추정되는 일정한 언어 그룹을 말합니다. 어족은 각 민족이 사용하는 언어 계통을 가리키며 언어를 통해 민족을 구분하는 분류 수단이 되기도 합니다. 단, 주의할 점은 어족語族이 일정한 언어군의 집합을 가리키는 말이 아니라 민족사람의 집합을 가리킨다는 사실입니다.

어족에 관하여 아시아에서 가장 주요한 상층 카테고리로는 '알타이 어족'과 '중국—티베트 어족'이 있습니다(그 하층에는 여러 갈래로 갈라진 말단 카테고리가 분포되어 있습니다). 알타이 어족 계열에는 몽골인, 만주인, 한국인, 터키인 등이 있으며, 중국—티베트 어족 계열에는 중국인, 티베트인, 미얀마인 등이 있습니다. 참고로 일본인^{일본어}은 알타이 어족과 중국—티베트 어족 중 어느 쪽에 속하는지 명확하게 판명되지 않았지만, 이 두 가지 어족 계열이 섞여 있다고 보는 설이 유력합니다.

민족을 분류할 때는, 예를 들어 비슷한 언어를 쓰는 여러 민족이 있다고 치면 이들을 공통의 선조로부터 파생되었다고 보고 거기에서 혈족 관계나 민족의 혈통에 관해서도 소급하여 추정할 수 있습니다. 즉 언어란 민족의 '역사적 혈통서'라고 평가할 수 있는 것입니다.

세계의 주요 어족들

어족을 분류하는 데 있어 다양한 견해와 학설이 있기 때문에 아직 확정되지 않은 부분이 있습니다. 이를 대략적으로 집약하면 [2-2]와 같습니다.

먼저 유라시아는 동쪽과 서쪽으로 나눌 수 있습니다. 동유라시아의 주요 어족으로는 알타이 어족, 중국—티베트 어족, 오스트로네시아 어족, 오스트로아시아 어족으로 크게 4그룹으로 나뉩니다. 오스트로

동유라시아의 주요 어족　　(인종 : 몽골로이드)

알타이 어족　　　　　몽골인, 만주인, 터키인, 한국인
중국–티베트 어족　　중국인, 티베트인, 미얀마인
오스트로네시아 어족　타이완, 동남아시아의 도서 지역
오스트로아시아 어족　동남아시아의 인도차이나반도
　　　　　　　　　　　(타이 어족을 포함시키느냐는 문제로 의견이 갈림)

서유라시아의 주요 어족　　(인종 : 코카소이드)

셈 어족　　　　　　아랍인, 이라크인(메소포타미아인), 헤브라이인(유대인)
　　　　　　　　　　(함 어족=이집트인을 포함하느냐는 문제로 의견이 갈림)
인도–유럽 어족　　유럽인, 소아시아인, 이란인, 인도인

기타

아프리카의 모든 어족, 아메리카의 모든 어족 등

Asustro는 '남쪽의'라는 뜻입니다. 단, 이 그룹에 속하지 않는 어족도 많이 있습니다.

　한편 서유라시아에서는 셈 어족Semitic languages과 인도–유럽 어족Indo-European languages으로 크게 2가지로 나눌 수 있습니다. 셈 어족은 주로 중동 아랍인계를 가리킵니다. 여기에는 유대인도 포함됩니다.

　유대인은 원래 아랍인과 밀접한 관련을 맺고 있어서 아랍인과 같은 민족으로 봅니다. 유대인의 외모만 보면 백인이라는 느낌이 강한데, 이는 로마 제국 시대 이후 유럽 각지에 이주하여 백인과 혼혈을 거듭

한 결과입니다. 유대인의 원형이라고 할 수 있는 사람의 외모는 아랍인과 비슷합니다.

'함 어족^{이집트인}'을 셈 어족에 포함시키느냐는 문제로 의견이 분분한데, 함 어족은 셈 어족과 비교했을 때 독립된 한 어족을 형성할 수 있을 정도로 독자성이 있는 것은 아니라고 보는 견해가 유력합니다. 어쨌거나 함 어족이 아랍인과 밀접한 관계에 있는 것은 사실입니다. 셈과 함이라는 명칭은 『구약 성서』의 「창세기」에 등장하는 두 형제의 이름에서 유래합니다.

인도인과 유럽인은 동족일까?

많은 사람이 곧바로 이해하지 못하는 어족이 인도-유럽 어족입니다. 고등학생 때 세계사를 공부한 적이 있는 사람이라면 이 인도-유럽 어족을 배우면서 어느 정도 좌절을 경험했을 것입니다. "왜 인도인과 유럽인이 동족이지?" 이런 의문을 가졌지만, 교과서에는 거기에 대한 설명이 단 한 줄도 나오지 않았습니다.

'아리아인'이라고도 불리는 인도-유럽 어족은 원래 중앙아시아를 본거지로 하고 있었으나 기원전 2000년 무렵부터 추위를 피해 대이동을 시작했습니다. 서쪽으로 이동한 다수파는 중동에서 유럽으로, 남쪽으로 이동한 소수파는 이란을 거쳐 인도로 향했습니다[2-1]참조.

गंभीर
gam bhi ra

가비라 (深) : 깊은, 심오한

झा
jña

주냐 (智) : 지혜

중동 지역으로 간 인도-유럽 어족은 이란, 소아시아^{아나톨리아반도}에 자리를 잡고 긴 세월에 걸쳐 오늘날과 같이 아랍에 동화되었습니다. 한편 유럽 방면으로 향한 인도-유럽 어족은 그리스, 이탈리아 등 지중해 연안을 중심으로 터전을 잡고 유럽 세계를 형성합니다.

또 인도 지역으로 들어간 인도-유럽 어족은 현지의 아시아 계통 민족과 피가 섞이고 무더운 기후로 인해 피부색이 검어지면서 긴 역사 속에서 우리가 떠올리는 '인도인'이 됩니다.

이렇게 원래 유럽인과 인도인이 동족이라는 개념을 맨 처음 주장한 이는 영국의 언어학자 윌리엄 존스^{William Jones, 1746~1794}입니다. 그는 산스크리트어^{인도의 지배 계층이 쓰던 언어로, 불경이나 인도 문학을 기록하는 데 쓰였다}가 유럽 모든 어족의 언어와 유사하다는 사실을 발견합니다. 영어 mother^{마더, 어머니}는 라틴어와 그리스어로 mater, 산스크리트어로는 matar입니다. 영어 new^{뉴, 새로운}는 라틴어로 novus, 그리스어로 neos, 산스크리트어로는 nava입니다(산스크리트 문자는 알파벳이 아니지만 여기서는 편의상 발음을 알파벳으로 바꾸었습니다).

존스는 유럽의 언어와 산스크리트어 사이에서 어휘와 문법의 유사성을 아주 많이 발견했습니다. 그리고 이러한 유사성이 단순한 우연이 아니라 고대 인도인과 유럽인이 같은 체계의 모어^{母語}를 갖고 있던 증거라고 결론지었습니다.

물론 모종의 형태로 수입되고 차용되었을 가능성도 있기 때문에 산스크리트어와 유럽의 언어가 같은 체계의 모어를 갖고 있었다고 단언할 수 있는지는 의문입니다. 하지만 존스의 학설을 바탕으로 인류학 분야에서는 인도-유럽 어족이라는 공통 조어^{祖語}에서 파생된 민족 분류가 탄생했고, 그것이 일반화되었습니다.

노아의 방주 전설은 설득력이 있는가?

18~19세기의 지식 세계는 허술한 부분이 많아서 2장에서 소개한 존스와 같은 한 개인의 주장이 학술상의 정설로 자리 잡는 경우가 흔했습니다. 존스의 주장은 가설 수준에 불과했지만, 당시 유럽인들은 쉽게 받아들였습니다.

앞에서 설명했듯이 당시의 유럽인들은 대부분 『구약 성서』「창세기」에 나오는 노아의 방주 전설을 알고 있었습니다(믿었다고 볼 수는 없습니다). 이 전설은 노아가 도착한 코카서스 지방의 아라라트산에서 인류가 새롭게 파생되었다고 이야기하고 있습니다. 지도를 보면 알 수 있듯 코카서스 지방을 비롯한 남러시아오늘날의 우크라이나와 러시아 남부는 중동과 유럽으로 향하는 경로와 인도로 가는 경로의 한가운데에 위치하고 있습니다. 코카서스 지방에서 살던 사람들은 여기에서 두 방면으로 갈라져 이동했습니다. 다시 말하자면, 이 두 분파가 '원래는 하나의 모어 체계를 갖고 있었다'는 존스의 설이 지리적인 점에서도 성서의 기술과 합치되는 것입니다[2-1] 참조.

존스의 시대 이후 남러시아에서 파생된 인도−유럽 어족이라는 민족의 존재가 사람들에게 강력한 설득력을 갖고 침투했습니다. 오늘날의 교과서도 '인도−유럽 어족은 남러시아를 기점으로 이란과 인도, 유럽으로 확산되었다'고 설명하고 있습니다. 이제는 정설이 된 이러한 설명은 사실 학술상의 수용 경위를 들여다보면 의심스러울 수밖에 없습니다. 애초에 인류가 '남러시아에서 확산되었다'는 결정적인 증거는 어디에도 없습니다. 그런 의미에서 보자면 인도인과 유럽인이 같은 계열의 민족이었다는 설명에 말도 안 된다고 여기는 우리의 감각이 지극히 상식적인 것인지도 모릅니다.

하지만 앞서 다룬 고대 산스크리트어의 예에서도 볼 수 있듯이 인도−유럽 어족에 속하는 유럽인, 소아시아인, 이란인, 인도인의 언어에는 서로 비슷한 데가 있습니다. 따라서 언어의 기원이 같았다는 설을 완전히 부정하기도 힘듭니다. 의심스러운 점이 많음에도 불구하고 존스의 주장이 정설로 자리 잡은 이유입니다.

세계를 지배한 인도-유럽 어족

인도-유럽 어족은 '아리아인'으로도 불립니다. '아리아'는 '고귀한'
이라는 뜻을 가지고 있는데, 페르시아어^{이란어}로는 'ariia', 산스크리트어
로는 'ārya'로 표기됩니다. 이란^{ērān, 에란}은 '아리아인의 나라'를 의미하
며, 그 이름대로 아리아인이 세운 나라^{고귀한 자의 나라}를 가리킵니다. 그래서
고대에는 '이란'이란 호칭 대신 일반적으로 지명을 나타내는 '페르시
아'라는 나라 이름을 썼습니다. 페르시아는 '기마인'이라는 의미의 파
르스^{Pārs}를 어원으로 하며 '기마인들이 사는 지역'이라는 뜻에서 페르시
아라고 부르게 되었습니다.

인도-유럽 어족은 스스로를 '고귀한 자'로 여겼고 다른 민족보다 우

[3-1] 아리아인의 타민족 지배

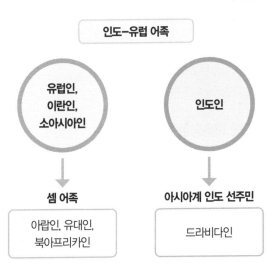

월하다고 주장했습니다. 그리고 이러한 우월성에 입각하여 중동에서
는 셈 어족=아랍인을 지배하고 인도에서는 아시아계 인도 원주민인 드라
비다인을 지배했습니다.

기원전 15세기 무렵 인도-유럽 어족은 당시로서는 첨단 기술이었
던 철기를 갖고 중동-오리엔트 지역으로 이동했습니다. 소아시아에
서 이란으로 건너가 히타이트 왕국과 같은 강대한 국가를 건국하여 셈
어족인 고대 바빌로니아 왕국을 멸망시켰습니다. 그 후 인도-유럽 어
족과 셈 어족의 패권 전쟁이 이어지지만, 기원전 6세기 무렵에 인도-
유럽 어족의 아케메네스 왕조 페르시아가 중동-오리엔트를 통일하고
대제국을 건설합니다.

남동쪽으로 간 인도-유럽 어족은 기원전 1500년 무렵 인도의 선주
민인 드라비다인을 정복합니다. 그들은 선주민을 지배하기 위해 엄격
한 신분 제도를 만들었습니다. 이것이 그 유명한 카스트 제도의 시초
입니다.

민족주의자에 이용당한 아리아인

아리아인이라는 호칭은 원래 고대사에서 쓰이던 오랜 '역사 용어'
였다가 19세기에 이르러 재조명을 받게 됩니다. 당시 오리엔탈리즘
Orientalism이 유행하면서 아리아인이라는 말의 신비한 울림과 함께 큰 주

| 나치 친위대의 병사들. 나치가 내세운 아리아인의 용모를 잘 보여 주고 있다.

목을 받으며 차츰 오컬트적인 의미를 갖게 됩니다. 그리고 민족주의
자들 사이에서는 아리아인을 유럽 민족의 선조로 숭상하는 풍조가 강
해졌습니다.

  20세기에 이 같은 오컬트적인 의미로서의 아리아인을 가장 효과적
으로 이용한 집단이 히틀러의 나치였습니다. 나치는 남러시아에서 러
시아를 경유하여 동유럽 지역으로 들어간 인도-유럽 어족을 다른 열
등한 민족과 접촉하지 않고 혈통을 유지한 '순수 아리아인'으로 여겼
습니다.

  나치는 '순수 아리아인'의 외모적 특징으로 하얀 피부와 푸른 눈, 금
발이라는 이른바 백인의 특징^{Blondism}을 꼽았습니다. 여기에 더해서 나

| 1934년의 아돌프 히틀러. 그는 아리아인의 순수 혈통을 강조했지만, 정작 그 자신의 생김새는 나치가 규정한 순수 아리아인의 외모적 특징을 보이지 않았다.

치는 후두부가 활 모양으로 둥글게 튀어나온 것이 아리아인의 특징이며 두개골의 형상을 측정함으로써 아리아인인지 아닌지를 구분할 수 있다고 했습니다.

한국인을 비롯하여 아시아인은 후두부가 납작한 데 비해 백인은 후두부가 돌출된 경향이 있습니다. 나치는 아리아인이 아름답게 튀어나온 후두부를 유지하려면 결코 다른 민족과 피가 섞여서는 안 된다고 주장했습니다. 유대인인지 아닌지 의심스러운 사람은 프리노미터Phrenometer라는 측정기로 두개골의 모양을 조사하여 후두부가 일정한 수치 이상으로 튀어나오지 않으면 강제 수용소로 보냈습니다.

하지만 나치가 말하는 아리아인 용모의 특징에 따르면 히틀러는 흑발에 눈이 검고 후두부도 납작해서 아리아인이라 볼 수 없습니다. 민족주의 정책을 추진하던 책임자 하인리히 힘러Heinrich Himmler 역시 검은 머리에 눈동자가 검었으며 후두부가 납작했습니다. 아이러니가 아닐 수 없습니다.

나치당의 마크인 '卐갈고리십자가'도 아리아인과 관계가 있습니다. 卐의 원형인 卍은 고대 아리아인이 태양의 심벌로 썼으며 신과 행운을 상징했습니다. 卍은 고대 산스크리트어로 '스바스티카^{Svastika}'라 불렀습니다. 이 卍을 거꾸로 뒤집은 모양을 나치당의 마크로 하자고 결정한 장본인은 히틀러였습니다.

고대 아리아인이 쓰던 卍은 이후 동서양을 막론하고 신과 행운의 상징으로 신전과 사원에 쓰이게 됩니다. 한국과 일본에서는 지도에 사원을 나타내는 기호로 활용하고 있습니다.

히타이트 왕국의 소멸로 유출된 제철 기술

아리아인인 인도-유럽 어족이 고대에 다른 민족과 비교하여 우월했던 것은 사실입니다. 이들의 우월한 점은 다음 두 가지를 들 수 있습니다. '철기'와 '화폐'입니다.

인도-유럽 어족이 소아시아와 중동 지역에 건설한 나라가 히타이트 왕국입니다. 히타이트 왕국은 숯을 이용하여 주철과 강철을 주조했습니다. 그들의 화학적 지식이 풍부했음을 엿볼 수 있습니다. 히타이트 왕국은 자기네의 수준 높은 제철 기술을 국가 기밀에 붙였습니다.

한편 인도로 이동한 인도-유럽 어족은 철기로 만든 무기가 아니라 여전히 청동으로 만든 무기를 썼습니다. 즉, 소아시아와 중동 지역으로 향한 일파만이 제철 기술을 개발했던 것입니다. 그 후 기원전 1190년 무렵에 히타이트 왕국이 멸망하자 제철 기술이 주변 민족에 새어나가며 전 세계로 퍼지게 되었습니다.

화폐를 만든 것도 인도-유럽 어족입니다. 기원전 670년경 아나톨리아반도에 인도-유럽 어족이 세운 리디아 왕국은 일렉트론화Electrum라고 불리는 사상 최초의 화폐를 주조했습니다.

그들이 화폐를 만들어 쓴 이유는 무엇일까요? 리디아인이 우수했다기보다는 지정학적 요인이 크게 작용했습니다. 아나톨리아반도에는 사금이 풍부하게 산출되는 광산과 강이 있었습니다. 그리고 아나톨리아반도는 중동-오리엔트 지역의 교역권과 그리스-로마의 지중해 교역권을 잇는 중간 지점에 위치한 국제 무역의 중심지였습니다. 이곳에서 수많은 문물이 교역되었고 결제 기능을 최대한 살리기 위해 화폐가 생겨났습니다. 단, 화폐의 기능에 주목하고 적극적으로 활용한 이들이 리디아인이었으니, 그런 의미에서 그들은 경제 능력이 뛰어났다고 볼 수 있을 것입니다.

아리아인은 다른 민족의 문자를 훔쳤다

문자에 있어서는 아리아인이 반드시 우월했다고 볼 수 없습니다. 앞에서 설명한 산스크리트어와 그 문자는 인도-유럽 어족 고유의 것입니다. 하지만 산스크리트어는 인도로 이동한 일파의 문자로, 서쪽으로 간, 다시 말해 소아시아와 중동 지역으로 이동한 일파와 그리스-이탈리아 등 유럽으로 이동한 일파는 독자적인 문자를 갖고 있지 않았습니다. 그들만이 쓰는 독자적인 언어는 있었지만 그것을 표현할 문자는 없었던 거죠. 서쪽으로 이동한 인도-유럽 어족은 선진적으로 철기와 화폐를 만들었지만 문자를 갖지 않은 야만적인 일면도 있었다는 사실을 잊어서는 안 됩니다.

| 메소포타미아 지역에서 쓰인 쐐기 문자가 새겨진 돌

문자가 없었던 그들은 셈 어족이 쓰던 쐐기 문자를 차용^{나쁘게 말하면 도용}했습니다. 인도-유럽 어족은 셈 어족의 쐐기 문자를 기초로 해서 페르시아 문자를 만들었습니다.

기원전 18세기, 셈 어족에 속하는 고대 바빌로니아 왕국의 6대 국왕 함무라비는 메소포타미아^{이라크}를 통일하고 '눈에는 눈, 이에는 이'로 유명한 함무라비 법전을 만들었습니다. 이 함무라비 법전은 쐐기 문자로 기록되어 있습니다. 이처럼 셈 어족은 매우 선진적인 문자 문화를 갖고 있었기에 이 분야에서만큼은 인도-유럽 어족보다 우수했습니다. 천문, 역법에 대해서도 셈 어족은 매우 뛰어났습니다.

| 고대 바빌로니아 왕국의 6대 국왕 함무라비가 만든 법률이 새겨진 돌기둥

셈 어족에 속하는 페니키아인은 시리아 연안에 시돈과 티루스 같은 도시를 건설하고 지중해 무역을 통해 막대한 부를 쌓았습니다. 페니키아인은 셈 어족 중에서도 가장 선진적이고 뛰어난 문자 문화를 지니고 있었습니다.

그들의 페니키아 문자를 차용한 이들이 인도-유럽 어족인 그리스-로마인이었습니다. 그리스-로마인은 페니키아 문자를 기초로 오늘날 알파벳의 원형을 만들어 냅니다. 알파벳은 원래 유럽인 고유의 문자가 아니라 셈 어족, 즉 아랍인의 문자에서 기인한 것입니다.

그리스-로마인을 비롯한 원시 유럽인에게는 스스로 독자적인 문자를 만들어 낼 만한 언어문화가 없었고 그런 의미에서 아주 후진적이었습니다. 인도-유럽 어족에 속하는 모든 민족은 스스로를 '아리아인^{고귀한자}'이라고 지칭했으나, 이들에게도 다른 민족과 비교하여 우수했다고 말할 수 없는 부분이 분명히 있었던 것입니다.

Part 2

동아시아의
여러 민족들

중국의 왕조들은 모두 한족 왕조였을까?

오늘날 중국인은 어떤 민족으로 구성되어 있는가?

중화사상이란 무엇일까?

고대의 한국은 일본에 어떤 영향을 미쳤는가?

오늘날 한국인을 형성하는 사람들은 어떤 민족인가?

일본인은 반(半)중국인이다?

중국을 여행하다 보면 아주 간단한 영어조차 통하지 않아서 곤란할 때가 많습니다. 나도 택시를 탔다가 에어포트^{airport}라는 말이 통하지 않아서 한자로 공항과 비행장이라고 쓴 종이를 보여 준 뒤에야 겨우 목적지를 알려 줄 수 있었습니다.

반면에 한자 필담으로는 중국인과 거의 문제없이 커뮤니케이션을 할 수 있습니다. 복잡한 이야기라도 한자를 써서 보여 주면 의미가 통합니다. 한국과 일본은 한자 문화권에 속합니다. 그래서 이 두 나라의 뿌리가 중국에 있구나, 라는 생각을 하고는 합니다. 한자와 유교처럼 중국에서 태어난 문화와 전통의 기초 위에 한국과 일본의 오늘이 있습니다. 이는 틀림없는 사실입니다.

| 거북이 등에 새겨져 있는 갑골 문자. 중국 한자의 원형이다.

고대 중국은 황허강 유역에서 발생하여 황허 문명을 형성했습니다. 이 문명이 서서히 발전하여 기원전 16세기에 상商 왕조가 등장합니다. 상 왕조는 현재 확인된 중국에서 가장 오래된 왕조로, 한자도 이때 만들어졌습니다. 남방의 창장강양쯔강, 장강 유역까지 한자가 보급되면서 황허강과 창장강에 걸친, 남북을 아우르는 거대한 언어 문명권을 형성했습니다.

원래 창장강 유역은 황허강 유역과는 사회와 문화가 달랐고 민족 계통도 달랐습니다(동남아시아계 민족이 많았습니다). 하지만 한자가 보급되고 두 유역에 공통된 언어 기반이 형성되면서 중국이라는 나라의 원형이 탄생했습니다.

이상에서 살펴본 바와 같이 중국이란, 한자를 쓰는 모든 민족과 그들이 살고 있는 영역, 그리고 그들이 형성한 사회와 문명을 가리키며, 이는 문자와 언어 관계를 통해 규정하는 개념이라고 할 수 있습니다. 이 개념에 비추어 보면 일본인은 한자와 히라가나를 반반으로 쓰는 '반半중국인'이라고 할 수 있습니다. 또 한자를 사용했던 한국인은 15세기에 한글을 창제하고 나서야 비로소 한국인이 되었다고 할 수 있으며, 그때까지는 실질적으로 중국 문명의 일부로서 정치·문화적으로 중국과 따로 구분 지을 수 없었다고 볼 수 있습니다. 사실 일부 중국 왕조는 중세까지 한국을 중국의 일부로 간주하기도 했습니다. 그리고 북방의 몽골인과 같은 유목민들 중 한자를 쓰고 중국 문명에 동화된 이들은 중국인이 되었습니다.

각 민족의 얼굴 생김새, 풍습, 기질은 저마다 다르지만 한자라는 공통의 언어 기반을 가진 다민족의 결합과 혼합^{하이브리드}이 바로 중국인입니다. 이처럼 인간이 사회를 형성할 때는 언어가 그 출발점이 되고 언어로 하나가 되며 언어를 통해 소통하면서 발전합니다. 이것을 보면 인간 사회와 언어의 관계가 얼마나 밀접한지 이해할 수 있습니다.

한인을 위협하는 북방 이민족

중국인이라는 호칭과 더불어 한인漢人, 한족이라는 호칭이 널리 쓰이고 있습니다. 중국인은 몽골인, 티베트인, 터키인 등을 포함하는 다민족 국가인데, 일반적으로 한인은 순수한 중국인을 가리킵니다.

[4-1]에서 보는 것과 같이 중국 국가 통계국에 따르면 현재 중국의 인구 구성은 한인이 92%를 차지하지만, 실상은 이와 조금 다릅니다. 긴 역사 속에서 주변의 다른 민족과 혼혈을 거듭해서 순수한 한인은 이제 존재하지 않기 때문입니다. 한인의 순수한 피가 보존되던 시대는 『삼국지』의 영웅들이 활약하던 때를 조금 지난 4세기 정도까지이고, 그 이후에는 주변 민족과 일거에 혈통이 뒤섞이며 한인이라는 정체성을 잃었습니다.

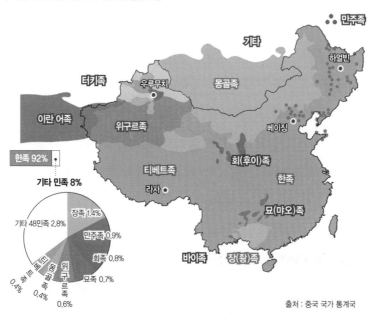

[4-1] 중국의 민족 분포 (인구 : 13억 8,271만 명, 2016년)

만주족

기타

터키족

우루무치

몽골족

하얼빈

이란 어족

위구르족

베이징

한족 92%

회(후이)족

기타 민족 8%

티베트족

한족

기타 48민족 2.8%

장족 1.4%

라사

만주족 0.9%

회족 0.8%

위구르족 0.6%

묘족 0.7%

묘(먀오)족

티베트족 0.4%

몽골족 0.4%

바이족

장(창)족

출처 : 중국 국가 통계국

유사 이래 북방의 이민족인 흉노 등의 몽골인은 빈번히 중국에 침입했습니다. 황허강 유역에서 농사를 짓던 한인은 인접한 북쪽 몽골인의 위협에 노출되어 있었습니다. 농경 민족이 수렵 민족의 습격을 받는 일은 피할 수 없는 사실이며, 전 세계적으로 공통된 현상입니다.

중국의 역대 황제에게 북방 이민족의 침입을 막는 일은 가장 중요한 과제였습니다. 기원전 2세기, 한漢 왕조의 무제는 거액의 군사비를 들여 몽골인이었던 흉노를 토벌했습니다. 무제가 얼마나 철저하게 짓밟았는지 이후 500년 동안 몽골인은 다시 일어서지 못하고 숨죽이며 살아야 했습니다. 그 기간에 중국에서는 『삼국지』의 소재가 된 동란이 일어나서 나라가 황폐해졌습니다.

280년, 『삼국지』에서 제갈량의 라이벌로 유명한 사마의와 그의 손자인 사마염이 진晉 왕조를 건국하고 천하를 통일합니다. 이로써 전란의 시대가 막을 내리는 듯했으나 진 정권의 기반이 약해서인지 자주 내란이 일어났습니다. 316년, 진나라는 몽골인이던 흉노의 침입을 받아 건국한 지 얼마 안 되어 멸망했습니다. 중국의 피폐함과 황폐함이 극에 달했을 때 그간 힘을 축적해 온 몽골인들이 습격한 것입니다.

진나라의 멸망과 여러 민족의 피가 섞인 새로운 인종의 탄생

멸망한 진나라는 강남中國 南部로, 창장강 남쪽으로 도망쳐 후신인 동진東晉을 건국했습니다. 화베이 지역華北(화북), 중국 북부에서는 몽골인과 티베트인 등의 이민족이 할거했습니다.

몽골인들은 화베이를 지배하며 386년에 북위北魏를 건국했습니다. 이후 화베이의 몽골인 왕조와 강남의 한인 왕조가 공존하는 남북조 시대가 6세기 말까지 이어집니다. 이 기간 동안 화베이의 몽골인들은 자기네의 문화와 풍습을 버리고 한자를 사용하며 중국 문화를 도입하고 중국인과 혼인하는 등 중국화 정책을 실시하여 고작 100년 만에 중국에 동화되었습니다.

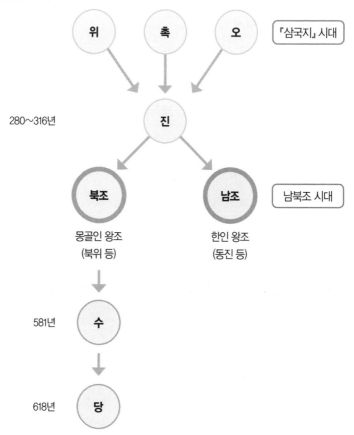

[4-2] 위진 남북조 시대

위 촉 오 『삼국지』시대

280~316년 진

북조 남조 남북조 시대

몽골인 왕조 한인 왕조
(북위 등) (동진 등)

581년 수

618년 당

　이렇게 해서 대거 탄생한 새로운 혼혈 인종은 중국의 새로운 지배
계층으로서 큰 힘을 갖고 북방의 몽골인마저 굴복시켰습니다. 이들은
몽골인과 중국인의 융화를 꾀하며 화베이에서 몽골 지역에 걸친 거대
한 세력권을 형성했습니다. 이 세력은 창장강 유역의 강남까지 집어삼
키고 훗날 수와 당이라는 통일 제국을 이룩합니다.

춘추 전국 시대 이후로 철제 농기구가 개발된 것을 비롯하여 농업 기술이 발전하면서 식량 생산이 크게 늘어 중국 인구도 증가했습니다. 전한前漢 시기인 1세기에는 인구가 약 6천만 명에 달했습니다. 하지만 후한 말부터 『삼국지』의 무대가 된 3세기의 동란 시대에 접어들자 인구가 급감하여 추정컨대 1천만 명까지 감소했습니다. 『삼국지』 시대가 전쟁과 역병, 극심한 기아에 시달린 비참한 시대였기 때문입니다.

280년, 진晉이 중국을 통일했을 때 인구는 1천 6백만 명 정도로 회복했지만, 몽골인 등 북방 이민족의 침입으로 다시 동란의 시기에 돌입하여 인구가 급감했습니다. 이 동란의 시기에 인구 1천만 명을 잃고 화베이에 거주하던 한인 수백만 명이 동란을 피해 강남으로 이주했습니다. 대신 수백만 명 규모의 몽골인, 티베트인이 화베이로 터전을 옮겨 왔습니다. 이들이 4세기부터 5세기에 걸쳐 한족 동화 정책에 따라 한인과 혼인을 맺으면서 화베이의 '한인'은 과거의 한인과는 다른 새로운 혼혈 인종이 됩니다. 중국 자체가 한인이라는 틀을 뛰어넘어 복합적인 문화 양상을 띠게 된 것입니다.

따라서 현재 중국 정부의 '인구 구성의 92%가 한인'이라는 주장은 근거가 없으며, 그들 대부분이 실제로는 중세 시대에 여러 민족의 피가 뒤섞인 한인=중국인이라고 해야 마땅합니다.

인정사정없던 북위의 혼인 정책

『삼국지』시대와 진 왕조를 거쳐 4세기 말에 몽골인은 화베이에 북위라는 왕조를 세웠습니다. 북위의 지배 계층은 중국의 선진성에 크게 감화되었습니다. 몽골고원에서 유목 생활을 했던 그들에게 눈부시게 화려한 중국의 문화는 동경의 대상이 되었습니다.

5세기, 북위의 전성기를 연 효문제도 중국 문화의 숭배자였습니다. 효문제는 자기네의 몽골 문화를 야만적이라고 부정하며 호복胡服, 몽골의 전통 의복과 몽골어를 금지했습니다. 또 중국어만 사용하게 했을 뿐 아니라 한인을 적극적으로 등용했고, 중국의 중앙 집권 체제를 이루는 율령律令제을 정비했으며 군사력을 키웠습니다.

또 그는 몽골인과 한인의 구별을 없애기 위해 두 민족의 혼인을 장려했습니다. 그런데 구체적으로 들여다보면 이 혼인 정책이 얼마나 인정사정없이 시행되었는지 알 수 있습니다. 젊은 한인 여성은 혼인을 했건 안 했건 가족과 억지로 떨어져서 몽골 남자의 첩이 되어야 했습니다. 그중에는 결혼한 지 얼마 안 된 젊은 부인도 있었고 한인 남편을 두고 납치된 여성도 있었습니다. 몽골인 남성들은 한인 출신의 첩을 수십 명이나 두었다고 합니다.

몽골인 여성은 한인 남자에게 시집갔습니다. 즉, 동족끼리의 혼인은 거의 허용되지 않는 상황이었다고 볼 수 있습니다. 참고로 당시 몽골인과 비교하여 한인의 인구가 십수 배 많았기 때문에 한인 남성과 결혼할 몽골인 여성이 턱없이 부족했습니다. 한인 남성들로서는 보통 일이 아니었죠.

이러한 효문제의 철저한 한인 동화 정책에 몽골의 호족들은 자기네의 정체성이 훼손된다고 반발하며 반란을 일으키기도 했습니다. 하지만 효문제가 한인 동화 정책을 강력하게 밀어붙임으로써 몽골인과 중국인의 혼혈이 이루어졌습니다.

역대 중국 왕조는 한인 왕조가 아니다

한편 몽골인의 지배를 견딜 수 없었던 한인들은 강남 지역으로 이주했습니다. 이들은 한인의 민족적 순수함을 유지하면서 강남에 한인 사회를 형성하고 '육조문화六朝文化, 양쯔강 이남에 자리를 잡은 한인들이 세운 여섯 왕조가 이어지는 동안 형성된 한인 문화를 일컫는다. 강남의 여섯 한인 왕조는 오, 동진, 유송, 남제, 남량, 남진이다'라고 불리는 우아한 한인 문화를 발전시켰습니다. 하지만 화베이에서 이주하여 터전을 잡은 도래 세력과 원래부터 강남에 살던 토착 세력이 격렬하게 부딪치며 통제가 되지 않는 상황이 이어졌습니다. 강고한 발전을 이룬 북조북위 등 화베이 지역의 왕조에 비해 남조강남의 한인 왕조는 정치적으로 취약했습니다.

수를 건국한 양 씨도, 당을 건국한 이 씨도 북위와 같이 선비족이라는 몽골인 출신으로 추정됩니다. 중국인 역사가 중에는 중국 역사를 대표하는 수와 당 왕조가 한인 왕조가 아니라는 점을 부정하는 견해

[4-3] 중국 주요 통일 왕조의 민족

왕조	건국자	씨족 이름	민족	건국 시기
진(秦)	시황제	조 씨	한인	기원전 3세기
한(漢)	유방	유 씨	한인	기원전 2세기
진(晉)	사마염	사마 씨	한인	3세기
수(隋)	양견	양 씨	몽골인 선비족	6세기
당(唐)	이연	이 씨	몽골인 선비족	7세기
송(宋)	조광윤	조 씨	터키인 사타족	10세기
원(元)	쿠빌라이	보르지긴 씨	몽골인	13세기
명(明)	주원장	주 씨	한인	14세기
청(淸)	누르하치	아이신줴뤄 씨	만주 여진인	17세기

를 가진 사람도 있지만, 일본의 중국 역사가 미야자키 이치사다^{宮崎市定}
^(궁기시정)가 수·당이 선비계라는 견해를 발표한 뒤 이 견해가 세계 학계
의 정설이 되었습니다.

이렇게 보면 중국의 주요 통일 왕조인 '진→한→진→수→당→송→
원→명→청' 중에 한인이 세운 통일 왕국은 진秦, 한, 진晉, 명밖에 없
습니다. 역사상 중국은 오랜 기간에 걸쳐 이민족 왕조의 지배를 받았
던 것입니다.

Chapter 5
지나(支那)가
차별어라면
중화(中華)는 어떨까?

민족의 짙고 옅은 '피'

중세 시대의 중국 왕조인 수와 당은 앞에서 설명했듯 몽골인 선비
족이 세운 왕조입니다. 이 수와 당은 '과거科擧'라는 관리 등용 제도를
정비했습니다. 과거는 필기시험 점수로 합격과 불합격을 가르는 개방
형 등용제로 연줄과 배경이 없는 민중에게도 입신양명할 수 있는 기
회가 되었습니다.

과거의 주요 시험 과목은 공자의 가르침인 유교와 작시作詩였습니다.
때문에 합격자의 대다수가 유학과 작시에 뛰어난 강남의 한인이었습
니다. 수와 당은 과거를 실시하여 유능한 한인을 대거 등용함으로써
남쪽 지역의 지지를 기대했고, 이를 통해 남북이 협조하는 정치적 기
틀을 다지려고 했습니다.

| 명 왕조를 세운 주원장. 명 태조 또는 홍무제라고도 부른다.

한편 이와 반대되는 사례도 있습니다. 14세기, 한인이던 주원장은 몽골의 원 왕조를 몰아내고 명을 건국했습니다. 강남의 난징南京(남경)에서 일어난 명은 화베이를 통일한 뒤 화베이의 지식인을 회유하기 위해 과거를 실시했습니다. 그런데 뚜껑을 열어 보니 과거 합격자의 전원이 강남 출신이었습니다. 부정을 의심한 주원장은 직접 조사에 나섰습니다. 철저히 조사했지만 부정의 흔적은 발견되지 않았습니다. 결과적으로 화베이 출신자들의 답안이 강남 출신자들의 답안보다 수준이 현저히 떨어진다는 사실만 확인했습니다.

중세 이래, 화베이는 몽골인의 거듭된 침입으로 이민족의 피가 상당수 섞여 들었습니다. 이에 비하여 강남은 한인의 피가 비교적 진한 편이었습니다(물론 꾸준히 혼혈이 이루어지고 있었습니다). 원 왕조 시대에 수도 베이징을 중심으로 화베이 일대의 경제가 비약적으로 성장하며 선진적인 국제 문화가 번영했습니다. 학문 연구도 베이징에 집중되었습니다. 그런데도 화베이 출신들은 과거에서 제대로 점수를 받지 못했습니다. 이유가 뭘까요?

과거는 유교와 한시에 관한 이해를 묻는 것, 즉 중국 문화의 소양을 묻는 시험입니다. 한인 문화가 강한 강남 출신이 높은 점수를 받고 한인의 문화적 색채가 약한 화베이 출신이 그에 미치지 못하는 것은 당연한 결과입니다. 명에서 실시한 과거의 결과는 중국 북부와 남부의 민족성과 그에 따른 문화적 격차가 어떠했는지를 보여 주었습니다. 주원장을 비롯하여 명의 지배 계층은 이러한 결과를 전혀 예상하지 못했습니다. 이후 주원장은 유교^{주자학}를 국교화하여 한인의 문화 정신이 전국 방방곡곡에 널리 퍼지도록 교화 정책을 펼쳤습니다. 주원장이 실시한 이러한 '한문화 르네상스'와 함께 한인과 한문화라는 중국인의 민족의식이 확산되었습니다.

'지나'라는 단어가 중국을 깎아내리는 말일까?

중국을 표현하는 말 가운데 '지나^{支那}'라는 단어가 있습니다. 이 단어는 중국이라는 말보다는 시간적으로, 공간적으로 넓은 의미를 내포하고 있습니다.

중국이라는 말은 일반적으로 '중화 인민 공화국'의 약칭으로, 1949년 마오쩌둥에 의해 건국되어 오늘날까지 이어지고 있는 현재의 중국을 가리킵니다. 하지만 원래는 쑨원이 이끈 신해혁명에 의해 탄생한 중화민국^{中華民國}의 약칭입니다.

한편 지나에는 각 시대의 왕조와 정권을 초월한 총체적인 의미가 담겨 있으며, 각 시대의 왕조와 정권 치하에 있던 민족까지 아우릅니다. 일부 학자들은 티베트인과 위구르인, 몽골인은 여기에 포함되지 않는 다고 주장하는데 그것은 사실이 아닙니다.

지나라는 말에는 시공을 초월한 '대*중국'이라는 의미마저 있는데도 최근 들어 중국을 깎아내리는 말로 여겨져 거의 쓰지 않습니다. 이시 하라 신타로石原慎太郎(석원신태랑), 일본의 우익 보수파를 대표하는 인물이다. 숱한 망언으로 주변 국가들의 비난을 받았 다._역주가 1999년의 도쿄 도지사 선거 연설에서 중국을 지나라고 표현해 문제가 된 적이 있습니다. 그때 이시하라는 "쑨원도 '지나'라고 했는데, 왜 일본인이 말하면 차별이 되는가?"라고 반론을 폈습니다.

원래 지나라는 말에는 차별이나 비하의 의미가 없었습니다. 도리어 존칭에 더 가까울지도 모릅니다. 초대 왕조인 진秦이 어원이기 때문에 영어의 차이나China와도 통하며 불전에서 쓰이는 용어로 '사려 깊다'는 의미를 지닌 바르고 고운 말입니다. 그런데 왜 지나라는 말이 중국을 차별하고 비하하는 말로 퇴색된 걸까요?

중국은 일본과 중국이 전쟁을 치르기 전 일본인들이 중국을 비하하 며 쓴 말이라고 주장합니다. 중화 인민 공화국=중국이라는 정식 명칭이 있는데도 굳이 지나라는 옛 호칭을 쓰는 이유는 중국을 비하하기 위해 서라는 겁니다. 게다가 실제로 일본의 많은 우파 언론인들이 중국을 비하하는 의미로 지나라는 말을 쓴 것도 큰 이유입니다.

상대가 싫어하는 호칭을 일부러 쓸 필요는 없겠죠? 하지만 일본에서 널리 통용되는 남지나해와 동지나해라는 표기와 호칭은 계속 쓸 수밖에 없습니다. 중국이 싫어한다 해도 그러한 표기와 호칭이 일본인 사이에 정착되어 있기에 갑자기 바꾸면 혼란을 야기할 수 있기 때문입니다. 참고로 중국은 남지나해를 '남해'로, 동지나해를 '동해'라고 부릅니다.한국에서는 남지나해를 '남중국해', 동지나해를 '동중국해'라고 부른다. _역주.

중화사상이란 무엇인가?

반면에 중국이라는 명칭을 써서는 안 된다고 주장하는 학자도 있습니다. 그들은 지나가 중국을 깎아내리는 말이라면, 중국은 다른 민족과 문명을 비하하는 말이라고 지적합니다.

중화 인민 공화국의 '중화'는 이른바 '중화사상'의 중화입니다. '화華'는 문명을 가리키는데, 한인들은 스스로를 문명의 '중中, 한가운데'에 있는 민족, 그래서 중화이며, 주변의 다른 민족은 문명의 '외外, 바깥'에 있는 오랑캐야만인라고 봅니다. 이렇게 중화라는 말에는 다른 민족을 비하하는 생각이 깔려 있어서 중화를 뜻하는 중국이라는 국호를 써서는 안 된다고 반발하는 학자가 있는 것입니다.

중화를 국호로 하자고 맨 처음 의견을 낸 사람은 혁명가 장빙린章炳麟(장병린)이었습니다. 1911년 신해혁명으로 청 왕조가 무너지고 이듬해 난징에 임시 정부가 들어섰습니다. 이 임시 정부가 세우는 새로운 국가의 국호를 무엇으로 하느냐를 두고 여러 가지 아이디어가 나왔습니다.

| '중화사상의 아버지'라 불려야 할 사마광. 그는 역사가인 동시에 재상에까지 오른 거물 정치인이었다.

중국 전설의 고대 왕조인 하 왕조의 이름을 따서 '대하大夏'나 '화하華夏'라고 하자는 의견이 있었고, '지나'로 하자는 의견도 있었는데, 최종적으로 장빙린이 제안한 '중화민국'이 채택되었습니다. 임시 대통령이 된 쑨원도 이 새로운 국호를 마음에 들어했다고 합니다. 그리고 중화민국이라는 이름을 물려받는 형태로 마오쩌둥이 중화 인민 공화국이라는 국호를 고안해 냈습니다.

중화라는 말은 당 왕조 때 편찬된 역사서 『진서晉書』에도 나오지만 이를 명확한 개념으로 정착시키고 일반화한 인물은 송 왕조 때의 사마광입니다. 사마광이 편찬한 『자치통감資治通鑑』1084년 완성은 총 294권이나 되는 엄청난 분량의 역사서로, 편집을 위해 사국史局이 설치되는 등 송 왕조의 전면적인 지원을 받으며 완성되었습니다. 당시의 황제 신종이 '나라를 다스리는 자료이자 선대를 거울로 삼는 책'이라고 칭찬하며 '자치통감'이라는 제목을 지었다고 전해집니다.

사마광은 『자치통감』에서 군주와 신하는 각자 자신의 분수를 알아야 한다며 '군신지별君臣之別'을 설파하는 한편, 한인漢은 주변 이민족異보다 우월하다는 '화이지별華夷之別'을 주장했습니다. 그리고 이 '화이지별'이라는 말과 함께 '화'라는 문명 속에서 한인이 역사적으로 짊어진 사명이 무엇이냐는 '중화사상'을 전면적으로 펼쳐 나갑니다. 뿐만 아니라 이 책은 수준 높은 문화를 지닌 한인이 불쌍한 주변 야만족에게 때로는 시혜를 베푸는 관용을 가져야 한다고 주장하는 등 주변 민족을 무시하는 내용을 담고 있으며, 극단적 민족주의를 드러내기도 합니다. 한국이나 일본 같은 동방 국가의 민족은 동이東夷라고 부르며 주변 민족들과 싸잡아 깎아내리고 있습니다.

　남송 시대에 주자학을 집대성한 주희는 사마광의 『자치통감』을 칭송하며, 이를 바탕으로 저술한 『자치통감강목資治通鑑綱目』에서 대의명분론을 펼칩니다. 그 결과, 중화사상은 유학의 세계관 속에 통합되기에 이릅니다.

▎한인 왕조 이외의 왕조에 중화사상이 형성된 수수께끼

　송 왕조는 중화사상을 국가의 원리로 삼기 위해 사마광뿐만 아니라 다른 사상가와 학자들도 적극적으로 지원하여 중화사상의 논리를 체계화하려고 했습니다. 구양수도 그중 한 사람으로 역사서 『신당서新唐書』당나라 역사를 기록한 책으로, 기존의 『당서』를 구양수가 고쳐서 다시 편찬한 것이다. 그래서 그 전의 기록을 『구당서』라고 한다. _역주와 『신오대사新五代史』중국의 오대십국 시대를 다룬 역사서다. _역주를 저술하고 『자치통감』과 같이 화이지별을 명확히 밝히며 중화사상을 논했습니다.

　송 왕조는 민족주의를 정치적으로 이용하여 정권의 구심점을 높이

| 송 왕조를 연 송 태조 조광윤. 그는 터키인 사타족 출신으로 추정된다.

려고 했습니다. 그런데 이 송 왕조는 사실 한인이 세운 왕조가 아닙니다. 터키인 사타족이 세운 왕조입니다. 송 왕조가 비非군사 · 외교 정책과 이민족 유화 정책을 펼친 것으로 알려져서인지 한인 왕조라고 오해하는 사람이 많은데, 실상은 그렇지 않습니다.

당 왕조가 멸망한 뒤 혼란한 틈을 타서 923년 터키인돌궐 이존욱이 후당을 건국합니다. 송 왕조의 건국자 조광윤으로 대표되는 조 씨 일족은 후당의 근위군 장군과 무장으로 활약했는데, 터키인 왕조인 후당의 요직에 있던 조 씨 일족도 역시 터키인으로 추정됩니다. 조광윤은 기마 장수로 이름을 날렸고 사납게 날뛰는 말을 잘 길들여서 타고 다녔다는 일화가 있는 만큼 터키인 유목민의 혈통을 이어받았다고 볼 수 있습니다.

그러면 터키인 왕조인 송이 왜 한인의 중화사상을 장려한 것일까요? 조광윤은 자신의 출신을 숨기고 자신이 전한의 명신 조광한의 후예이며 한인이라고 주장했습니다. 이에 대해 에도 시대의 일본 유학자 하야시 라잔林羅山(임라산)은 "촉나라 유비가 중산정왕中山靖王 유승의 후예라고 칭한 것이나 조광윤이 조광한의 후예라고 칭한 것은 가계도가 끊겨 그 진위 여부가 의심스럽다. 동시에 전쟁 시의 무장들이 스스로를 귀인의 후예라고 칭한 것도 의심스럽다."라고 말했습니다. 조광윤의 주장에는 어떠한 근거도 없습니다. 그는 스스로를 한인이라 내세움으로써 다수파였던 한인의 지지를 얻으려고 했던 것입니다.

중화사상의 탄생, 그 아이러니와 모순

조광윤이 세운 송 왕조는 정치적 기반이 약해서 당시 나날이 세력이 강해지고 있던 거란족에 군사적으로 대항할 수 없었습니다. 그래서 매년 엄청난 재물을 공납함으로써 유화 관계를 맺고 평화를 유지했습니다. 이것이 그 유명한 송의 '문치주의'에 관한 실체입니다. 이러한 관계는 서쪽의 티베트인에게도 그대로 적용되었습니다. 송 왕조는 티베트인에게도 거액의 공납금을 주어야 했습니다.

중국 왕조가 이민족에게 평화를 구걸하다니! 일방적으로 돈을 뜯기는 이 말도 안 되는 국가적 굴욕에 대해 당연히 비판과 분개의 목소리가 들끓었습니다. 이러한 상황을 뒤집기 위한 교묘한 변명거리가 필요해졌습니다. 이 변명에는 굴욕이 굴욕으로 보이지 않도록 발상을 크게 뒤집는 장치가 있어야 했습니다.

이 굴욕의 실태를 포장하기 위해 중화사상이 전면에 나섰습니다. 문명인인 한인이 미개한 야만인을 관대하게 품고 시혜를 베푼다는 중화사상의 논리가 거듭 강조되었고, 따라서 이민족에게 공납을 바치는 것은 공납이 아니라 시혜로 치부되었습니다. 송 왕조는 힘이 강한 이민족들과 형제 관계를 맺고 이에 따라 형이 아우를 돕는다는 명목을 끌어냈습니다. 극단적인 민족주의를 내세운 중화사상은 당시 송 왕조의 구겨진 자존심을 상쇄시키기에 충분한 것이었습니다.

중화사상은 우위를 상실하면서 생긴 공백을 '허구의 우월성'으로 채우려 한 시도에 불과합니다. 중화사상이 잉태되는 과정에 커다란 모순과 아이러니가 작동했다는 사실을 인식해야 합니다.

Chapter 6

일본인은 조선인의 피를 이어받았는가?

수백만 명에 이르는 한반도인과의 혼혈

4세기부터 7세기에 걸쳐 일본에서는 인구가 수백만 명이나 증가했습니다. 한반도에서 수많은 사람이 바다를 건너왔기 때문에 인구가 증가했다는 설이 유력합니다.

한반도에서 건너온 이들은 야마토 정권4세기경에 들어선 일본 최초의 통일 정권의 중추를 담당했습니다. 조정의 최대 실력자였던 소가 씨도 한반도에서 건너온 계통이라고 합니다. 단, 일본이 한반도인을 공직자와 기술자로 받아들인 예는 극히 일부의 우수한 재원에 불과합니다. 7세기에 백제가 멸망했을 때 백제의 난민을 받아들이면서 이렇게 인구가 늘어났을 것입니다.

일본의 많은 역사서가 고도의 문명을 지닌 백제 사람들이 일본에서 융숭한 대접을 받은 것처럼 기술하고 있지만, 당시 일본은 수만 명의 난민을 먹여 살릴 수가 없었을 것입니다. 그래서 그들은 개척되지 않은 황무지를 스스로 개간하는 중노동에 시달렸을 것입니다. 그리고 오랜 세월이 지나면서 일본인과 한반도인의 교류가 깊어지고 혼혈이 이루어졌을 것으로 추정할 수 있습니다. 이때 순수한 혈통을 가진 일본인은 사라졌습니다. 이미 야요이 시대彌生時代(미생시대). 고훈 시대 이전의 시대로 기원전 3세기부터 기원후 3세기에 이른다. 수많은 한반도인들이 건너갔고 벼농사가 시작되었다부터 한반도 사람들이 이주해 왔는데, 4~7세기 때의 이주 인구는 야요이 시대와는 비교가 되지 않을 정도로 규모가 컸고 조직적이었습니다.

동서고금을 막론하고 다른 민족과 피가 섞이지 않은 민족은 어디에도 없습니다. 이러한 사실을 안타까워하거나 부정할 필요도 없습니다. 헤이세이平成(평성) 13년2001년 12월 18일, 일본 천황은 기자 회견에서 다음과 같이 말했습니다.

"나는 간무 천황桓武天皇의 생모가 백제 무령왕의 자손이라고 쓰여 있는『속일본기續日本紀』를 읽고 한국과 인연이 있음을 느낍니다. 무령왕은 일본과 관계가 깊어서 이때 이후로 대대로 오경박사를 일본에서 초빙했습니다. 또 무령왕의 아들인 성왕은 일본에 불교를 전파한 것으로 유명합니다."

무령왕은 6세기 초의 백제 왕입니다.『속일본기』에 따르면 간무 천황의 생모는 무령왕의 먼 후손으로 화和 씨 출신이라고 합니다. 한반도에서 건너온 이들은 황족과 연을 맺었다고 볼 수 있습니다.

	시기	형태	숫자
제1기	야요이 시대 후기(2~3세기)	이주	소수
제2기	고훈 시대(4~7세기)	이주	다수
제3기	백제 멸망(660년) 후	피난	아주 다수

한국인과 일본인의 DNA 유전자 결합 여부를 조사하려고 HLA^{Histo-}compatibility Antigen, 사람 백혈구형 항원를 분석한 결과, 양자의 유전적 동질성이 낮다는 결론이 나왔습니다. 단, 이 결과는 오늘날의 한국인과 일본인에 대한 것이어서 이 실험 결과로부터 1,500년 전 두 민족의 관계를 추측할 수는 없습니다. 특히 한국인은 고대 이후로 중국인, 만주인, 몽골인과 급속도로 혼혈이 진행되어 DNA 유전자 형태가 크게 달라졌기 때문입니다. 실제로 한국인은 중국인, 몽골인, 특히 만주인과의 유전적 동질성이 높다는 결과가 나옵니다.

백촌강 전투와 일본이라는 국가 의식의 탄생

660년, 나당 연합군의 공격으로 백제는 멸망했습니다. 하지만 그것이 끝이 아니었습니다. 백제를 부흥시키려는 세력이 고구려와 왜에 원

| 일본의 35대 고교쿠 천황이자 37대 사이메이 천황

군을 요청하며 봉기했습니다. 이때 일어난 나당 연합군과 백제의 잔존 세력이 치른 마지막 대결이 바로 백촌강 전투입니다.

당시 사이메이 천황_{나카노오에 황자의 어머니로, 37대 천황이다. 뿐만 아니라 35대 고교쿠 천황과 동일 인물이다. 다시 말해, 두 번 천황에 즉위했다. 36대 고토쿠 천황이 죽자 다시 즉위했으나 실질적으로는 황자인 나카노오에가 통치했다. _역주}이 백제 부흥 세력을 돕기 위해 직접 출정했습니다. 천황이 몸소 해외로 원정에 나선 예는 일본 역사상 이때가 처음이자 마지막이었습니다.

사이메이 천황이 이끄는 일본군은 오사카에서 출발하여 세토 내해를 거쳐 후쿠오카로 향했습니다. 하지만 사이메이 천황은 후쿠오카에서 급사했습니다. 사인은 밝혀지지 않았으나 암살설이 유력합니다.

646년, 다이카의 개신_{大化改新(대화개신). 7세기 중엽에 지방 호족 세력이 중심이었던 정치 체제를 중국의 율령을 본떠 중앙 집권적으로 구축하기 위하여 이루어진 정치 개혁을 말한다. _역주} 이후 나카노오에 황자_{훗날의 덴지 천황}가 실권을 잡았습니다. 그는 사이메이 천황의 한반도 출병 정책을 이어받았지만, 663년 일본군은 한국의 금강 하구에서 벌어진 백촌강 전투에서 대패했습니다. 이로써 백제는 완전히 멸망했습니다.

전투의 승패를 떠나 나카노오에 황자는 외적의 위협에 대항한다며 일본을 계엄하에 두고 정권의 힘을 키우는 데 전력했습니다. 다이카의 개신 이후 정권을 쥔 그는 여전히 권력 기반이 약했지만, 백촌강 전투는 권력을 강화하기 위한 좋은 구실이 되었습니다.

백촌강 전투가 패배로 끝난 뒤 나카노오에 황자는 패전을 이용하여 국내에 계엄을 선포하고 백성들을 통제했습니다. 그는 당이 일본에 쳐들어올지도 모른다는 위기감을 부채질하여 지방 호족들의 협력을 요청했습니다. 협력이라고는 하지만 행여나 거절이라도 했다가는 국가의 적으로 간주되어 참수를 당하게 될 터라 호족

| 일본의 38대 덴지 천황. 그림은 1886년에 그려진 것이다.

들은 울며 겨자 먹기로 받아들일 수밖에 없었습니다.

나카노오에 황자는 위기를 부채질하면서도 실제로 당이 일본을 공격하리라는 생각은 하지 않았을 것입니다. 백제를 멸망시킨 후에도 한반도에는 고구려가 남아 있었으니까요. 당과 신라는 강대한 고구려의 저항에 부딪혀 일본을 공격할 여력이 없었습니다.

위기를 정치적으로 이용하는 데 성공한 나카노오에 황자는 독재적 권력을 강화하고 백촌강 전투로부터 5년 뒤인 668년에 덴지 천황에 즉위합니다. 지방 호족들이 군웅할거하며 뿔뿔이 흩어졌던 일본이 비로소 천황 아래 통일된 것입니다.

백촌강 전투의 패배로 일본은 옛날부터 계속되어 온 한반도와의 접점을 잃었지만, 이와 동시에 일본 열도를 경계로 한 영토 의식이 강해지면서 국가와 민족의 형태가 선명해졌습니다. 일본이라는 국가 의식의 원형이 탄생한 것입니다.

일본이라는 국호에 담긴 의미

국가에 대한 의식이 싹트면서 일본의 국호, 즉 나라의 호칭이 정해졌습니다.

중국은 일본을 '왜'라고 불렀습니다. 후한 왕조 시대에 편찬된 자전字典 『설문해자說文解字』^{1만여 자에 달하는 한자에 대해 본래의 글자 모양과 뜻 그리고 발음을 종합적으로 해설한 책 _역주}에 따르면 왜에는 '순종하다', '복종하다'라는 의미가 있으며, 더 깊이 들어가면 '예속된 자'라는 뜻도 있습니다. 당연히 일본은 이 왜라는 글자를 못마땅하게 여겼고 왜 대신에 발음이 같은 '화和. 일본어로는 '와(ゎ)'로 발음이 같다. _역주'를 쓰게 되었다고 보는 설이 있습니다. 8세기에는 여기에 '대大'를 덧붙여서 '대화大和, '야마토'라고 읽는다. _역주'라는 표기가 만들어졌다고 합니다.

에도 시대의 학자 모토오리 노리나가는 덴지 천황 시대에 '일본'이라는 국호를 쓰기 시작했다고 주장했습니다. 이 무렵에 '일본日の本'이라고 쓰고 '히노모토ひのもと'라고 읽었으리라고 추정됩니다. 히노모토는 '태양이 뜨는 곳'을 의미합니다.

607년 제2차 견수사遣隋使, 스이코조(推古朝, 추고조) 시대, 왜국이 기술과 제도를 배우기 위해 중국의 수에 파견한 사신을 가리키는 말이다. 600년부터 618년까지 18년간 총 5회에 걸쳐 파견했다고 한다. _역주였던 오노노 이모코는 수 양제에게 다음과 같이 시작하는 국서를 제출했습니다.

> 日出處天子致書日沒處天子(일출처천자치서일몰처천자)
>
> (해 뜨는 곳의 천자가 해 지는 곳의 천자에게 서신을 보내노라.)

예부터 자기네 땅을 '해가 뜨는 곳'이라 여겼던 일본인들은 이를 그대로 국호로 하여 '일본'이라고 표기했습니다. 일본 사신들은 수 왕조와 같은 큰 나라를 상대할 때도 결코 주눅 들지 않고 자신들을 '해가 뜨는 곳에서 온 천자의 신하'라 자칭했습니다. 동북아시아의 패권을 장악했던 중국 황제 앞에서 '천자' 운운한 것은 일본이 중국과 대등한 입장에 있다고 주장하는 것이나 마찬가지였습니다. 양제는 일본의 왕을 '천자'라 쓴 것에 격노했다고 전해집니다.

10세기 오대십국 시대에 편찬된 중국의 사서 『구당서舊唐書』에는 '일본'이라는 국호에 대해 쓴 글이 있습니다.

日本國者(일본국자), 倭國之別種也(왜국지별종야). 以其國在日邊(이기국재일변), 故以日本爲名(고이일본위명). 或曰(혹왈), 倭國自惡其名不雅(왜국자악기명부아), 改爲日本(개위일본).
(일본국은 왜국의 별종이다. 그 나라가 해 뜨는 곳에 있어서 일본이라 이름 붙였다. 또는 왜국이 스스로 그 이름이 아름답지 않다고 여겨 일본으로 고쳤다.)

'이기국재일변以其國在日邊'에서 '일변日邊'은 '해가 뜨는 곳'이라는 뜻입니다. '해가 뜨는 나라' 일본은 먼 옛날부터 국가와 민족에 대한 자부심을 국호에 담았습니다.

오키나와인과 아이누는 원일본인

같은 일본인이라도 얼굴의 윤곽이 뚜렷한 사람이 있는가 하면 밋밋한 사람도 있습니다. 눈썹이 짙고 눈이 크며 입술이 두터운 사람은 이목구비가 뚜렷한 남방계입니다. 눈썹이 옅고 눈이 가늘며 입술이 얇은 사람은 이목구비가 밋밋한 북방계입니다. 북방계는 혹독한 추위에 적응하기 위해 얼굴이 평평하고 피하지방이 두꺼운 눈꺼풀로 안구를 덮었으며 동상을 방지하기 위해 입술이 얇아졌다고 추정합니다.

일본인은 대부분 북방계의 이목구비로 얼굴이 밋밋한 편입니다. 하지만 원래는 이목구비가 뚜렷했다고 합니다. 야요이 시대에 북방계 사람들이 대륙에서 한반도를 경유하여 규슈 북부를 통해 일본 열도로 이주했습니다. 이 당시에 남방계의 이목구비가 뚜렷하게 생긴 일본 선주민과 피가 섞이면서 야요이인이 탄생했다고 봅니다. 한반도를 경유하여 일본으로 건너온 이들은 오키나와와 홋카이도까지는 들어가지 않았으므로 이 지역에는 이목구비가 뚜렷한 일본 선주민의 혈통이 보존되었습니다.

오키나와 사람들은 오늘날에도 윤곽이 뚜렷한 얼굴이 특징인데, 이른바 '원일본인'의 용모라 할 수 있습니다. 홋카이도의 아이누도 '원일본인'의 외모를 하고 있습니다. 아이누는 주로 홋카이도, 사할린, 쿠릴 열도에 거주하는 소수 민족으로 과거에는 도호쿠 지방 일대에도 거주했습니다.

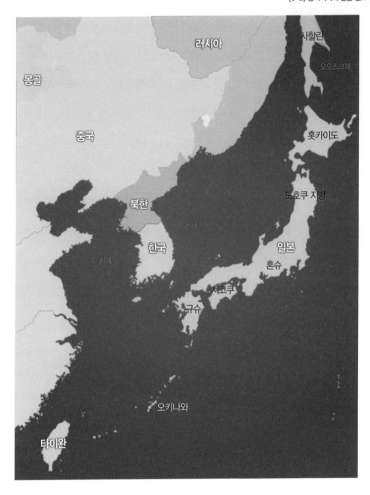

아이누는 문자를 갖지 못했지만, 일본어와는 다른 독자적인 언어가 있었습니다. 랏코ラッコ, 해달, 토나카이トナカイ, 순록, 시샤모シシャモ, 열빙어 등은 일본어에 속하게 된 아이누어입니다. 참고로 아이누는 '인간'이라는 뜻입

니다. 오늘날 일본에 거주하는 아이누는 약 2만 명입니다.

이주민과 섞이지 않은 아이누는 민족의 혈통을 보존했습니다. 이목구비가 뚜렷한 생김새를 보면 백인 코카소이드처럼 보이기도 하는데, 19세기에 독일인들이 이러한 사실을 조사한다며 유골을 도굴하기도 했습니다. 2017년에 도굴된 유골이 홋카이도 아이누 협회에 반환되어 뉴스가 되었습니다. 하지만 최근 조사에 의해 아이누가 코카소이드가 아니라 몽골로이드에 속한다고 판명되었습니다.

2012년에는 아이누와 류큐인^{현 일본 오키나와현과, 가고시마현의 아마미 제도에 주로 정착해 살아오고 있는 민족 _역주}이 유전적으로 아주 가깝다는 사실이 밝혀졌습니다. 이는 홋카이도와 오키나와가 혼슈에서 멀리 떨어져 있어 이주민과 거의 교류하지 않은 덕분에 일본 선주민의 혈통이 남았다는 '이중구조설'을 뒷받침하는 증거로 주목을 받았습니다.

두 민족의 흐름

한국인과 일본인은 비애로 가득한 역사를 공유하고 있습니다. 그리고 오늘날까지도 일본은 북한에 대해서든, 한국에 대해서든 여러 가지 과제를 안고 있습니다. 일본인 입장에서는 한국인을 제대로 이해하는 일이 대단히 중요합니다.

한국인은 인류학상으로 복수 계열의 민족으로 구성되어 있으며 다양한 외모적 특징을 갖고 있습니다. 어디서부터 어디까지를 한국인으로 볼지에 대한 명확한 정의가 없으며 다양하게 해석됩니다. 하지만 한국인의 뿌리를 요약하면 크게 2가지 계통으로 정리할 수 있습니다. 바로 한인韓人과 만주인滿洲人입니다. 이 2가지 민족 혈통이 오늘날 한국인을 형성하고 있습니다.

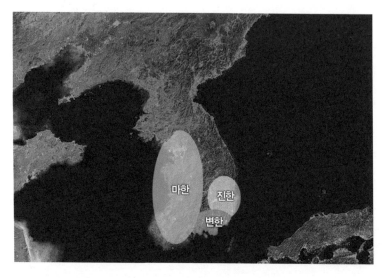

한인은 한반도 남부에서 중부에 걸쳐 거주하던 민족으로, 한반도의 중심 원주민이며 이들을 한국인의 원형이라 할 수 있습니다. 한인은 1세기 무렵부터 마한, 변한, 진한이라는 나라를 세웠습니다. 이 세 나라를 총칭하여 삼한이라고 부릅니다. 한韓에는 '왕'이라는 의미가 있다고 해석됩니다. 훗날 5세기 무렵에 마한은 백제로, 변한은 임나任那. 한국에서는 임나를 6가야 중의 하나인 금관가야의 다른 이름으로 보는 반면 일본에서는 가야국의 총칭으로 보고 있다. 일본 역사책에서는 가야 지역을 일본이 정치적으로 지배했다는 임나일본부설을 주장하면서 '임나'라는 단어를 쓰고 있다. _역주로, 진한은 신라로 각각 발전합니다.

한편 만주인의 존재도 중요합니다. 만주인은 한반도 역사에서 큰 의미를 갖습니다. 긴 역사 속에서 사실상 그들이 한반도를 지배하고 한

| 1851년에 유럽에서 만든 지도에 만주(Mandchouria)가 표시되어 있다. 현재 만주의 라틴어 표기는 Manchuria이다.

인과 혼혈을 거듭하면서 한국인으로 일체화되었기 때문입니다.

중국 북동 지방의 만주를 본거지로 하는 만주인은 퉁구스계 민족이며 넓은 의미에서 몽골인에 포함됩니다. 퉁구스계 민족은 만주와 한반도 북부, 시베리아 지역에 걸쳐 살았던 민족을 총칭하는 말입니다. 퉁구스란 '돼지를 사육하는 사람'이라는 뜻이 있다는 설이 있습니다.

또한 퉁구스계 민족은 문수보살文殊菩薩, 불교의 대승보살 가운데 하나로 지혜를 상징하는 보살이다. _역주을 숭배한다고 하여 '만주문수보살의 범어는 만주슈리(Manju sri)로 이것이 만주라는 민족 이름이 만들어지는 데 영향을 미쳤다고 본다. _역주'라는 소리에 '滿洲'라는 한자가 붙여졌다는 속설이 있는데, 확실하지는 않습니다. 또 만주인은 물이 자신들의 기원이라고 생각했기 때문에 주州에 물을 나타내는 삼수변氵을 더하여 '洲'라는 글자로 표기했다고 합니다.

대립하는 한인과 만주인

원래 한인과 통구스계 만주인은 언어 계통 면에서나 혈통에서나 다른 민족입니다. 한인은 농경 민족이고 만주인은 수렵 민족입니다. 한국의 수도 서울에는 한강이 동서로 가로지르고 있습니다. 대략적으로 말하면 한강을 경계로 하여 북쪽이 만주인 지역, 남쪽이 한인 지역이었습니다. 그리고 통구스계 만주인이 최초로 건국한 왕국이 고구려입니다. 기원전 1세기에 한반도 북부에서 건국되어 4세기 말부터 5세기에 영토가 최대에 달해 만주 전역과 랴오둥반도, 한반도 북부의 광대한 영토를 지배했습니다.

고구려의 19대 왕 광개토 대왕이 바로 이 시기의 왕으로, 한반도 남부까지 원정에 나서 백제를 침공했습니다. 백제와 동맹을 맺은 일본^야 ^{마토} 정권은 한반도에 군사를 파견하여 함께 맞섰습니다.

한국과 일본의 학생들은 고구려의 역사를 '한국의 역사' 카테고리에서 배우다 보니 '고구려와 백제가 같은 민족이 세운 왕국'으로 아는 사람이 많습니다. 하지만 고구려는 통구스계 만주인으로 구성된 왕국이고, 백제와 신라는 한인 왕국이었습니다(백제의 왕족은 고구려 왕가 출신이기 때문에 만주인이고, 백성은 한인이 대부분이었다고 볼 수 있습니다).

동맹을 맺은 중국의 당 왕조와 신라는 660년에 백제를 멸망시켰습니다. 663년에 나당 연합군은 백제의 유민과 백제의 동맹국이었던 일본 원정대를 백촌강 전투에서 격파했습니다. 668년에는 당이 고구려

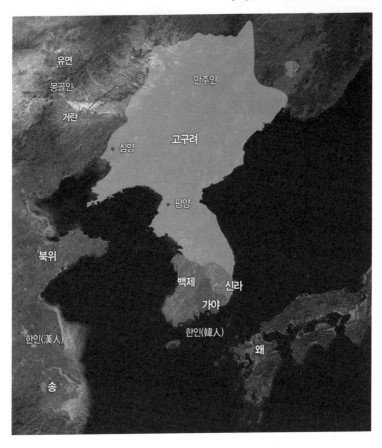

에 군대를 보내 평양을 점령하고 고구려를 멸망시켰습니다. 당은 평양
에 안동 도호부를 설치하고 통치했습니다. 하지만 676년 신라 문무왕
이 안동 도호부를 축출함으로써 한반도에는 통일 신라가 들어섭니다.
한인이 세운 신라 왕조가 한반도의 첫 통일 왕국을 건설한 것입니다.

이 무렵까지 한인과 만주인은 서로 대립하기도 했으나 서서히 한반도 사람으로 융화되어 갔습니다.

통일 왕조 고려를 건국한 퉁구스계 만주인

한편 당에 고구려가 멸망한 뒤 만주인은 발해를 건국합니다. 건국자는 대조영이라는 인물입니다. 고구려 유민인 그는 퉁구스계 말갈족을 규합하여 발해를 세운 것입니다.

9세기 말, 당과 신라가 쇠퇴하자 만주인들은 다시 세력을 키웁니다. 10세기, 개성에 본거지를 두고 있던 호족 왕건이 신라 말기의 반란군 중에서 두각을 나타냅니다. 936년, 왕건은 고려를 건국하여 신라를 멸망시키고 한반도를 통일합니다.

이 고려가 한국의 영어 표기인 'Korea'의 어원이 됩니다. 사실 고구려도 자신들의 나라를 고려라고 불렀으므로 두 나라는 같다고 봐야 합니다. 하지만 '구(句)'가 들어간 '고구려'라는 이름이 오랫동안 입에 익어서 일반적으로 고대의 고려를 '고구려'로, 중세의 고려를 '고려'로 구분합니다. 고조선과 조선도 비슷한 예입니다. 고대의 조선을 '고조선'으로, 중세의 조선을 '조선'으로 부르는 것입니다.

왕건 일족은 중국과의 해상 무역을 통해 부를 쌓았습니다. 막대한 부를 배경으로 왕건은 북방 만주인 군벌을 흡수하여 강력한 군대를 양성했습니다. 왕건을 중심으로 결집한 만주인은 한인을 굴복시키고 한반도를 지배했습니다. 고려는 개성을 수도로 정했습니다.

원래 만주인이 한인보다 압도적으로 세력이 강했습니다. 만주의 광대하고 비옥한 평야 지대에 살던 그들은 인구도 많았고 중국과 교류하며 선진 문물과 기술을 흡수했습니다. 통일 신라 시대에 한인이 만주인의 우위에 있을 수 있었던 것은 당 왕조가 신라를 지원했기 때문입니다. 하지만 당 왕조의 힘이 약해지자 만주인은 단숨에 공세를 펼쳤습니다.

또 한인 정권이던 신라는 농경 민족으로서 봉건적 신분제를 고집하여 조직과 사회가 경직되어 있었습니다. 혈통을 중시했던 신라의 골품제도가 대표적인 예입니다. 이런 상황에서 만주인이 신라의 정체된 사회 구조를 타파하고 새로운 정권인 고려를 수립한 것입니다.

왜 한국에서는 전라도 출신이 차별을 당했는가?

한국에서는 오래전부터 전라도 출신 사람들이 홀대를 받는다는 풍조가 있어 왔습니다. 왜 오늘날의 한국에서도 이런 사회 분위기가 있는지 제 나름대로 역사적 안목을 갖고 추정해 보기 위해 10세기 고려 시대로 거슬러 올라가 보겠습니다.

왕건이 고려를 건국한 이후 한반도에서는 만주인과 한인의 혼혈과

| 근대 이전의 만주인을 묘사한 그림.

융합이 이루어졌습니다. 하지만 한편으로는 지배 계층인 만주인의 한인 차별과 냉대도 계속되었죠.

왕건이 한반도를 통일하기 전에는 후삼국 시대^{892~936년}라 불리는 전란의 시기가 있었습니다. 왕건이 이끄는 고려^{만주인} 세력는 신라^{한인} 세력와 후백제^{한인} 세력의 저항에 부딪혔습니다. 후백제는 오늘날의 전라도 전주와 광주에 거점을 둔 왕국으로 한때는 강한 기세를 자랑하며 왕건을 벼랑 끝까지 몰아붙이기도 했습니다. 하지만 결국 왕건이 후백제를 누르고 한반도를 통일합니다.

이때 적국인 후백제 사람들은 고려에 의해 하층민과 노예로 전락합니다. 전라도가 착취의 대상이 된 것입니다. 같은 한인 왕국이라도 신라는 이전 왕조를 형성했던 국가이자 선진 문물이 발달한 지역이기에 고려인도 신라인에게는 경의를 표했습니다. 하지만 끝까지 저항했던 후백제인들은 철저히 응징했습니다.

전라도 지역 한인들은 계속 착취당하며 고려 정권에 대한 원한을 쌓았습니다. 한인과 만주인이라는 민족의 차이도 그러한 원인을 가중시켰을 것입니다. 때때로 원한이 폭발하여 반란이 일어나기도 했지만 철저히 탄압을 받았습니다. 반란을 일으킨 사람들이 더욱 심하게 탄압을 받는 악순환이 되풀이되었습니다. 이러한 악순환의 고리는 고려 시대를 거쳐 다음 왕조인 조선 시대까지 이어졌습니다.

고려와 조선

고려는 10세기에 건국했을 때부터 300년 동안 중국의 세력권에서 벗어나 독립적인 지위를 누렸습니다. 당시의 중국 왕조인 송은 문치주의를 내세우고 군사적 확장 정책을 펴지 않았기에 고려는 주권 국가로 남을 수 있었습니다.

고려는 도자기 제조 기술이 발달하여 뛰어난 도기인 고려청자가 유명했고, 불교가 보호받는 분위기 속에서 『팔만대장경』이 편찬되는 등 문화적으로 크게 발전했습니다. 국제 무역도 활발해서 이때 '고려Korea'라는 국호를 세계에 알리게 되었습니다.

| 중국 네이멍구 자치구에 있는 쿠빌라이 칸의 암각화. 칭기즈 칸은 몽골 제국을 열었고, 쿠빌라이 칸은 원 왕조의 초대 황제가 되었다.

하지만 13세기에 고려는 중국을 지배한 몽골 원 왕조의 침입을 받았습니다. 원 왕조는 아시아를 넘어 유럽으로 향하는 길목까지 정복한 대제국이었습니다. 고려는 버티지 못하고 원에 항복했습니다. 이때 중국의 지배권에 들어간 한반도는 이후로도 오랫동안 중국의 눈치를 살펴야 했습니다. 중국과 육지로 이어진 한반도의 비극적인 숙명이라고 할 수 있습니다.

1368년 중국에 명 왕조가 들어서자 고려는 명과 대립합니다. 명을 치기 위해 고려의 무장 이성계가 수만 명의 군사를 이끌고 요동으로 진격합니다. 하지만 이성계는 계절적으로 적절하지 않은 시기에 강대한 명과 전쟁을 벌이는 것은 자살행위라 여겨 군사를 돌렸습니다. 개성으로 진격한 이성계는 쿠데타를 일으키고 실권을 장악합니다. 그는 1392년 고려 왕을 폐위시키고 스스로 왕에 즉위하여 조선을 세웠습니다. 조선은 명에 군신의 예를 갖추었습니다.

이성계는 고려의 지배 계층인 만주인 출신입니다. 그는 만주 군벌의 우두머리여서 세력 기반이 한강 이북에 있었습니다. 이성계의 부하 중에는 만주 여진족의 지도자였던 이지란이 있었는데, 이성계는 그를 통해 만주 여진족을 끌어들이는 데 성공했습니다. 이로써 고려 이후에도 만주인 정권이 계속되었습니다.

조선은 한양현재 서울의 한강 북쪽 지역을 수도로 정했습니다. 4세기에 백제가 건국되었을 때도 서울을 수도로 삼았지만, 이때는 수도의 거점이 한강 이남이었습니다. 백제는 한인의 나라입니다. 그래서 한강 너머 북쪽을 수도로 정할 수는 없었습니다. 지정학적으로 백제는 한강을 마지노선으로 하여 만주인과 대치했습니다.

만주인 정권인 조선은 그 반대로 한강의 북쪽에 터를 잡았습니다. 현재 한국의 수도 서울이 한강 북쪽을 중심으로 발전했던 것도 그러한 이유 때문입니다.

단, 조선 시대가 되면서 한반도 전역에서 만주인과 한인의 융합이 이루어지며 양자를 거의 구별할 수 없게 됩니다. 만주인과 한인이 일체화되며 이른바 '한국인'이 탄생한 것입니다.

민족 문자 훈민정음의 탄생

15세기에 조선의 정권이 안정되고 4대 왕 세종이 등장합니다. 세종은 조선 최고의 명군^{名君}으로 꼽히며 조선의 전성기를 구축했습니다.

세종은 조선인의 민족의식을 고취시켜 왕권의 구심점으로 삼으려 했습니다. 그러기 위한 수단의 하나로 민족 문자를 제정하기에 이르렀습니다.

1446년, 세종은 훈민정음을 창제합니다. 조선은 한자 문화권에 속하여 원래 말은 있었지만 문자가 없었습니다. 그래서 문자는 한자로 표기했습니다. 당시에 민중의 대부분이 익히기 어려운 한자를 읽고 쓰지 못했는데, 이를 가엽게 여긴 왕이 표음 문자인 훈민정음을 만든 것입니다. '훈민정음^{訓民正音}'은 '백성을 가르치는 바른 소리'라는 뜻입니다.

당시 발간된 『훈민정음 언해본』_{훈민정음은 세종 28년(1446)에 나온 초간본인 원본으로 『훈민정음 해례본』이 있고, 이를 한글로 풀이한 것이 『훈민정음 언해본』이다. _역주} 서문에서 세종은 다음과 같이 훈민정음 창제 이유를 밝히고 있습니다.

우리나라 말이 중국과 달라 한자와는 서로 통하지 아니한다. 이런 까닭으로 가여운 백성들이 말하고자 하는 바가 있어도 제 뜻을 능히 펴지 못하노라. 내 이를 불쌍히 여겨 새로 스물여덟 자를 만드니 백성들로 하여금 쉽게 익혀서 날마다 쓰는 데 편하게 하고자 할 따름이라.

| 광화문 광장에 있는 세종 대왕 상

명 왕조는 세종이 문자를 만든 것을 두고 크게 분노했습니다. 자기네의 일부라 여기고 있는 조선이 민족 고유의 글자를 만들다니, 명으로서는 반역할 의도가 있다고 본 것입니다. 조선의 보수파도 반발했습니다. 그들은 조선이 중국의 일부이기에 일류 문화를 누리는 것이라고 생각했습니다. 그런데 민족 문자를 제정하면 중국 문화의 영향권에서 벗어나 혜택을 누리지 못한다며 격렬하게 반대했습니다. 세종의 측근들조차 훈민정음 제정에 반발했습니다. 그들은 몽골인, 티베트인, 만주인, 일본인 등을 예로 들면서 그들이 민족 문자를 가진 탓에 중국 문화권에서 벗어났기에 이적夷狄, 야만인으로 전락했다고 세종에게 호소했습니다.

하지만 세종은 명의 위협과 조선 관료들의 격렬한 반대를 무릅쓰고 훈민정음 제정을 단행했습니다. 민족 고유의 문자를 갖고 민족의식을 고양시키는 것이 조선에 이익이 된다고 판단했기 때문입니다.

세종의 이러한 판단은 옳았습니다. 민족과 언어, 문자는 떼려야 뗄 수 없는 관계에 있습니다. 시간이 흐르면서 한반도의 만주인과 한인은 한글이라는 문자를 매개로 같은 민족이라는 인식을 갖게 되었습니다.

Part 3

세계를 지배한
유럽의 나라들

유럽의 대표적인 민족인 라틴인과 게르만인, 슬라브인은 어떻게 다른가?

영국과 러시아를 건국한 노르만인은 누구인가?

북유럽에 아시아계 민족이 자리 잡은 이유는?

스페인의 카탈루냐주는 왜 독립을 요구할까?

Chapter 8
유럽을 형성하는
3가지 카테고리

따뜻한 지역에 사는 사람은 게으른가?

독일 북부 지역의 사람들은 대체로 성격이 엄격하고 딱딱합니다. 그런데 따뜻한 이탈리아로 내려오면 사람들의 성격이 점점 관대해지는 것을 느낍니다. 독일인은 착실히 저축하면서 사는 것을 높이 치는 반면 이탈리아 사람들은 가진 돈을 다 쓰지 못하고 죽는 것을 인생 최대의 후회로 여긴다고 합니다.

기후가 온난한 지역에서는 작물이 잘 자라고 가축도 쉽게 먹이를 얻으며 강물에 큰 물고기가 많은 등 대체로 먹을거리가 풍부한 편입니다. 일 년 내내 추위에 떨지 않고 식량도 손쉽게 얻을 수 있는 환경에서 사는 사람은 내일에 대한 걱정을 하지 않아도 되고 허리띠를 졸라맬 필요도 없습니다. 저축할 필요성도 그다지 크게 느끼지 않을 겁니다.

에어컨이 없던 시절 더위를 피할 수 있는 가장 효과적인 방법은 아무것도 하지 않는 것이었습니다. 이처럼 온난한 기후는 인간을 게으르게 만들고, 이러한 성향이 역사적으로 그 지역 사람들의 DNA에 스며들어 부지런히 일하고 노력하려는 의욕을 잃게 만들지는 않았을까요? 기후에 따라 인간의 기질이 결정된다는 이러한 생각을 '기후지리설'이라고 부를 수 있겠죠? 같은 유럽인이라도 북방의 독일인과 남방의 이탈리아인의 기질이 확연히 다른 이유는 대개 기후지리설로 설명할 수 있을 것입니다.

유럽인은 크게 라틴인, 게르만인, 슬라브인, 3가지 계열로 나뉩니다. 독일인은 게르만인, 이탈리아인은 라틴인으로 분류됩니다. '아, 그럼 인종이 다른가?'라고 생각할 수 있지만, 그렇지는 않습니다. 라틴인, 게르만인, 슬라브인이라는 3가지 계열을 구분하는 기준은 그들이 쓰는 언어의 문법과 형식의 차이입니다. 혈통과 인종이라는 카테고리로 나눈 것이 아닙니다. 그들은 모두 유럽인이고 같은 혈통과 인종에 속합니다.

하지만 유럽인이라는 범주가 매우 광범위하기 때문에 세분화할 필요에 따라 3개의 계열로 구분한 것입니다. 유럽인이라는 같은 혈통이면서도, 기후가 온난한 남쪽의 유럽인은 백인이어도 체내 색소가 짙어지며 갈색 피부에 검은 눈동자와 검은 머리를 가진 사람이 많습니다. 또 지역에 따라 아시아계 등 다른 민족과 섞이면서 문화와 관습, 정치와 종교에서도 확연한 차이를 보입니다.

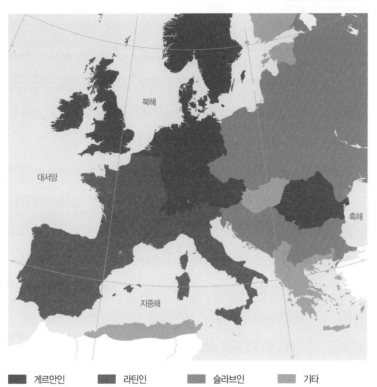

■ 게르만인　　■ 라틴인　　■ 슬라브인　　■ 기타

　이렇게 해서 긴 세월에 걸쳐 라틴인, 게르만인, 슬라브인의 차이가 명확해지자, 이들을 분류하는 기준이 사용하는 언어에 그치지 않고 혈통과 인종 카테고리와 상응하게 되었습니다. 이러한 의미에서 보자면, '독일인과 이탈리아인은 민족이 다르다'는 견해는 틀리지 않는다고 볼 수 있습니다.

로마의 후예 라틴인

'라틴'이라는 말을 듣고 제일 먼저 떠오른 것이 '라틴 음악' 아닌가요? 라틴 음악은 경쾌한 리듬을 특징으로 하는 라틴아메리카^{중남미} 음악입니다. 삼바, 보사노바는 브라질이 발상지이고, 탱고는 아르헨티나, 레게와 룸바는 쿠바 등 카리브해 지역이 발상지입니다.

그럼 지금 이야기한 라틴이라는 용어와 앞에서 말한 라틴인은 어떤 관계가 있을까요? 언뜻 보기에는 아무런 관계가 없는 것처럼 생각되지만, 사실 아주 밀접한 관계가 있습니다.

라틴은 '라티움^{Latium}'이라는 지명에서 유래했습니다. 라티움은 로마 교외의 남동쪽에 있는 지역의 옛 이름으로, 예술과 문화가 융성했던 곳입니다. 라틴어는 이 라티움의 문자와 언어에서 유래했는데, 이것이 훗날 로마 제국의 공용어가 되면서 유럽 전 지역의 공통된 고전어가 되었습니다.

라틴어를 모어로 하는 사람들이 라틴인^{라틴 민족}입니다. 라틴인은 로마인과 그들의 후예인 이탈리아, 프랑스, 스페인, 포르투갈 사람들을 가리킵니다. 로마 제국 시대에 이들 로마인은 프랑스와 스페인으로 대거 이주하여 로마의 언어와 문화를 확산시켰습니다.

15세기 말 이후, 스페인이 남아메리카 대륙을 식민 지배하고 라틴인인 스페인인이 이곳으로 이주하며 언어와 문화를 퍼뜨렸다고 해서 남아메리카를 라틴아메리카라고 부르게 되었습니다. 따라서 중남미 라틴아메리카인은 라틴인에 속합니다. 앞에서 거론한 라틴 음악과 라틴 아메리카의 라틴은 시간을 거슬러 올라가면 로마 시대의 라티움에서 그 기원을 찾을 수 있습니다.

원래 노예를 뜻하던 슬라브

러시아, 폴란드, 체코 등의 동유럽 사람들과 세르비아, 크로아티아 등이 있는 발칸반도 사람들이 슬라브인slav입니다. 혹시 이 말을 듣고 영어 '슬레이브slave, 노예'를 떠올렸나요? 그렇다면 제대로 연상한 겁니다. 슬라브인이라는 민족 명칭이 바로 노예라는 뜻이니까요. 과거에 슬라브인은 노예 민족으로 간주되었습니다.

고대 그리스가 세력을 넓히는 동안 발칸반도 북부의 슬라브인과 맞닥뜨렸습니다. 이때 그리스인이 슬라브인에게 "너희가 쓰는 언어는 무엇이냐?"라고 물었습니다. 그러자 그들이 "말슬라브이다."라고 답했습니다. 슬라브slav는 원래 '말'이라는 뜻을 가진 단어입니다. 그리스인들은 "그러면 너희들을 슬라브라고 부르겠다."고 말했습니다. 그리스인은 슬라브인을 노예로 삼았는데, 공교롭게도 그리스어로 슬라브는 '노예'를 뜻합니다.

그리스어를 계승한 로마 제국의 라틴어에서도 'SCLAVUS스크라부스'라는 말이 정착되었습니다. 역시 '노예'라는 뜻입니다. 로마 제국도 수많

| 프랑스 화가 장-레옹 제롬(Jean-Léon Gérôme)의 작품 〈노예 시장(Marché Romain aux Esclaves/A Roman Slave Market)〉. 1886년에 그린 이 작품은 로마 제국 시대의 노예 시장에서 여성을 두고 경매를 하는 장면을 묘사했다.

은 슬라브인을 노예로 부리고 혹사시켰습니다.

그리스-로마 이후 슬라브인 노예 중에서도 여성 노예가 성행했습니다. 금발에 피부가 흰 슬라브인은 오늘날에도 미녀가 많기로 유명합니다. 그리스인이나 로마인은 슬라브인 부족을 침략하여 미녀들을 약탈했습니다. 미녀는 시장에 팔려나가 부자들의 노예가 되었습니다. 중세 이후에는 게르만인과 이슬람교도가 슬라브인이 많이 거주하는 우크라이나와 발칸반도에서 슬라브인을 사냥하여 그들을 노예로 삼았습니다.

13세기에 칭기즈 칸의 등장으로 세력이 급격하게 확대된 몽골인은 러시아, 동유럽으로 공격해 들어갔습니다. 몽골 병사들은 그때까지 한 번도 본 적이 없는 금발의 아름다운 슬라브인 여성을 보고 야수처럼 자기들끼리 쟁탈전을 벌였습니다. 칭기즈 칸의 막료 가운에 한 명인 수부타이라는 무장은 칭기즈 칸의 금지 명령에도 불구하고 동유럽의 오지까지 진격하여 슬라브인 미녀들을 약탈했습니다. 하지만 보다 조직적으로 슬라브인을 노예로 삼은 무리는 16세기에 전성기를 누린 이슬람 오스만 제국이었습니다. 이에 대해서는 뒤에서 자세히 설명하겠습니다.

비잔틴 제국의 혈통을 잇는 슬라브인

인도-유럽 어족은 러시아 남부의 코카서스 지방을 거점으로 하여 기원전 2000년 무렵부터 추위를 피해 대이동을 시작했습니다. 일반적으로 이들은 동방오늘날의 터키, 이라크, 시리아 등지를 일컫는다. 여기서는 터키를 말하는 듯하다 지역을 거쳐 유럽으로 이동했다고 볼 수 있는데, 슬라브인은 동방 지역을 거치

| 키릴로스 형제를 묘사한 폴란드 화가 안 마테이코
 (Jan Matejko)의 그림

지 않고 서러시아에서 현재의 폴란드, 벨라루스, 우크라이나 북서부 지역을 통해 동유럽 지역 전역으로 확산된 것으로 추정됩니다.^{22페이지의 [2-1] 참조} 그런 의미에서 슬라브인은 인도–유럽 어족의 혈통을 순수하게 간직한 민족이라고 할 수 있습니다.

슬라브인이 많이 거주한 러시아와 동유럽 지역은 옛날부터 문화·종교적으로 비잔틴 제국^{동로마 제국}의 영향을 받았습니다. 비잔틴 제국의 보호를 받으며 독자적인 발전을 이룩한 콘스탄티노플 대주교는 자신의 가르침을 정통 기독교 교리라고 하며 '정교^{正敎}'라고 칭했습니다. 콘스탄티노플 대주교는 현재의 터키 이스탄불에 본거지를 둔 동유럽 기독교의 우두머리로서 서유럽 기독교^{로마 가톨릭}의 수장인 교황에 대항했습니다.

9세기 이후 '슬라브인의 사도'라고 일컬어지던 키릴로스^{Kyrillos} 형제^{키릴로스와 그의 형 메토디오스(Methodios)를 말한다._역주}가 '정교'의 포교 활동을 벌였고 이를 통해 세력이 확대되었습니다. 포교 활동을 하는 동안 슬라브인이 문자를 갖고 있지 않은 점을 안타깝게 여긴 키릴로스 형제는 그리스어를 바탕으로 슬라브어를 표기하기 위한 문자를 고안했습니다. 이것이 키릴 문자라고 불리며 지금도 러시아어 문자로 쓰이고 있습니다.

'정교'는 일반적으로 '그리스 정교'라고 불리는데, 이 명칭은 서유럽 측에서 부르는 것으로 그리스라는 일개 지역에서만 믿는 '지역 종교'로 비하하는 의미가 담겨 있습니다. 정교 쪽에서는 스스로 그리스 정교라고 말하지 않습니다. 어디까지나 '정교'라고 부릅니다. 한편으로는 키릴 문자가 그리스어를 모태로 하여 태어났기에 서유럽에서 그들의 종교를 '그리스 정교'라고 부른 것으로 생각할 수도 있습니다.

비잔틴 제국과 슬라브인은 고대 그리스의 언어와 문화를 계승했습니다. 이에 비해 이탈리아, 프랑스, 스페인 등의 라틴인은 고대 로마의 언어와 문화를 계승했습니다. 고대 그리스를 원류로 하느냐, 고대 로마를 원류로 하느냐로 슬라브인과 라틴인은 명확하게 구분되었고, 제각각 다른 문화를 키웠습니다. 비잔틴 제국의 종교와 언어를 계승한 슬라브인들은 동유럽 전역에 거대한 슬라브 문화권을 형성하게 됩니다.

온난화가 게르만인의 세력을 키우다

고등학교와 대학교에서 영어 이외의 '제2외국어'를 선택할 때 프랑스어와 이탈리아어를 택하는 학생들이 있습니다. 왜냐고 물어보면 "폼나잖아."라고 답합니다. 하지만 이런 학생들은 자기 무덤을 판 꼴입니다. 프랑스어와 이탈리아어는 라틴계 언어로 영어와는 문법 구조 등이

[8-2] 2세기경의 로마 제국 영토와 게르만인 거주 지역

게르만인 거주 지역

로마 제국 영토

크게 달라서 기초부터 다시 시작해야 합니다. 영리한 학생들은 독일어를 선택합니다. 독일어는 영어와 게르만계 언어의 친척으로 거의 동일한 문법 구조를 갖고 있어서 쉽게 이해할 수 있습니다.

게르만이란 영어의 저먼^{German}으로 독일을 가리킵니다. 게르만인이란 독일계 사람들로 여기에는 영국, 네덜란드, 스웨덴을 비롯한 북유럽의 여러 나라 민족이 포함됩니다.

이탈리아의 라틴인이 세운 로마 제국이 유럽에 군림한 후, 이어서 대두된 사람들이 게르만인입니다. 게르만인은 라인강 동쪽 도나우강 이북에 있는 북유럽, 독일, 오스트리아, 동유럽에 자리 잡았습니다.

로마 제국의 정치가이자 역사가인 타키투스$^{Publius Cornelius Tacitus, 56~117}$는

저서 『게르마니아Germania』에서 게르만인에 대해 기술합니다. 그는 게르만인을 자연과 공생하는 검소한 민족이라고 술회하고 꾸밈없으며 수수한 모습을 찬양합니다. 반면에 쾌락을 탐닉하며 타락해 가는 로마인은 비판했습니다. 근대에 이르러 독일의 민족주의자들은 『게르마니아』를 열심히 인용하며 강력히 지지했습니다.

4세기 이후, 로마 제국의 힘이 약해지자 게르만인이 제국의 영토 안으로 침입해 들어왔습니다. 395년, 로마 제국은 광대한 영토를 경영하지 못하고 서로마와 동로마로 분열됩니다. 로마 제국이 쇠퇴한 것과 대조적으로 게르만인의 기세는 나날이 올라갔습니다. 476년, 결국 게르만인은 서로마 제국을 멸망시킵니다. 한편 동로마 제국비잔틴 제국은 게르만인의 공격을 잘 방어하여 슬라브인과 함께 발전해 갔습니다. 동로마 제국은 동방 무역의 이권을 쥐고 성장했습니다.

6세기, 비잔틴 제국은 유스티니아누스 대제Justinian I, 482?~565 시대에 전성기를 맞이하여 과거 로마 제국의 영토를 거의 회복하고 지중해 세계를 다시 통일했습니다. 하지만 유스티니아누스 대제 시대 때부터 이미 거듭된 원정으로 인해 제국 재정이 악화되어 광대한 영역을 경영할 여력이 없었습니다. 하지만 비잔틴 제국으로서는 무리를 해서라도 광대한 영역을 유지해야 할 필연적인 이유가 있었습니다. 바로 식량을 확보하기 위해서였습니다.

유럽 지역은 만성적인 식량난에 시달리고 있었습니다. 로마 제국 시대 때부터 유럽은 이집트, 튀니지 등의 북아프리카에서 식량을 수입했는데, 로마 제국이 힘을 잃고 게르만인이 각지에서 할거하여 지중해 지역 곳곳을 점령하자, 식량을 조달하는 데 어려움을 겪었습니다. 유스티니아누스 대제는 식량 조달 경로를 재구축하기 위해 무리한 대외 팽창 정책을 취할 수밖에 없었습니다.

그런데 유스티니아누스 대제의 통치가 이어지던 550년 무렵부터 유럽의 기후가 온난해지기 시작했습니다. 이러한 급격한 온난화의 영향으로 영국에서도 포도가 대량으로 수확되어 와인을 제조할 수 있게 되었습니다. 농작물이 증산될 것이라고 전망한 유럽에서는 삼림 지대의 나무를 벌채하고 대규모 개간 사업을 벌였습니다. 이 개간 사업을 주도한 사람들이 게르만인이었습니다.

6~7세기, 농업 생산력이 커지자 유럽은 더 이상 비잔틴 제국의 식량 조달 경로에 의존할 필요가 없어졌습니다. 비잔틴 제국은 높은 비용을 들여 광대한 영토를 유지할 동력을 잃고 영토를 축소하게 됩니다.

라틴인 교황과 게르만인 황제가 협조하는 서유럽

게르만인은 대규모 개간 사업을 통해 새롭게 유럽의 식량 공급을 담당하게 되었습니다. 식량 증산과 함께 게르만인 인구가 급격하게 늘어나면서 게르만인 부족은 유럽 각지로 흩어져 제각각 소왕국을 건국했습니다.

카를 대제의 제국
(부흥한 서로마 제국)

로마

콘스탄티노플

비잔틴 제국
(동로마 제국)

코르도바

이슬람 세력

게르만 부족 중에서도 프랑스와 독일에 세력을 확장하여 힘이 강했던 프랑크족은 로마 교황과 손을 잡고 세력을 더욱 확대했습니다. 486년, 프랑크족은 프랑크 왕국을 건설했습니다. 496년에는 가톨릭으로 개종하고 교황의 권위를 등에 업어 여러 게르만 부족을 병합해서 프랑크 왕국을 확대해 나갔습니다.

8세기에 이슬람 세력이 아프리카 북쪽 연안을 통해 이베리아반도로 침입하여 유럽을 위협했습니다. 732년, 프랑크 왕국은 투르푸아티에 전투Battle of Tours-Poitier에서 이슬람 세력을 격파하고 서유럽을 방어하는 데 성공하며 서유럽의 맹주가 되었습니다.

그 후, 역대 프랑크 왕국은 게르만인 부족을 통일하고 교황과의 연대를 강화했습니다. 800년, 마침내 게르만 프랑크족의 힘이 인정을 받아 프랑크 왕 카를카롤링거 왕조의 제2대 프랑크 국왕이다. 카롤루스(Carolus) 대제 또는 샤를마뉴(Charlemagne)

이 교황으로부터 황제로 임명되었습니다. 476년 서로마 제국이 멸망하면서 공석이었던 서로마 제국의 황제가 교황에 의해 부활한 것입니다.

로마 교황은 강대해진 게르만인 세력을 이용하여 서로마 제국의 부흥을 꾀했습니다. 로마 교황이 게르만인의 힘을 필요로 했던 또 하나의 이유는 강력한 비잔틴 제국에 맞서기 위해서였습니다. 원래는 같은 로마 제국에서 출발했음에도 비잔틴 제국의 황제는 로마 교황의 권위를 인정하지 않고 서로 대립했습니다.

이리하여 프랑크 왕 카를이 황제에 오르면서 교황라틴인과 황제게르만인가 협력하는 '서유럽 세계'와 비잔틴 제국슬라브인을 중심으로 한 '동유럽 세계'라는 양극단 세력이 등장하게 되었습니다.

Chapter 9
유럽의 나라들은
어떻게 탄생했을까?

유럽에서 통일 왕조가 탄생하지 않았던 이유

중국은 진秦의 시황제 이후 근대에 이르기까지 거대 왕조에 의해 통일되었습니다. 하지만 유럽은 중세 이후 여러 국가로 쪼개져 있었습니다.

800년, 카를 대제가 서유럽을 통일하지만 한 세대밖에 유지되지 못하고 카를 대제 사후에 독일, 프랑스, 이탈리아로 나뉩니다. 왜 유럽에서는 중국과 같이 거대한 통일 왕조를 이루지 못한 것일까요?

중국 왕조는 황허강 유역을 지배하며 대규모 관개 사업을 추진하여 물을 체계적으로 공급했습니다. 그리고 물을 공급하는 조직을 운영할 수 있는 정밀한 관료제가 필요해지면서 중앙 집권제가 정비되었습니다. 중국의 중심부, 중원이라고 불리는 황허강 유역에는 대평야 지대가 있습니다. 중원은 생산의 거점이며 인구가 집적되던 장소였습니다. 중국의 통일 왕조는 하나의 평야와 하나의 강을 총괄하는 강력한 정권이 필연적으로 요구되었습니다. 그리고 통일 왕조는 이른 시기부터 한자를 민족 문자로 채택하여_{진 왕조 시대} 언어라는 공통 기반을 형성하는 데 성공했습니다.

한편 유럽은 지정학적으로 중국과는 달랐습니다. 여러 개의 평야에 여러 개의 강 그리고 땅과 땅을 가르는 산맥 등 복잡한 지형이 세력을 분단시켜서 통일의 동력을 저해하는 주요 원인이 되었습니다. 뿐만 아니라 4세기에 게르만인의 대이동 이후, 라틴인, 게르만인, 슬라브인이라는 3가지 세력의 힘이 충돌하며 서로 견제하면서 균형을 유지한다는 정치 역학이 우선시되었습니다. 이러한 상황에서 서유럽에는 라틴인 영역으로 프랑스와 이탈리아, 게르만인 영역으로는 독일로 나뉘었습니다.

카를 대제가 세상을 떠난 뒤 834년에 체결된 베르됭 조약^{Treaty of Verdun,} _{843년 8월 경건왕 루드비히 1세의 세 아들이 맺은 카롤링거 제국 분할 조약이다. 이로써 영토 분쟁이 막을 내리고 오늘날의 프랑스,} _{독일, 이탈리아의 틀이 생겨났다. _역주}, 870년에 체결된 메르센 조약^{Treaty of Mersen, 870년에 동프} _{랑크 왕국과 서프랑크 왕국이 맺은 로트링겐 분할 조약 _역주}을 거치며 국경선이 확정되어 서프랑크 왕국^{프랑스}, 동프랑크 왕국^{독일}, 이탈리아, 세 개의 나라로 분단되고, 각 나라의 기초가 세워졌습니다.

이 세 나라 가운데 게르만인 문화와 언어를 이어받은 나라는 동프랑크 왕국^{독일}이었습니다. 서프랑크 왕국은 현재의 프랑스^{France}로, 프랑스

[9-1] 베르됭 조약에 따른 프랑크 왕국의 분할

동프랑크 왕국
서프랑크 왕국
중프랑크 왕국

[9-2] 오늘날 프랑스, 이탈리아, 독일의 영토

독일
프랑스 스위스 오스트리아
이탈리아

라는 이름은 라틴어 Francia^{프란키아, 프랑크인의 지배를 받은 곳이라는 뜻}에서 유래합니다. 게르만인은 서프랑크 왕국 지역의 언어까지는 지배하지 못해서 그때까지 남아 있던 라틴어 문화에서 파생된 프랑스어가 형성되었습니다. 그리고 인구의 대부분도 라틴인이 차지했습니다.

교황이 있던 이탈리아는 가톨릭을 기반으로 철저히 문화 통치를 실시하여 라틴어 문화를 보존했습니다. 하지만 카를 대제가 죽은 뒤 카롤링거 왕조의 혈통이 끊어지자마자 제후와 도시가 분립되어 이탈리아 왕국은 여러 개의 왕국으로 분열됩니다. 이후 이탈리아는 독일과 비잔틴 제국의 내정 간섭을 받았으며, 남이탈리아는 이슬람과 노르만인의 침입을 받습니다.

이렇게 유럽 중앙의 세 나라가 탄생한 데에는 게르만인이 밀접하게 관련되어 있습니다.

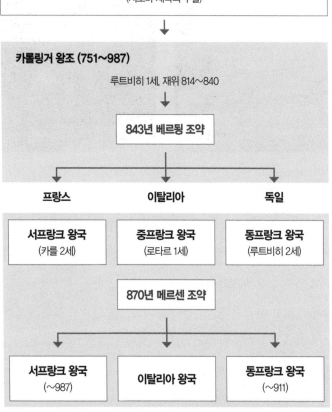

카를(샤를마뉴) 대제, 재위 768~814

800년 / 로마 교황 레오 3세에게서 로마 황제의 관을 받는다.

(서로마 제국의 부활)

카롤링거 왕조 (751~987)

루트비히 1세, 재위 814~840

843년 베르됭 조약

프랑스   이탈리아   독일

서프랑크 왕국	중프랑크 왕국	동프랑크 왕국
(카를 2세)	(로타르 1세)	(루트비히 2세)

870년 메르센 조약

서프랑크 왕국	이탈리아 왕국	동프랑크 왕국
(~987)		(~911)

구르구르 알 수 없는 말을 쓰는 사람들

세 나라 중 게르만인이 언어·문화적으로 직접 지배했던 동프랑크 왕국은 독일의 전신이 되어 게르만인 고유의 국가로 성장합니다.

독일인은 영어로 German인데, 게르만인들은 스스로를 German 이라고 하지 않고 '도이치Deutsche'라고 부릅니다. 그러면 German과 Deutsche는 비슷한 뜻일까요? 전혀 그렇지 않습니다. Deutsche는 고대 독일어 diutisc디우티스크에서 유래하며 '사람들의'라는 뜻입니다. 그러니까 독일을 가리키는 Deutschland도이칠란트는 '사람들의 나라'라는 의미가 됩니다.

German은 라틴인 측에서 쓰던 호칭으로, 원래 라틴어입니다. 영어는 이 라틴어 호칭을 그대로 받아들였습니다. German이라는 말의 어원을 정확히 알 수는 없지만, '구르구르 알 수 없는 말을 쓰는 사람들'이라는 의미가 있다고 추측됩니다.

네덜란드인은 영어로 Dutch더치인데, 이 Dutch는 원래 독일인을 가리킵니다. 네덜란드가 아직 독립하지 못했던 시절, 영국은 네덜란드인과 독일인을 구분하지 않고 하나로 묶어서 Dutch라고 불렀습니다. 16세기에 네덜란드가 독립하자 영국은 네덜라드인과 독일인을 구분하기 위해 네덜란드는 Dutch로, 독일은 German으로 부르기 시작했습니다. 참고로, 'go dutch더치페이하다'라는 영어 표현이 있는데, 이 말은 '각자의 몫을 부담한다'는 의미로 영국인이 인색한 네덜란드인을 야유하던 것에서 시작되었다고 합니다.

노르만인은 해적이었을까?

조금 과거로 거슬러 올라가 봅시다.

6세기 후반 이후, 게르만인들이 삼림으로 뒤덮여 있는 내륙 지역 깊숙한 곳까지 들어가서 벌채를 하고 개간 사업을 시작했습니다. 이에 따라 농업 생산이 향상되고 잉여 생산물이 유럽 각지에서 팔리며 도시의 상업 성장을 촉진했습니다. 이 무렵 유럽은 부족 사회에서 탈피하여 도시를 중심으로 시장이 등장했습니다.

역사가 페르낭 브로델Fernand Braudel, 1902~1985은 저서 『지중해La Méditerranée』에서 '인구가 증가하고 농업 기술이 개량되어 상업이 부흥하고 산업이 수공업 단계로 단숨에 도약하는 이러한 일이 동시에 일어나며 유럽의 전 지역에 걸쳐 도시망이 생겼다'고 기술했습니다. 9세기, 서유럽은 크게 성장하여 풍요로운 경제가 시장으로 연결되는 상업 네트워크를 탄생시켰습니다. 트럭과 철도가 없던 당시 상품은 해로를 통해 운반되었습니다.

발트해와 북해에 연한 유럽 북부 해안 지대에 물류 거점이 형성되었습니다. 물류를 담당한 이들은 '바이킹작은 만에 사는 사람'이라 불리는 게르만인 일파였습니다. 그들은 북방에서 살았으므로 '노르만인=북방인'이라고

제1차 게르만인 이동(4~8세기)

· 로마 제국의 영토를 침식하고 유럽 내륙에서 개간 사업 시작
· 각지에 프랑크 왕국 등의 게르만 왕국을 건국

→ 프랑크족이 수습(카를 대제의 통일)

제2차 게르만인 이동(9~11세기)

· 북방 게르만인(바이킹)의 연안 도시 형성
· 물류 네트워크의 비약적 발전

→ 노르만 왕조(영국)와 노브고로드 공국(러시아) 건국

도 불렸습니다. 노르만인은 발트해와 북해를 가르는 노르웨이, 스웨덴, 덴마크 일대에 살며 예로부터 고기잡이를 주업으로 삼았습니다. 이들은 역사적으로 내륙 지역에 사는 사람들에게는 없었던 수준 높은 조선 기술과 항해술을 갖고 있었습니다.

내륙 지역의 경제 발전과 함께 물자 운반의 수요가 급속도로 늘어나자 노르만인이 이 일을 맡았습니다. 노르만인은 북해와 발트해를 가로지르고 센강, 라인강, 엘베강, 오데르강 등을 횡단하며 가로세로의 운송 라인을 개척하여 교역 네트워크를 형성했습니다. 게르만인에 속하는 노르만인의 이러한 움직임을 총칭하여 '제2차 게르만인의 이동'이라고 부릅니다.

노르만인이라고 하면 '바이킹=해적'이라는 말이 제일 먼저 떠오르지만, 연안 지역을 약탈한 '가해자'라기보다는 연안 지대에 네트워크를 형성하고 발전시킨 '창업자'가 그 실체입니다. 당초에 노르만인이 터를 잡기 위해 연안 지역을 정복하고 확대하는 과정에서 해적이라는 이미지가 뿌리 깊게 남았다고 생각됩니다.

노르만인이 건국한 영국과 러시아

한 세대 전까지만 해도 '영국 왕실은 해적의 후예'라는 말이 돌았습니다. 어쩌면 일리가 있는 말인지도 모릅니다. 영국 왕실의 시조가 해적 이미지를 가진 노르만인이기 때문입니다. 영국과 마찬가지로 러시아 왕실도 노르만인이 시조입니다.

해상 교역 네트워크를 독점한 노르만인은 엄청난 부를 축적하고 영국과 러시아에 나라를 세웠습니다. 9세기에는 발트해 연안에 노브고로드라는 나라를 세웠는데, 이 나라가 러시아의 모체가 됩니다. 그들은 노르만인 루스족으로 '루스'가 '러시아'의 어원이 되었습니다. 로마노프 왕조20세기까지 계속된 러시아 왕조는 이 노브고로드 공국에서 파생된 왕조입니다.

한편 북해와 도버 해협 연안의 현지인(앵글로색슨인을 가리킵니다. 뒤에서 자세히 설명하겠습니다)과 노르만인 사이의 복잡한 항쟁을 거쳐 1066년에 노르만 왕조가 세워집니다. 노르만 왕조는 영국 왕실의 모체가 됩니다. 노르만 왕조는 도버 해협을 사이에 두고 영국과 프랑스에 걸쳐 있던 영토를 다스렸습니다. 그래서 영국의 왕조는 프랑스 북부에 영토를 보유하며 프랑스인 귀족과도 혼인을 거듭했습니다. 그리고 이러한 상황은 훗날 영국이 프랑스 왕위 계승 문제에 개입하고 두 나라가 플랑드르의 주도권을 다투는 등 백 년 전쟁의 불씨가 됩니다.

영국과 러시아의 초석을 닦은 노르만인의 세력은 나날이 커져 가는 해상 교역과 경제 발전에 힘입은 것이었습니다. 노르만인의 해양 기술은 로마 교황도 높이 평가했습니다. 12세기, 로마 교황은 노르만인을 지중해에 불러들여서 이탈리아 남부에 양시칠리아 왕국Kingdom of the Two Sicilies, 이탈리아 남부와 시칠리아섬이 국토였다. 13세기에 나폴리 왕국과 시칠리아 왕국으로 나뉘었다을 건국하면 어

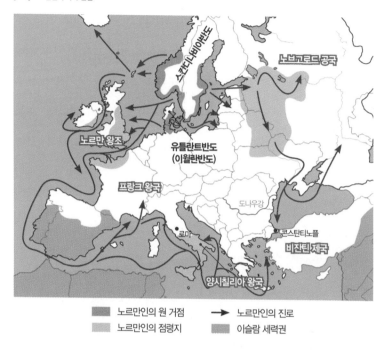

노르만인의 원 거점
노르만인의 점령지
→ 노르만인의 진로
이슬람 세력권

떻겠느냐고 제안했습니다. 십자군 원정에 맞추어 해상에서 지중해 연안 지역을 지나가는 십자군의 안전을 확보하고 지중해의 지배권을 확대하기 위한 것이었습니다. 지중해에 진출하려는 야심을 품었던 노르만인에게도 구미가 당기는 제안이었습니다.

이 시칠리아의 노르만 왕 루지에로 2세[Ruggeru II]는 지중해의 끝에 무엇이 있는지 궁금하여 이슬람의 지리학자 무함마드 알 이드리시를 초빙합니다. 모로코 출신의 이드리시는 당시 이슬람 세력의 지배를 받던 스페인 코르도바에서 지리학을 공부한 학자였습니다. 그는 루지에

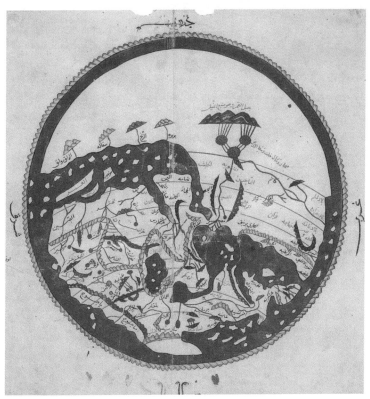

| 이슬람 지리학자 알 이드리시가 만든 세계 지도. 1154년에 만든 것으로, 남과 북이 바뀌어 있다.

로 2세의 요청에 응하여 당시로서는 가장 정확했다고 일컬어지는 세계 지도를 제작했습니다.

그리고 노르만인이 이탈리아 남부로 진출함에 따라 그들의 수준 높은 건조 기술과 항해술이 베네치아, 제노바 등의 이탈리아 항만 도시로 전파되어 이들 이탈리아 도시들이 급격한 발전을 이루는 계기가 되었습니다.

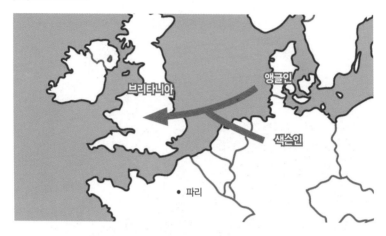

세계의 지배자가 된 앵글로색슨인

이야기를 다시 뒤로 돌리겠습니다. 영국에는 11세기에 노르만 왕조가 성립되기 전에 앵글로색슨인이 터를 잡고 살았습니다. 앵글로색슨인도 노르만인과 마찬가지로 게르만인 일파입니다.

앵글로색슨인은 5세기경 제1차 게르만인의 이동으로 독일의 북서부에서 브리튼섬^{브리타니아}으로 이주한 앵글인과 색슨인을 통틀어 부르는 말입니다. 현재 영국인의 혈통은 대부분 앵글로색슨인에서 갈라져 나왔고, 앞서 이야기한 노르만인은 나중에 영국으로 들어왔습니다. 노르만인은 지배 계층을 구성하지만 앵글로색슨인과 혼혈을 거듭하며 그들에게 동화되었습니다.

앵글인은 원래 유틀란트반도의 동쪽에 위치한 앙겔른반도^{현재 독일 슐레스} 비히홀슈타인주의 일부에 살았다고 해서 앙글리인 또는 앵글인이라고 불렸습니다. 색슨인은 독일어로는 작센인이라고 하며, 현재의 독일 니더작센주 일대에 살았던 게르만인을 가리킵니다. 앵글인과 색슨인은 영국인을 형성하는 주체가 되며 독자적인 앵글로색슨 국가를 세웠습니다. 잉글랜드^{England}는 '앵글인의 나라'라는 뜻이고, 잉글리시^{English}는 '앵글 사람들' 또는 '앵글인의 말'을 뜻합니다.

17세기에는 영국인이 아메리카 대륙으로 건너가 자리를 잡으면서 앵글로색슨인은 영국인과 미국인 양쪽을 가리키게 됩니다. 이들이 오늘날 '세계의 지배자'라고 불리는 앵글로색슨인의 뿌리입니다.

Chapter 10

아시아인과 유럽인이 피로 맺어지다

머리 모양으로 인종을 알 수 있다?

'장두長頭'와 '단두短頭'라는 말을 들어 본 적 있나요? '긴 얼굴'과 '둥근 얼굴'은 들어 본 적 있어도 장두와 단두라는 표현은 접하지 못한 분이 많을 것입니다. 이 말들은 두형頭形, 즉 두개골 상부의 모양을 가리키는 것으로, 형질인류학인간을 생물학의 입장에서 연구하는 학문에서 다루는 용어입니다. 머리를 위에서 내려다보았을 때 앞뒤가 긴 두형이 장두이고, 짧은 두형이 단두입니다.

장두는 후두부가 둥그스름하게 튀어나온 반면 단두는 후두부가 비교적 납작한 편입니다. 또 장두는 가로 너비가 좁아서 긴 얼굴가름한 얼굴이 되고, 단두는 가로 너비가 넓어서 둥글게 보이는 경향이 있습니다. 백인은 장두가 많고 한국인과 일본인을 비롯한 몽골로이드는 단두가

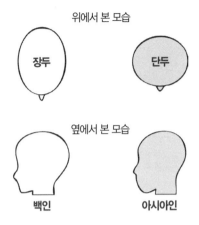

많다고 합니다.

　19세기의 인류학자들은 이러한 머리 모양이 뇌의 모양에 그대로 직결되어 두형에 따라 지능과 능력의 차이를 보인다고 생각했습니다. 장두일수록 지능이 높고 진화 수준 역시 높은 인간이라는 전제하에 백인의 우월함을 주장했습니다(물론 과학적 근거는 없습니다). 나치는 유대인인지 아닌지를 판별하기 위해 후두부가 튀어나온 정도를 측정했습니다.

　하지만 이러한 백인의 생각은 커다란 모순을 안고 있습니다. 그들이 열등 인종으로 간주한 흑인은 장두가 많은 데다 오히려 백인보다 후두부가 더 튀어나온 흑인도 많습니다. 이에 관해서 백인 인류학자들은 어떠한 설명도 내놓지 않았습니다. 그런데 19세기 이후에도 장두를 진화의 증거라고 하는 주장에 입각하여 장두가 많은 독일인이 장두가 적은 프랑스인보다 우수하다는 식의 논쟁이 격렬하게 일어났습니다.

노르디시즘은 무엇인가?

머리 모양에 따라 유럽인을 3가지 유형으로 분류하자던 학자가 있었습니다. 미국의 경제·사회학자이자 인종학자였던 윌리엄 리플리^{William Z. Ripley, 1867~1941}입니다. 리플리는 1899년 유럽인을 북방 인종, 지중해 인종, 알프스 인종으로 나누고 장두의 비율이 가장 높은^{위에서 내려다보았을 때 머리의 앞뒤 길이와 좌우 길이의 차이가 크다는 뜻. 즉 후두부가 많이 튀어나왔다는 말이다} 북방 인종이 가장 우월한 인종이며, 거기에 준하는 지중해 인종이 중간, 단두가 많은 알프스 인종은 열등 인종이라고 주장했습니다.

알프스 인종은 주로 스위스, 독일 남부, 오스트리아, 프랑스 중부, 이탈리아 북부, 동유럽, 러시아 등 유럽 중부에 분포합니다. 이 지역보다 북쪽에 분포해 있는 인종이 북방 인종이고, 남쪽에 분포하는 인종이 지중해 인종입니다.

리플리의 두형에 따른 분류는 일정 부분 통계·유전학적으로 유효하지만, 오늘날에는 과학적 근거가 없는 것으로 판명되었습니다(원래 두형만으로 인종을 구별하는 것은 불가능합니다). 하지만 20세기 전반까지 리플리의 이론은 서구 인류학계에서는 정설로 받아들여졌습니다.

우수한 북방 인종이 유럽 문명을 창조하고 뛰어난 문화와 예술을 낳은 원천이라는 설이 급속도로 퍼졌습니다. 그리고 이러한 설을 노르디시즘^{Nordicism, 북방 인종 우월주의}이라고 하는데, 이 입장을 지지하는 학자들이 많았습니다. 특히 나치 독일에서 노르디시즘이 강화되었고 북방 인종은 아리아인으로서 백인 순혈을 유지한 인종이라고 칭송받기에 이르렀습니다.

하지만 이탈리아 학자들은 노르디시즘을 비판했습니다. 유럽 문명은 고대 그리스-로마에 기원을 두고 있으며, 지중해 인종이야말로 유럽 문명을 창조한 주인공이라고 반론을 제기한 것입니다. 이 반론에 대해 노르디시즘을 지지하는 학자들은 로마 제국의 초대 황제 아우구스투스Augustus가 북유럽인의 후예라는 군색한 주장을 펼쳤습니다. 아우구스투스가 북유럽인이라고 주장한 이는 독일의 인류학자 한스 귄터Hans F. K. Günther, 1891~1968였습니다. 그는 나치의 어용학자로 '인류학의 교황'이라고 불렸습니다. 귄터는 젊은 시절 결혼한 독일인 아내와 이혼하고 일부러 노르웨이인 여성과 재혼할 정도로 철저히 노르디시즘을 추종했습니다.

귄터가 "아우구스투스는 북유럽인"이라고 주장했을 때, 반대 입장에 있는 학자들로부터 그 근거를 제시하라는 추궁을 당했습니다. 그는 그 자리에서 "아우구스투스는 공정한 인물이며 북유럽인의 특징을 갖추고 있었다."는 영문 모를 답변을 했습니다.

광범위한 아시아인 콜로니

서구인 사이에는 북유럽에 대한 동경 같은 것이 있습니다. 금발에 벽안碧眼이라는, 이른바 블론디즘을 체현한 아름다운 외모, 근대에 산업화를 피하고 자연 친화적인 노선을 추구한 것 등이 세속과 동떨어진 이미지를 자아내며 북유럽 신화와 어우러져 환상을 부추기는 것입니다.

독일의 작곡가 리하르트 바그너Richard Wagner, 1813~1883는 독일 신화에 북유럽 신화와 전설을 뒤섞어 북유럽을 예찬하는 오페라를 만듦으로써 독일 민족과 북방 인종의 일체감을 연출했습니다. 바그너는 노르디시스트Nordicist, 북방 인종 우월주의자들에게 성인聖人과도 같은 대접을 받았습니다.

하지만 북유럽에 가보면 알겠지만, 그곳은 그저 평범한 시골입니다. 또 북유럽인이 전부 금발에 벽안은 아니며 다양한 인종의 피가 섞여 있습니다. 역사를 보면, 노르디시스트들의 말처럼 순수한 혈통을 유지한 북유럽인은 존재하지 않는다는 사실을 바로 알 수 있습니다.

실제로 북유럽인의 몸에는 아시아인의 피가 짙게 흐르고 있습니다. 유럽의 백인과 아시아인은 지리적으로 우랄산맥으로 가로막혀 있습니다. 우랄산맥은 러시아 중서부부터 중앙아시아에 이르는 거대한 산맥입니다167페이지 [13-5] 참조. 하지만 옛날부터 몽골인과 터키인 등 아시아인이 이 우랄산맥을 넘어 북유럽 전역에 자리 잡고 살았습니다.

핀인핀란드인이 대표적인 예입니다. 핀인처럼 원래 우랄산맥의 동쪽에 거주하던 아시아인을 우랄 어족이라고 부릅니다. 우랄산맥의 남동쪽에 알타이산맥이 있는데 이 부근에 거주하던 아시아인을 알타이 어족이라고 합니다. 우랄 어족과 알타이 어족을 하나로 묶어서 보는 경우도 있으며(실질적으로 같은 민족이기 때문입니다), 그 경우에는 우랄-알타

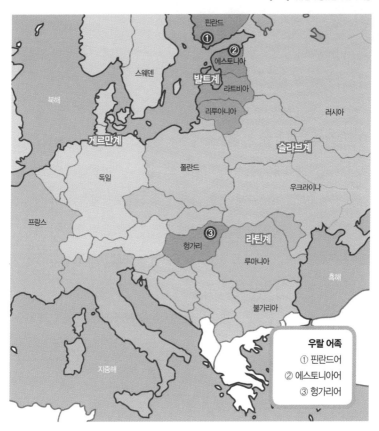

이 어족이라고 표기합니다.

오늘날에도 핀란드와 에스토니아는 우랄 어족이 사는 나라로 꼽힙니다(북유럽 게르만인의 나라로는 분류되지 않습니다). 핀인과 마자르인헝가리인의 주요 구성 민족으로 Chapter 13을 참조은 함께 중앙아시아에서 왔는데 '핀인은 멍청하게도 실수로 추운 곳에 오고 말았다'는 농담이 돌고는 합니다. 하지만 실제로는 아시아인이 북유럽에서 동유럽에 이르는 드넓은 지역으로 이주했으며, 그들 중 순수한 혈통을 유지한 후예가 북부의 핀인이 되었다고 볼 수 있습니다.

발트 삼국인 에스토니아, 라트비아, 리투아니아 가운데 라트비아와 리투아니아는 발트 어족, 에스토니아는 우랄 어족으로 분류됩니다. 발트어가 슬라브어와 가깝기 때문에 발트 어족도 슬라브인의 일부로 보는 사람이 많았는데, 근세 이후 러시아 제국의 확장과 더불어 슬라브화된 것입니다. 원래는 에스토니아와 마찬가지로 우랄 어족인 아시아인이 주류를 차지했다고 볼 수 있습니다. 발트어에는 우랄어와의 친화성도 강하게 남아 있습니다.

그러면 이 지역에 왜 아시아인이 널리 분포하게 되었는지 자세히 살펴봅시다.

북유럽은 아시아인의 왕국이었다

13세기, 발트 어족 지역에서 리투아니아 대공국이라는 거대 국가가 등장했습니다. 리투아니아 대공국은 현재의 발트 삼국과 우크라이나, 벨라루스, 러시아 서부에 이르는 광대한 영역을 지배했고, 1386년에는 폴란드마저 병합했습니다. 리투아니아 대공 야기에우오 ^{Wladyslaw II Jagiello,}

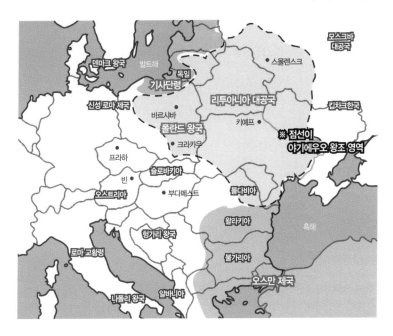

1351?~1434는 폴란드 여왕과 결혼하여 폴란드 왕과 리투아니아 대공을 겸하며 야기에우오 왕조를 열었습니다.

이 리투아니아 대공국^{훗날 야기에우오 왕조}은 아시아계 우랄 어족 국가이거나 그들의 혈통을 짙게 이어받은 사람들의 국가라고 볼 수 있습니다. 리투아니아 대공국은 기독교 국가가 아니었습니다. 야기에우오는 14세기 말에 폴란드 여왕과 결혼하면서 개종하여 비로소 기독교 신자가 되었는데, 이러한 사실은 그들이 유럽에서 이민족이었다는 증거가 됩니다.

리투아니아 대공국이 급속도로 힘이 강해진 배경에는 몽골인이 있습니다. 13세기, 칭기즈 칸의 손자인 바투가 이끌던 몽골인은 러시아-우크라이나에 킵차크한국Kipchak Khanate, 남러시아에 성립한 몽골 왕조의 하나다. _역주을 세웠습니다. 14세기 초엽에 몽골인은 러시아 영역을 지나 리투아니아로 이주하여 리투아니아 대공국과 통합합니다. 같은 아시아인이라서 동화되기가 용이했을 것입니다.

리투아니아로 이주한 몽골인을 '리프카 타타르인Lipka Tatars'이라고 합니다. 타타르인은 '몽골인'을 가리키며 리프카란 몽골어로 '리투아니아'를 뜻합니다.

리투아니아 대공국은 몽골인 세력을 흡수하여 북유럽에서 동유럽에 걸쳐 아시아계 민족의 거대 국가를 형성했습니다. 그들은 같은 아시아계 핀인과도 연대했다고 보입니다.

중세에는 북유럽의 동쪽 절반이 리투아니아 세력과 핀인 세력에 점령되었습니다. 북유럽이 아시아인에 잠식된 사실을 통해 북유럽 백인은 이른 시기에 순수한 혈통을 잃었음을 알 수 있습니다. 북유럽이 백인만 사는 순수하고 신성한 지역이었다는 '전설'은 허구에 불과한 것입니다.

상상 이상으로 강한 피의 통합

리프카 타타르인의 기마대는 리투아니아 대공국 군대의 주력 부대로 활약했습니다. 유럽인은 자신들과 겉모습이 다른 이민족 세력을 쫓아내는 것을 '성스러운 사명'으로 여겼습니다. 그래서 13세기 이래 게르만인으로 구성된 독일 기사단이 그들과 자주 싸웠습니다. 그 최종 결전이 1410년의 유명한 단넨베르크Dannenberg 전투입니다. 이 전투에서 독일 기사단이 패배했습니다.

독일 기사단은 북방 독일인인 프로이센인으로 구성된 세력입니다. 프로이센인은 본래 북방 독일의 맹주로 자신들의 국가를 세울 수 있는 힘을 갖고 있었으나 단넨베르크 전투에서 패배하고 15세기 내내 100년 동안 제대로 활약할 기회를 얻지 못했습니다. 프로이센이 독일인의 국가로서 프로이센 공국을 건국한 것은 16세기 들어서입니다.

| 1410년의 단넨베르크 전투를 묘사한 얀 마테이코의 그림.

| 오늘날의 핀란드인(좌)과 헝가리인(우)

독일이 다른 유럽 지역보다 후진적이었던 이유는 중세 이래 독일 기사단이 이민족과의 전투를 치르느라 황폐해져서 국가 건설이 늦어졌기 때문입니다. 하지만 독일인은 리프카 타타르인 등의 이민족과 전투를 치렀던 기억을 유전자에 새기고 '민족의 성전'을 사명으로 여기는 의식을 이어받은 것 같습니다. 그것이 가장 과격한 형태로 드러난 것이 나치라는 현상이었습니다.

리투아니아 대공국^{야기에우오 왕조}의 아시아인들은 폴란드 왕국과 합병한 이후 슬라브 민족인 폴란인^{폴란드인}과 피가 섞이며 동화되었습니다.

동유럽에서는 헝가리가 아시아계 마자르인이 주요 민족으로 구성된 나라로 꼽힙니다. 폴란드와 헝가리는 아시아인이 들어가 살았는데, 그

중간에 위치한 체코-슬로바키아는 어땠을까요? 이 지역에도 역시 아시아인이 이주하여 살았습니다.

아시아계 아바르인은 6세기에 중앙아시아에서 유럽으로 건너가 독일과 헝가리, 체코-슬로바키아를 중심으로 9세기까지 왕국을 형성했습니다. 아바르인은 헝가리의 마자르인과 적대 관계에 있으면서도 공존했습니다. 하지만 아바르 왕국은 카를 대제의 공격을 받고 붕괴됩니다. 13세기에는 체코-슬로바키아의 동부 도시 올로모우츠^{Olomouc}가 몽골인에 짓밟힙니다.

서쪽의 체크인^{체코인}, 동쪽의 슬로바키아인은 각각 체코어와 슬로바키아어를 쓰기 때문에 서로 언어가 다르지만, 두 민족이 각각 자기네 언어로 이야기해도 대화가 통할 정도로 가까운 관계에 있습니다. 체코인도 슬로바키아인도 폴란드인과 함께 서슬라브 어족에 속합니다.

중세에는 북유럽과 같이 동유럽 전 지역이 아시아인의 침략을 당했습니다. 유럽인은 우리가 상상하는 이상으로 아시아인과 같은 혈통으로 결합되어 있습니다.

유럽에 침입한 아시아인은 백인과 피가 섞이면서 동화됩니다. 하지만 일부 자신들의 혈통이 강하게 남은 지역이 있는데, 바로 북유럽의 핀란드^{핀인}와 에스토니아, 동유럽의 헝가리^{마자르인}, 남유럽의 불가리아^{불가르인} 등입니다(Chapter 13에서 계속 다루겠습니다).

스페인의 카탈루냐가 독립을 원하는 이유

켈트인이라는 소수 민족이 있습니다. 켈트인은 백인으로, 인도-유럽 어족 중에서 가장 이른 시기에 유럽 지역으로 이주했습니다. 현재 아일랜드, 스코틀랜드, 웨일스, 브라타뉴^{프랑스 북부}에 거주하며 독자적인 언어와 문화를 갖고 있습니다. 원래 켈트인은 유럽 전 지역에 분포했으나, 로마 시대에 게르만인과 라틴인에 쫓겨 북서부 변경으로 도망쳤습니다.

켈트인과 더불어 유럽의 소수 민족으로 유명한 바스크인이 있습니다. 이들은 스페인 쪽에 약 260만 명, 프랑스 쪽에 약 30만 명이 살고 있는데, 인도-유럽 어족이 유럽으로 오기 전에 이베리아반도에 살았습니다.

바스크어는 유럽의 어느 언어 그룹에도 속하지 않아서 기원을 알 수 없는 언어라 일컬어집니다. 세계에서 가장 어려운 언어로 꼽히며 바스크인 중에서도 바스크어를 말할 수 있는 사람은 20~30% 정도밖에 없다고 합니다. 현재 바스크인은 크로마뇽인^{Chapter 18 참조}의 후예로 보는 설이 유력합니다.

1937년, 바스크 지방은 스페인 내전으로 프랑코-독일 연합의 공습과 공격을 받았고, 그 참극을 피카소는 〈게르니카^{Guernica}〉라는 작품에 담았습니다. 게르니카는 바스크의 중심 도시 빌바오 근교의 마을입니다. 제2차 세계 대전 후 독립운동이 격렬해지면서 무장 집단 '바스

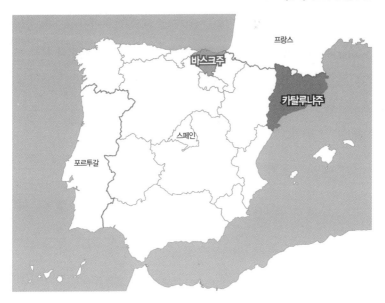

크 조국과 자유^{ETA, Euskadi Ta Askatasuna}'가 결성되어 무력 투쟁을 전개했고,
1979년에는 자치권을 인정받아 바스크 자치주가 됩니다.

2017년, 스페인에서 카탈루냐 독립이 다시 큰 문제로 대두되었습니
다. 카탈루냐주의 주도는 세계적인 관광지 바르셀로나입니다. 10월 1
일에 열린 독립 여부를 묻는 주민 투표에서 독립에 찬성하는 표가 90%
를 넘었습니다. 카탈루냐는 언어, 관습 면에서 스페인과 다른 독자성
을 갖고 있어서 옛날부터 독립 의식이 강했습니다.

그 외에도 슬라브인이 사는 발칸반도에는 루마니아인이 라틴어 지역
으로 고립되어 있습니다^{[10-2] 참조}. 330년, 로마인이 콘스탄티노플^{현 이스탄불}

에 천도했을 때 로마인이 이쪽에 들어와 살며 로마어가 쓰였기 때문입니다. 이때 이 지역의 일원이었던 불가리아와 루마니아가 로마에 동화되었습니다. 불가리아는 중세에 불가르인의 침략을 받았으나 북부 루마니아는 로마인의 혈통이 남아 현재에 이르렀다고 볼 수 있습니다. 루마니아는 '로마인의 땅'이라는 뜻입니다.

Part 4

인도
· 중동
· 중앙 아시아

인도의 카스트 제도는 어떻게 생겨났고, 왜 오늘날까지도 인도 사회를 지배하고 있을까?

이란인이 아랍인이 아닌 이유는 무엇일까?

투르크와 돌궐, 터키는 어떤 관련이 있는가?

유럽을 공포에 떨게 만든 훈족은 누구인가?

이스라엘과 팔레스타인의 대립과 갈등이 생겨난 이유는?

Chapter 11

인도를 지배한
정복민들

3,200년이나 계속된 카스트 제도의 기원

인도 사회에는 오늘날에도 카스트 제도라는 극단적이고 엄격한 신분 제도가 존재합니다. 신분이 낮은 계층은 교육도 제대로 받지 못하여 부유층과의 격차가 걷잡을 수 없이 벌어집니다. 인도에는 상속세도 없기 때문에 계층이 고정되어 있고 부가 빈곤층에 재분배되지도 않습니다. 신분이 낮은 계층으로 태어나면 아무리 유능하고 노력해도 상위 계층으로 올라갈 수 없습니다.

카스트란 포르투갈어의 카스타caste, '가계'라는 뜻에서 유래한 말로, 15세기에 인도를 방문한 포르투갈인이 인도의 엄격한 신분 제도를 유럽에 보고하면서 세계적으로 널리 알려지게 되었습니다. 카스타는 영어로 class입니다.

| 인도의 드라비다인. 아리아인 계통의 인도인보다 피부가 검고 코가 펑퍼짐한 편이다.

1950년, 카스트에 기초한 차별은 금지되었지만 카스트 제도 자체가 폐지된 것은 아니며, 계급 차별은 뿌리 깊게 남아 있습니다. 현재 인도의 13억 인구 가운데 카스트별 구성비는 제1신분인 브라만^{승려} 계층이 약 5%, 제2신분인 크샤트리아^{귀족} 계층가 약 7%, 제3신분인 바이샤^{상인} 계층가 약 3%, 제4신분인 수드라^{노예} 계층가 약 60%라고 합니다. 이외에 제4신분인 수드라보다 아래에 위치하며 카스트 제도의 테두리 밖에 있는 계층도 있습니다. 달리트^{Dalit, 아웃카스트(outcaste)}라는 계층으로 약 25%나 되는 사람들이 이 계층에 속합니다. 그들은 불가촉천민, 즉 더러워서 접촉해서도 안 되는 존재라며 차별을 받았습니다.

이 카스트 제도는 인도 민족의 역사와 깊은 관계가 있습니다. 인도에는 고대부터 원주민 드라비다인이 살며 인더스 문명을 형성했습니다. 그곳에 이민족인 아리아인이 침입해 들어왔습니다. 아리아인은 인도-유럽계 백인종으로 중앙아시아를 중심으로 분포했는데, 기원전 2000년 무렵, 서쪽과 남쪽으로 이동을 시작했습니다Chapter 2와 Chapter 3 참조. 그들 중에 서쪽으로 향한 사람들은 페르시아인, 소아시아인, 유럽인이 됩니다. 남쪽으로 향한 사람들은 인도의 선주민 드라비다인을 정복하고 후에 동화되어 인도인이 됩니다.

아리아인은 원주민 드라비다인을 지배하기 위해 브라만교라는 새로운 종교를 들여와서 자신들을 신에 가장 가까운 신성한 인종으로 만들었습니다. 그리고 신성한 아리아인의 우월성을 보여 주기 위해 바르나varna, 인도 힌두교의 전통적인 4성(四姓) 계급을 가리킨다. _역주라는 신분 제도를 이용합니다. 이에 따라 아리아인이 계급 상위를 차지하고 드라비다인은 하위에 속하게 되었습니다. 이것이 카스트 제도의 시초입니다. 기원전 13세기의 일로 지금으로부터 약 3,200년 전입니다.

인도 원주민인 드라비다인은 거의 아리아인과 동화되었으나, 일부는 스리랑카의 타밀인으로 현재에도 남아 있습니다. 스리랑카에서는 드리비다계 힌두교도인 타밀인과 아리아계 불교도인 신할라인이 대립하고 있습니다. 다수약 70퍼센트를 차지하는 신할라인에 비해 소수약 20%인 타밀인이 분리 독립을 요구하면서 1983년 '타밀-일람 해방 호랑이LTTE, Liberation Tigers of Tamil Eelam'가 무장 투쟁을 시작했습니다. 2009년 LTTE는 완전히 제압되었으나 대립은 여전히 계속되고 있습니다.

인더스강의 수혜를 입은 신두 민족

백인종 아리아인이 오늘날 인도인처럼 피부가 검어진 것은 더운 지역에서 환경에 적응한 결과입니다. 멜라닌 색소의 생성 작용으로 피부가 검어진 것입니다. 일조가 강한 저위도 지대에서는 자외선으로부터 세포를 지키기 위해 멜라닌 색소가 피부의 표면에 방출되어 피부에 들어온 자외선을 흡수합니다. 멜라닌 색소가 커튼처럼 자외선을 차단하여 세포가 파괴되는 일을 가로막는 것입니다. 멜라닌 색소의 방출에 따라 피부만이 아니라 눈의 홍채와 모발도 검어집니다.

인도 아리아인의 피부가 검어진 것은 환경에 적응한 것 외에 현지 아시아계인 드라비다인과 혼혈을 거듭한 결과이기도 합니다. 아리아인은 원주민 드라비다인을 카스트 제도로 차별했음에도 성노예는 대거 받아들였습니다.

아리아인은 브라만교를 신봉했습니다. 브라만교는 특정한 시조가 없는 종교입니다. 브라만^{Brahman}이라고 불리는 우주의 근본 원리를 탐구한다고 해서 브라만교라는 이름이 주어졌습니다. 중국에서 브라만은 '범^梵'이라는 글자에 해당하며 일본어로 범천^{梵天, 일본어만이 아니라 '범천'은 불교 전반에 쓰이는 말로 인도 고대 신화에 나오는 만유의 근원인 브라마를 신격화한 우주의 창조신으로, 비슈누, 시바와 함께 3대 신으로 불린다._역자}은 우주를 의미합니다.

브라만의 신에 의해 선택받았다고 하는 아리아인들은 자신들을 신격화하기 위해 카스트 제도를 강제로 밀어붙입니다. 신분 제도는 지배

| 콜카타의 힌두교도들

자 입장의 질서를 세우기 위해 유효한 수단입니다. 하지만 지배를 받는 측에서는 당연히 반발하기 마련입니다. 불교의 시조 붓다는 브라만교의 권위 의식을 인정하지 않았고, 카스트 제도도 부정했습니다.

중세에 인도는 브라만교와 불교가 공존하는 상태가 지속되었습니다. 브라만교는 4세기 무렵 종래의 의식주의를 배제하고 민중의 삶과 밀착된 종교로 탈바꿈했습니다. 이 시대부터 브라만교는 브라만교라 불리지 않고 힌두교라고 불리게 됩니다. 불교가 귀족과 상인들의 지지를 받은 반면 힌두교는 일반 민중의 지지를 받고 대중 종교가 됩니다.

힌두란 브라만 고전어인 산스크리트어 신두sindhu. 물·대하라는 뜻에서 유래합니다. '물·대하'란 인더스강을 가리킵니다. 즉, 힌두와 인도는 똑같이 신두란 의미로, 인더스강의 혜택을 받아 발생한 지역과 사회 그리고 민족 전체를 가리키는 총칭인 셈입니다.

'신의 규칙'에 얽매인 사람들

힌두교는 브라만교의 후신으로 카스트 제도를 그대로 이어받았습니다. 인도의 카스트 제도는 정복민 아리아인이 만든 지배 구조임에도 사라지지 않고 쭉 계승되었습니다.

인도인은 농민最下層 노예 계급을 중심으로 힌두교를 받아들였습니다. 힌두교를 받아들인다는 것은 카스트 제도를 받아들인다는 뜻이며 자신들이 영원히 최하층에 머물게 된다는 뜻입니다. 그런데도 어째서 그들은 정복민 아리아인이 만든 종교와 신분 제도를 수용했을까요?

중세 인도의 통일 왕조 시대에는 도시형 상업 경제가 발전했으나 인도 경제의 중심은 농업으로, 농민이 인구의 대부분을 차지했습니다. 농경 사회에서 늘 자연과 마주했던 사람들은 그 위대한 자연을 지배하는 초월적인 존재에 경외감을 느꼈고, 그것이 신에 대한 신앙심으로 연결되었습니다. 다신교인 힌두교에서 뇌신雷神, 수신水神, 화신火神은 자신들을 둘러싼 자연 속에 존재하는 것이었습니다.

그런 점에서 보자면 불교는 자연의 신들을 믿으라고 권하는 것이 아니라, 인간이 고통에서 어떻게 해방되어야 하는지를 탐구하는 방법, 그 실천과 이념을 설파하는 종교였습니다. 당시 인도 농민들에게 불교는 도시 생활을 향유하는 귀족과 상인의 것이었고, 그 교리는 추상적이고 멀게 느껴져서 일상생활에 침투하지 못했던 것입니다.

또 힌두교는 바크티 운동Bhakti movement이라 불리는 전도 활동을 교묘히 펼쳤습니다. 바크티란 '신애信愛, 믿고 사랑함'를 의미하는 말입니다. 힌두교 전도자는 의식주의를 배제하고 오로지 신을 경모하고 신을 사랑하며 신에게 몸을 바치라고 민중에게 설파했습니다. 이를 통해 사람들은 신의 존재를 강하게 의식하게 되었고 신에게 보호를 받는다는 소박한 감각이 농민들 사이에 퍼졌습니다.

7세기, 통일 왕조 시대가 끝나자 보호자를 잃은 불교는 인도에서 급속도로 쇠퇴하여 불교 대신 힌두교가 융성했습니다. 현재 약 13억 명의 인도 인구 가운데 힌두교 신자가 약 80%, 이슬람교 신자가 약 15%인 데 비해 불교 신자는 1%도 안 됩니다.

힌두교를 믿으면 엄격한 신분 제도를 따라야 한다는 것을 알면서도 농민을 비롯한 인도인은 자연 안에 존재하는 것을 원했습니다. 카스트 제도는 신이 정한 규칙이라서 그것을 바꾸는 것은 신을 거스르는 행위가 됩니다.

에도 시대 일본의 봉건적 신분 제도는 막부라는 세속 권력이 정한 제도에 불과하여 막부가 무너지면 당연히 이러한 신분 제도도 소멸됩니다. 하지만 인도의 신분 제도는 세속을 초월한 것이라서 인간의 의지로 바꿀 수가 없습니다. 힌두교를 믿는 인도인에게 엄격한 신분 제도는 신이 내린 운명인 셈입니다.

몽골인은 어떻게 인도를 지배했을까?

16세기, 인도는 무굴 제국에 의해 통일됩니다. 7세기 통일 왕조가 끝난 이후 인도는 계속 분열된 상태였으나 약 900년 만에 다시 통일된 것입니다. '무굴'이란 '몽골'이 와전된 말로, 그 이름대로 몽골인이 세운 이민족 왕조입니다. 어쩌다 몽골인이 인도까지 오게 된 것일까요?

칭기즈 칸의 몽골 제국은 그가 죽고 난 뒤 아들들에 의해 분열되어 계승되었습니다. 그중에서 중앙아시아에 있던 한국^{汗國, 몽골의 칸이 다스리는 나라}은 14세기에 티무르 제국으로 통합·발전합니다. 건국자 티무르의 출신을 보자면 터키인과 몽골인의 피가 섞였는데, 그는 칭기즈 칸의 후예를 자처하며 티무르 제국을 세웠습니다.

| 우즈베키스탄 샤흐리샤브즈에 있는 티무르의 조각상

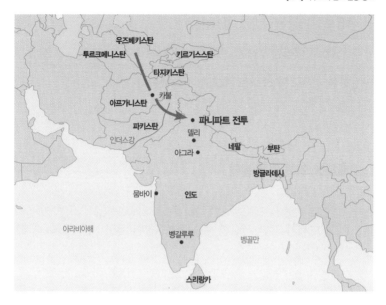

티무르 제국은 실크 로드를 지배하고 교역을 통해 부를 쌓고 발전했습니다. 하지만 16세기 대항해 시대를 맞이하여 동서가 해상 교역로로 연결되자 육로인 실크 로드는 급격하게 쇠퇴합니다. 티무르 제국은 실크 로드 경영에 장래성이 없다고 판단하고 중앙아시아 지역을 터키인 우즈베크족에게 내주고 자신들은 대군을 이끌고 풍요로운 인도로 남하합니다.

1526년, 티무르의 후예 바부르무굴 제국의 제1대 황제, 재위 1526~1530는 인더스강을 넘어 파니파트 전투Battle of Panipat, 인도 이슬람 로디 왕조의 이브라힘 로디(Ibrahim Lodi, 재위 1517~26)와 벌인 전투 _역주에서 이김으로써 인도로 진출하여 무굴 제국을 건설했습니다.

무굴 제국은 티무르 몽골 정권의 정신을 이어받은 후계 왕국으로, 나라 이름도 '무굴=몽골'이라고 지었습니다.

무굴 제국은 이슬람교를 신봉했으나 현지 인도인의 힌두교 신앙을 인정하여 힌두교와 카스트 제도가 존속했습니다.

지배자에 의한 민족 분단

그런데 17세기 후반 신실한 이슬람교도였던 무굴 제국의 제6대 황제 아우랑제브는 힌두교도인 인도인을 탄압했습니다. 이 사건 이후 무굴 정권과 인도인 사이에 대립이 싹텄습니다. 이러한 혼란을 틈타 영국과 프랑스의 식민지 침략이 시작됩니다.

18~19세기, 인도에 진출한 영국은 카스트 제도를 인도 지배의 수단으로 이용했습니다. 영국은 상급 카스트인 인도 현지의 유력가들을 교묘하게 회유하여 다양한 이권을 주면서 신분이 낮은 하급 카스트의 인도인들을 대리 지배하도록 조종했습니다. 영국은 신분이 높은 상급 카스트들에게 하급 카스트로부터 징세할 수 있는 권리를 주고 그 세수의 일정 부분을 상납금으로 챙겼습니다. 뿐만 아니라 영국은 현지 유력자들의 토지 지배권을 인정했습니다. 이로 인해 예로부터 이어져 내려온 카스트 제도는 계급을 분단시키고 인도인의 국민의식이 통합되는 것을 막는 원인이 되었으며 이 덕분에 영국은 손쉽게 인도를 지배

할 수 있었습니다.

무굴 제국의 이슬람 정책으로 인도 북서부를 중심으로 이슬람 신자가 크게 늘었습니다. 영국은 이 이슬람 신자와 힌두교 신자를 이간질시키고 싸움을 붙였습니다. 이렇게 영국은 어부지리를 얻는 식으로 양자를 지배했습니다.

인도에서 힌두교 신자와 이슬람교 신자의 대립은 계속되었고, 1947년 영국이 인도의 독립을 인정하자 힌두교 나라인 인도와 이슬람교도의 나라인 파키스탄으로 각각 분리되어 독립했습니다. 두 나라가 독립한 직후 국경 지대인 카슈미르 귀속 문제^{인도와 파키스탄이 분리 독립하면서 카슈미르 지역에 대한 귀속 문제가 제대로 해결되지 않았다. 인도가 지방 호족들의 영토를 편입하는 과정에서 카슈미르 지역의 영주(힌두교도)가 인도 귀속을 결정하면서 이슬람교도가 다수였던 주민들이 반발하고 파키스탄이 이에 개입하면서 영토 분쟁으로 비화되었다. 여기에 중국이 끼어들어 일부 지역을 자기네 영토라고 주장하면서 분쟁이 더욱 복잡해졌다. _역주}가 발생하여 인도와 파키스탄 사이에 세 번의 전쟁이 일어납니다. 인도가 1974년 핵을 보유하자 파키스탄도 여기에 대항하여 1998년에 핵을 보유하게 되었습니다. 인도와 파키스탄 양국의 대립은 오늘날까지 계속되고 있습니다.

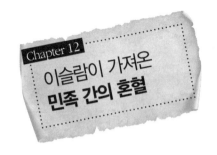

Chapter 12
이슬람이 가져온
민족 간의 혼혈

│ 이란인은 아랍인이 아니다

이란 사람과 이라크 사람을 외모만 보고 구분할 수 있나요? 외모만
보고 판단하기란 어려울 것입니다. 이란인과 이라크인은 원래 전혀 다
른 민족 계열입니다. 이란인은 인도−유럽 어족으로 유럽인과 동류인
데 비해 이라크인은 셈 어족, 이른바 아랍인입니다.

이란인은 아랍인이 아닙니다. 하지만 이란인은 중동 지역에 살고 오
랜 세월에 걸쳐 아랍인과 혼혈을 거듭하며 사실상 아랍인에 동화되어
오늘에 이르렀습니다. 원래 이란인의 외모는 아랍인보다는 백인 유럽
인에 가까웠습니다. 7세기에 무함마드^{Muhammad, 영어 이름은 마호메트}가 등장하고
중동 지역 전체가 이슬람교의 영향 아래 들어가기 시작하자 이란인과
아랍인의 혼혈이 급속도로 이루어지게 되었습니다. 참고로 무함마드

① 기원전 6세기~기원전 4세기	**아케메네스 페르시아**
알렉산드로스의 동방 원정	헬레니즘 시대(그리스인)
② 기원전 3세기~3세기	**파르티아**
③ 3세기~7세기	**사산 페르시아**

는 순수한 아랍인입니다.

그러면 중동의 민족 상황을 순서대로 살펴보겠습니다. 중동 오리엔트 지역에서 최초로 통일 정권을 노린 이들은 이란인이었습니다. 기원전 6세기, 이란인 왕국인 아케메네스 페르시아 왕국이 등장했습니다. 이란인은 기마 민족이었기에 기마인이라는 의미의 파르스^{Pārs}를 어원으로 '페르시아'라는 국호가 정해졌습니다.

기원전 330년, 그리스인 세력을 이끌던 알렉산드로스 대왕은 아케메네스 왕조 페르시아를 공격하여 멸망시키고 그리스와 오리엔트를 통합하여 헬레니즘 제국을 세웁니다. 하지만 알렉산드로스가 죽은 뒤 제국은 분열합니다.

이윽고 이란인은 그리스인 세력을 몰아내고 자신의 세력을 회복합니다. 이후 파르티아 왕국을 건설하고 이란-이라크로 영토를 확장하여 중동을 지배하며 로마 제국과 대등하게 겨룹니다. 이란인의 나라 파르티아는 500년간 계속됩니다.

3세기 들어서면 파르티아 왕국은 서서히 국력이 쇠퇴하게 됩니다.

226년, 왕국 내의 지방 호족으로서 세력을 키운 사산 가문에 왕위가 계승되고 사산 왕조 페르시아가 건설됩니다. 사산 페르시아 역시 페르시아라는 이름대로 이란인 왕조입니다.

왜 이란인은 중동의 패권을 빼앗겼는가

사산 왕조는 강대한 힘을 자랑하며 중동에서 중앙아시아, 인도 서북부에 이르기까지 광대한 영역을 지배했습니다. 이 시대는 이란인이 유라시아 대륙 중부의 패자였습니다. 이란인은 이라크인을 비롯한 아랍인과 중동의 모든 부족을 예속시켰습니다.

사산 왕조는 이란인의 독자적인 종교였던 조로아스터교를 국교로 정하고 국가의 위상을 높이려 했습니다. 그와 동시에 마니교는 금지했습니다. 마니교의 시조 마니는 조로아스터의 신관이었는데, 조로아스터교를 바탕으로 기독교, 불교의 모든 요소를 융합한 새로운 종교인 마니교를 창시했습니다. 그런데 마니교가 상인층을 중심으로 널리 퍼지자 276년 사산 왕조는 이를 탄압하고 마니를 처형했습니다.

사산 왕조는 이란인 우월주의를 내세운 군국주의 정권이었습니다. 소수의 이란인 지배 계층이 다수를 차지하는 아랍인 부족을 통치하는 상황 속에서 이란인을 신성화하고 이란인의 통치를 정당화하는 시스템이 필요했습니다. 이란인의 독자적인 종교였던 조로아스터교를 국

| 이란 페르세폴리스의 유적 벽에 새겨져 있는 조로아스터교의 문양

교로 정한 이유입니다. 기독교와 불교를 융합시키려고 한 마니교를 허용하면 이란인만을 신성화할 수 없었습니다.

이란인 우월주의, 극단적 배척주의를 내세운 사산 왕조의 등장으로 유럽과 아시아의 동서 교역이 정체하게 됩니다. 사산 왕조의 경직된 자세에 왕조 안팎의 모든 민족이 불평과 불만을 느꼈습니다.

이러한 상황에서 새로이 등장한 것이 이슬람교였습니다. 이슬람교는 아라비아반도 서안에 살던 아랍인 무함마드에 의해 창시되었습니다. 이슬람교는 관대한 종교로 조로아스터교와 같은 선민사상을 배제하고 '신 앞에 모든 사람이 평등하다'고 이야기했습니다. 이슬람교는 기독교 신자와 유대교 신자를 '계전의 백성^{abl al-kitab, 신이 계시한 성서에 의해 신앙을 가}^{진 백성을 말한다. _역주}'으로 존중하고 다른 종교를 적대시하지 않았습니다. 계전^{聖典}이란 유대교의 성전인 『구약 성서』와 기독교의 성전인 『신약 성서』를 가리킵니다.

이슬람교는 사산 왕조의 민족주의에 대한 사람들의 불평과 불만을 수습하며 빠른 속도로 성장했습니다. 특히 동서 교역에 종사하던 상인층이 이슬람교를 지지했습니다. 거의 모든 민족과 거래를 하던 상인들은 그들과 융화할 수 있는 이슬람교가 장사에 도움이 된다고 생각했습니다.

이슬람 세력은 아라비아반도를 통일하고 사산 왕조에 대항했습니다. 642년, 니하반드^{Nihavand} 전투에서 사산 왕조는 이슬람교를 내세운 아랍인 세력에 패퇴하여 멸망합니다. 이후 중동의 패권은 이란인에게서 아랍인으로 넘어가고 아랍인들은 이슬람 제국을 건설합니다. 아케메네스 왕조 페르시아로부터 사산 왕조 페르시아까지 1,200년에 걸쳐 우위에 섰던 이란인의 위상이 결국 무너진 것입니다.

유럽의 배후를 친 우마이야 군대

　이슬람 세력은 우마이야 왕조라는 통일 왕조를 건국합니다. 우마이야 왕조는 지배 계층인 아랍인을 중심으로 이란인을 비롯한 모든 민족을 통치했습니다. 우마이야 왕조는 세력을 확대하기 위해 유럽으로 진출하려고 했습니다. 그런 우마이야 왕조 앞을 가로막은 것이 비잔틴 제국^{동로마 제국}입니다.

　673년, 우마이야 왕조는 비잔틴 제국의 수도 콘스탄티노플을 포위했습니다. 하지만 콘스탄티노플의 견고한 수비에 막혀 공격은 실패로 끝났습니다. 콘스탄티노플을 함락하지 못한 우마이야 군대는 발칸반도를 넘어 유럽의 중앙으로 진출하려 했으나, 이 역시 뜻을 이루지 못했습니다. 하는 수 없이 우마이야 군대는 우회하는 경로를 택하기로 하고, 북아프리카를 경유하는 전략상의 큰 전환을 맞게 됩니다. 북아프리카에서 이베리아반도로 건너가 유럽의 배후를 친다는 새로운 전략이었습니다. 698년, 우마이야 군대는 비잔틴 제국령인 카르타고를 점령하며 북아프리카에 기반을 확보합니다. 711년에는 스페인을 점령하고 서유럽 세력과 대치합니다.

　이때 서유럽은 게르만인 부족이 각지에서 할거하며 별다른 결속력 없이 각자 터전을 이루어 살아가고 있었습니다. 그런 곳에 별안간 이슬람 세력이 위협적으로 등장한 것입니다. 게르만인 부족들 사이에 긴장감이 흐르고 이슬람의 위협에 맞서기 위해 대동단결하게 됩니다. 이

[12-2] 북아프리카를 경유하는 우회 경로

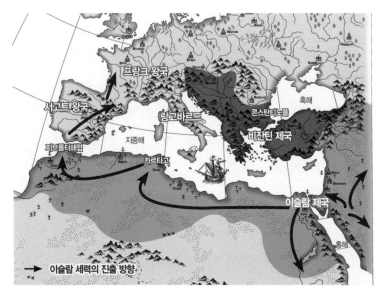

단결의 구심점이 된 부족이 당시 세력이 가장 강했던 게르만계 프랑크
족입니다Chapter 8 참조.

732년, 프랑크족 카를 마르텔Charles Martell은 투르-푸아티에 전투에서
우마이야 군대를 무찌릅니다. 이 카를 마르텔의 자손이 서유럽 세계를
통일한 카를 대제입니다.

우마이야 왕조는 군사주의군사적 가치를 최우선으로 하여 정치, 문화, 교육 등의 모든 분야가 군사적 목
적에 복무하도록 하는 주의나 정책 성격이 강한 정권이었습니다. 군사주의란 거대한
군사 기구를 키우기 위해 침략과 팽창을 계속하지 않으면 안 되는 숙
명을 안고 있습니다. 우마이야 왕조는 북아프리카를 넘어 스페인을 침

략하고 약탈하는 동안에는 기구를 유지하고 국가를 번영시킬 수 있었습니다. 하지만 딱 한 번 투르-푸아티에 전투에서 패하고 침략 활동이 멈추자 군사 기구가 바로 동요하며 맥없이 사라져 버렸습니다. 이민족·이교도에 패배하면서 우마이야 왕조는 그 존재 의의를 잃은 것입니다.

비아랍인의 불만을 이용한 아바스 왕조

750년, 우마이야 왕조가 붕괴하고 새로이 아바스 왕조가 건국되었습니다. 아바스 왕조는 우마이야 왕조와 같은 군사 국가가 아닙니다. 그들은 군대를 이용한 우마이야 왕조의 팽창주의가 가진 한계를 인식하고 경제 성장으로 정권의 구심점을 유지하며 군인들의 강력한 영향력을 배제하려고 애썼습니다.

우마이야 왕조에서는 아랍인에게만 군사적 권한이 주어졌습니다. 이란인을 비롯한 다른 민족에게 군사적 권한을 주면 그들이 무기를 갖고 덤벼들 수 있기 때문입니다. 그들에게는 언제 일어날지 모를 반란을 미연에 방지할 필요가 있었습니다. 그래서 이민족은 전쟁에 참전해도 높은 지위로 오르지 못하고 말단 병사에 머물렀습니다.

우마이야 왕조에서 아랍인 군사 집단은 엘리트 특권층으로 세금을 면제받았습니다. 이러한 일이 이슬람교가 설파하는 '신 앞의 평등'에 반한다며 이란인을 비롯한 비아랍인 이슬람교 신자들의 불만을 부채질했습니다. 아바스 왕조는 비아랍인의 불만을 이용하며 성장했습니다. 아바스 왕조는 아랍인 엘리트 군인의 특권을 폐지하고 다른 민족 사람들과 마찬가지로 세금을 내도록 했으며, 군사주의로 치우친 기조를 고치려고 했습니다. 군인들의 역할과 권한을 축소했습니다.

아랍 군인들은 크게 분노했습니다. 특히 우마이야 왕조 시대에 목숨을 걸고 스페인까지 원정을 갔던 아랍 군인들에게 특권이 폐지된 일은 받아들이기 힘든 굴욕이었습니다. 그들은 아바스 왕조를 떠나 스페인에서 후後우마이야 왕조를 건국하고 독립했습니다. 아바스 왕조는 그 성립 초기부터 이 같은 분열의 불씨를 안고 출발했습니다.

신인종 베르베르인은 누구인가?

아바스 왕조에서 분열된 후우마이야 왕조 이후 700년에 걸쳐 이슬람의 아랍인이 스페인을 지배합니다. 이 기간에 알람브라 궁전이 지어졌고, 현존하는 궁전의 대부분이 13세기에 조형되었습니다.

지금 유럽에서 많은 관광객을 모으는 나라 가운데 하나가 스페인입니다. 유럽 문화와 이슬람 문화가 융합하면서 생겨난 문화 교차의 공간, 그 독특한 분위기가 폭발적인 인기를 끄는 큰 요인이 되고 있습니다.

중세 시대에 이슬람은 스페인에 진
출하여 꾸준히 유럽과 접촉했습니다.
이슬람은 유럽뿐만 아니라 다른 지역
과도 접촉했습니다. 앞에서 설명한
것처럼 우마이야 왕조는 북아프리카
를 경유하여 스페인으로 진격했습니

| 모로코 아틀라스산에 있는 베르베르인 마을의 주민

다. 이때 아랍인은 현재의 튀니지, 모로코, 알제리에 사는 민족, 주로
아프리카계 흑인종을 굴복시키면서 진군했습니다. 원래 로마 제국 시
대부터 이 지역에 유럽인과 아랍인이 터를 잡고 살며 인종 간에 혼혈
이 이루어졌으나 이슬람이 이 지역을 통합함으로써 또 다시 여러 민족
의 피가 섞이게 됩니다.

백인, 아랍인, 흑인의 혼혈종이 다수 등장하여 '베르베르인'이라고
불렸습니다. 베르베르^{Berber}란 유럽 측에서 부르는 호칭으로 '야만인'이
라는 뜻입니다. 베르베르인은 북아프리카와 스페인·이베리아반도에
터를 잡고 살았습니다. 이슬람의 유럽 침공은 복잡한 인종 간의 교배
를 가져왔고 베르베르인이라는 새로운 인종을 탄생시켰습니다.

국가와 민족을 초월하는 베르베르인

11세기 이후, 모로코의 마라케시에 수도를 둔 베르베르인의 왕조

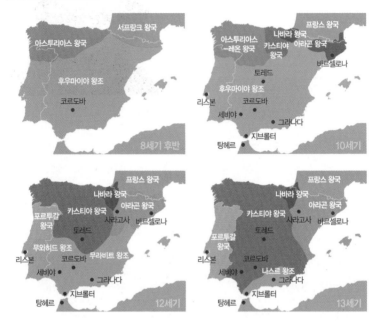

[12-3] 이베리아반도의 세력 변천

무라비트 왕조와 무와히드 왕조가 탄생했습니다. 둘 다 이슬람 왕조입니다. 두 왕조는 마라케시를 정치적 수도로 삼았으나 자신들이 지배하던 이베리아반도의 코르도바와 세비야를 경제·문화적 중심 도시로 여겼습니다.

코르도바의 학자로 유명한 인물이 무라비트 왕조 시대의 지리학자 무함마드 이드리시, 무와히드 왕조 시대의 철학자 이븐 루시드'아베로에스(Averroes)'라는 라틴식 이름으로도 유명하다._역주입니다. 두 사람 다 베르베르인, 즉 혼혈로 보입니다. 이븐 루시드는 유럽에 인접한 코르도바의 뛰어난 지리적 조건을 이용하여 아리스토텔레스를 비롯한 그리스 철학의 문헌을 모으고 여러 민족의 피가 섞인 자기 인종의 특성을 살린 연구를 하며 중세의 이슬람과 유럽 양쪽에 문화적으로 큰 영향을 끼쳤습니다.

14세기에는 베르베르인 중에서 이슬람 최고의 역사학자 이븐 할둔^{튀니지 출신}, 대여행가이자 지리학자 이븐 바투타^{Ibn Battutah, 모로코 출신}가 배출됩니다. 베르베르인이 세계를 넓은 시각에서 객관적으로 파악할 수 있었던 것은 그들이 다양한 인종과 문화의 융합체로서 하나의 국가와 민족에 사로잡히지 않았기 때문입니다.

13세기, 무와히드 왕조가 내분으로 쇠퇴하는 사이 유럽 측에서는 레콩키스타^{Reconquista}를 강화합니다. 레콩키스타란 영어로 말하면 recovery로 회복이라는 뜻입니다. 스페인의 전신인 카스티야 왕국과 아라곤 왕국이 중심이 되어 이슬람에 빼앗긴 영토를 회복하려는 운동이었습니다.

1230년, 코르도바가 함락되자 무와히드 왕조의 본대는 이베리아반도에서 철수합니다. 한편 철수에 반대한 분대가 스페인 남단의 그라나다에 거점을 두고 레콩키스타에 저항하며 나스르 왕조를 건국합니다. 하지만 1492년, 결국 스페인에 의해 그라나다가 함락되고 나스르 왕조가 멸망함으로써 이슬람은 이베리아반도에서 완전히 물러났습니다.

Chapter 13

적(狄)으로 불리던
터키인

터키인의 기원은 무엇인가?

동북아시아 사람들이 생각하는 터키인은 '아랍인도 아니고 유럽인
도 아닌, 그 중간쯤 되는 민족'이 아닐까요? 실제로 현재 터키 공화국
은 중동과 유럽의 중간^{아나톨리아반도}에 위치하고 있으며, 민족으로서도 아
랍인과 유럽인의 혈통을 계승하고 있습니다.

중국의 어느 터키 식당에 갔을 때의 일입니다. 점원들의 외모는 아
시아인으로 중국어와 중동어가 뒤섞인 말을 쓰고 있었습니다. 내가
그들에게 "당신들은 누구인가요?"라고 묻자, 그들은 "터키인입니다."
라고 대답했습니다. 이어서 "어느 나라 사람인가요?"라고 물었을 때
는 "중국인입니다."라고 답했습니다. 그들은 중국의 신장 웨이우얼<sup>위
구르</sup> 자치구 출신이었습니다. 이곳에 사는 위구르 사람은 터키인의 일

파입니다.

중국이 위구르인을 차별하고 탄압한다는 사실은 널리 알려져 있습니다. 2009년 이에 반발하여 위구르인은 신장 전 지역에서 대규모 반란을 일으켰습니다. 중국 정부는 군대를 투입하여 반란을 진압했고 수많은 사상자가 나왔습니다.

위구르인은 분명히 터키인입니다. 하지만 아나톨리아반도에 위치한 현재의 터키인과 거기에서 멀리 떨어진 신장 웨이우얼 자치구에 사는 터키인은 정말로 같은 민족일까요?

터키인은 원래 중앙아시아에서 러시아 중남부에 이르기까지 아주 넓은 지역에 분포해 있었습니다. 그리고 우리와 마찬가지로 몽골로이드 인종이었습니다. 몽골인 중에는 흉노^{匈奴}라는 대표적인 일파가 있었습니다. 흉노는 이따금 중국에 침입한 북방 이민족으로 유명한데, 이 흉노족 몽골인과 터키인은 어떻게 다른 걸까요? 민족의 혈통과 용모 등은 양자 사이에 차이가 거의 없었지만 언어는 달랐습니다. 사용하는 언어의 차이로 터키인과 몽골인을 구별할 수 있습니다.

터키인과 몽골인은 알타이 어족이라는 큰 카테고리에는 공통으로 포함되지만, 제일 하단 카테고리를 보면 [13-1]처럼 됩니다.

투르크, 돌궐, 터키

터키인은 고대중국의 상·주 시대에 중국에서 적狄으로 불렸습니다. 한자 적狄은 북방 민족을 의미합니다. 이 적이 '투르크'라는 발음으로 북방에 전해지고 다시 투르크를 발음대로 적은 정령丁零, 철륵鐵勒, 돌궐突厥이 되었는데, 이 세 한자는 시대에 따라 변천됩니다. 즉, 적狄이라는 중국의 호칭이 '터키'의 기원인 셈입니다.狄의 일본 발음은 테키(てき)로, 테키가 터키가 되었다는 설이 있으나 이는 일본의 관점에서 해석한 것으로 보인다. 중국에서는 狄을 디(di)라고 발음한다. 한편 돌궐(중국 발음 Tūjué)이 투르크가 되고 투르크가 다시 터키가 되었다는 설이 있는데, 이쪽이 더욱 신빙성이 있어 보인다. _역주.

기원전 2세기, 한 왕조 무제가 몽골인 흉노를 토벌한 이후 몽골고원에서 흉노는 쇠퇴합니다. 한편 터키인이 차츰 세력을 확대합니다. 터키인 세력은 위진 남북조 시대부터 수당 시대에 걸쳐 몽골고원 전체로 확대되는데, 이때부터 중국에서 돌궐이라고 불리게 되었습니다. 거듭 말하지만 돌궐이란 투르크터키란 발음을 한자로 옮겨 적은 것입니다.

세력을 넓히는 터키인에게 쫓겨 몽골고원에서 남쪽의 화베이華北. 중국 북부 방면으로 이동한 민족이 흉노와 같은 몽골인 선비鮮卑입니다. 그들은 화베이 지역에 침입하여 4세기 말에 북위를 건국합니다. 이 무렵 북쪽

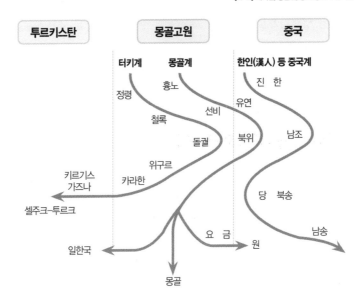

에서 돌궐이 압력을 가하는 가운데 중국 북부에는 북위, 중국 남부에는 남조가 자리하게 됩니다[13-2] 참조.

4세기 말부터 7세기까지 중국 북부에서는 돌궐이 거대한 왕국을 형성하며 강대한 세력을 자랑했습니다. 그리 잘 알려졌다고는 할 수 없는 돌궐이 어째서 이토록 강대해진 것일까요?

돌궐의 터키인 부족은 원래 예니세이강 상류 지역에서 살았습니다. 예니세이강은 몽골고원의 북부와 러시아 중부를 흐르는 강입니다. 이 지역 일대는 철광석의 산지입니다. 4세기 말 이후 돌궐은 제철 기술을 비약적으로 발전시키며 철을 양산하게 되었습니다. 그래서 돌궐은 중국에서 철노鐵奴, 즉 '철을 단련하는 야만인'으로 불리기도 했습니다.

철을 생산함으로써 막대한 부를 쌓은 돌궐은 남쪽에 사는 모든 몽골인 부족을 평정하고 중국 방면으로 세력을 급속도로 확장합니다.

왜 터키인은 서쪽으로 갔는가?

돌궐은 중국을 호시탐탐 노렸지만, 6세기에 수·당 왕조가 세워지고 중국의 힘이 강해지자 뒤로 밀리게 됩니다. 당에 패배한 돌궐은 몽골고원을 버리고 서쪽으로 대이동을 시작합니다.

그들은 몽골고원에서 타림 분지현재의 인도 북부 카슈미르 일대, 중가르 분지현재의 중국 신장 웨이우얼 자치구의 우루무치시 일대로 이동합니다. 8세기, 돌궐은 위구르로 이름을 변경합니다. 위구르란 터키어로 '내가 주군이다'라는 뜻입니다. 당시 터키인을 이끌던 수령이 자신을 이렇게 지칭함으로써 '위구르'란 호칭이 쓰이게 되었습니다. 위구르인은 당 왕조에서 일어난 반란875년의 안사(安史)의 난, 당 현종 때 안녹산과 사사명이 일으킨 반란을 말한다. _역주을 틈타 당을 동요시킵니다.

이 장의 첫머리에서 나온 중국의 신장 웨이우얼 자치구에 사는 위구르인은 이 시대에 들어온 터키인의 후손입니다. 18세기 중반 청 왕조가 타림 분지와 중가르 분지를 정복하고 난 뒤 이 땅은 '새로운 토지'를 의미하는 '신장新疆'으로 불리게 됩니다.

9세기, 터키인은 서쪽으로 더 이동하여 위구르에서 키르기스로 이

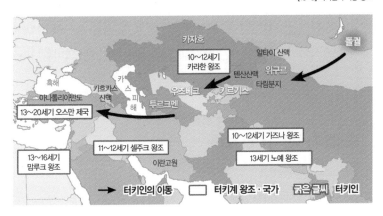

름을 바꿉니다. '키르기스'는 터키어로 숫자 '40'을 의미하는 '크르크 Kırk'에서 파생된 말로 나중에 러시아어가 되었습니다. 키르기스가 40개의 터키인 부족으로 이루어졌다고 하여 이렇게 부르게 되었습니다.

또한 터키인은 투르키스탄으로 서진하여 10세기에는 이슬람화되며 카라한 왕조를 세웠습니다. 투르키스탄은 '터키인이 사는 지역'이라는 뜻으로 파미르고원을 중심으로 중앙아시아의 대부분을 가리킵니다. 오늘날의 투르크메니스탄, 우즈베키스탄, 키르기스, 카자흐스탄, 타지키스탄, 아프가니스탄 북부가 여기에 해당합니다.

투르키스탄에는 많은 오아시스 도시가 있으며 동서 교역으로 번영을 누렸습니다. 투르키스탄은 이슬람과 중국의 중간 지점에 위치하여 실크 로드를 통한 동서 교역의 이권을 한손에 거머쥐었습니다. 동서 교역이 가져다주는 부는 막대하여 터키인이 비약하는 데 큰 자금원이 되었습니다.

　참고로 카자흐스탄이라는 나라 이름에서 볼 수 있는 '~스탄'이라는 말은 페르시아어로 '~가 사는 장소'나 '~가 많은 장소'를 의미합니다.

중동을 지배한 터키인 왕조

　10세기, 터키인은 투르키스탄으로 들어가서 이슬람교를 받아들입니다. 중국의 비단과 도자기 등의 교역품을 이슬람교 신자에게 판매하려면 터키인 자신이 이슬람교 신자가 되는 것이 유리했기 때문입니다. 또한 이슬람교는 국제색이 강해서 터키인과 같은 외래 민족도 이슬람 문화에 동화되기 쉬웠다는 점도 큰 요인이었습니다.

　터키인은 투르키스탄에서 이슬람 왕조인 카라한 왕조를 건국합니다. 또한 카라한 왕조가 있던 남부 아프가니스탄을 중심으로 인도 서북 지역까지 터키인 세력이 확장되며 카라한 왕조와 나란히 가즈나 왕조를 세웁니다.

　11세기, 터키인 세력은 다시 서쪽으로 크게 확대되어 이란·이라크로 진출하며 셀주크–투르크^{셀주크 왕조}를 건국합니다. 이때 터키인과 이란인·이라크인의 혼혈이 급속하게 이루어졌습니다. 셀주크 왕조는 세력이 약해진 아바스 왕조로부터 실권을 빼앗아서 술탄^{황제}으로서 이슬람권을 통치합니다.

| 오늘날의 터키인. 다양한 인종과 민족의 특성이 외모에서 드러난다.

셀주크 왕조는 아시아의 극단에 있는 소아시아, 아나톨리아반도까지 영토를 확장합니다. 이때 아나톨리아반도가 터키에 동화되면서 현재 터키 공화국의 민족적 기반이 만들어집니다. 셀주크 왕조는 비잔틴 제국^{동로마 제국}과도 전투를 벌여 대승을 거듭니다. 이렇게 셀주크 왕조는 강한 힘을 자랑했으나 12세기에 내부 분열로 일찌감치 붕괴됩니다.

13세기, 아나톨리아반도에서 터키인 오스만 베이^{bey, '부족장'이라는 뜻이다. _역주}가 등장하여 터키인 왕국을 부활시킵니다. 이것이 오스만–투르크^{오스만 제국}의 시초입니다.

1453년에 비잔틴 제국을 멸망시킨 오스만 제국은 이스탄불에 수도를 두고 발칸반도까지 지배합니다(나중에 자세히 설명합니다). 오스만 제국 시대에 터키인과 구 비잔틴 제국령의 그리스인, 남슬라브인을 비롯한 백인과의 혼혈이 진행되어 오늘날의 우리가 알고 있는 여러 나라 사람이 섞인 민족, 터키인이 탄생합니다. 오스만 제국은 20세기까지 계속되다 현재의 터키 공화국으로 이어집니다.

이렇게 해서 몽골고원을 중심으로 건국된 돌궐이 아시아에서 중동으로, 다시 아나톨리아반도와 발칸반도까지 대이동하며 현재의 터키 공화국에 이른 것입니다. 터키 공화국에서는 터키 민족의 발상지를 돌궐로 봅니다. 그래서 1952년에는 터키 공화국에서 '돌궐 건국 1,400년 기념 축전'도 열렸습니다(돌궐 통일 왕국의 시작은 552년입니다).

중세 유럽을 습격한 수수께끼의 아시아인

제국주의가 활개를 치던 근대 유럽 시기, 아시아는 유럽의 침략을 받았습니다. 하지만 그 이전인 16세기까지는 아시아가 유럽을 침략했습니다. [13-4]에서 보듯이 주요한 침공만 해도 네 번에 이릅니다. 이 네 번의 침공 중에 베일에 싸인 것이 첫 번째 훈족의 습격입니다. 훈족에 대해서는 처음 들어 본 사람도 많을 것입니다.

375년, 훈족은 게르만인이 거주하는 동유럽에 침입합니다. 게르만인은 훈족의 압박을 받고 서진하여 로마 제국 영내로 이동합니다. 한편 훈족은 아틸라 왕의 지휘를 받으며, 게르만인의 주거지를 넘어 로

명칭	주요 구성 민족	시기	주요 전투
훈족 습격	터키인?	4세기	카탈라우눔 전투
우마이야 왕조 습격	아랍인	8세기	투르-푸아티에 전투
몽골인 습격	몽골인	13세기	레그니차 전투 (발슈타트(Wahlstatt) 전투)
오스만 제국 습격	터키인	16세기	빈 포위

마 제국의 영내까지 깊숙이 침입해 들어갑니다. 훈족의 침입을 받은 로마 제국 사람들은 겁에 질렸습니다. 당시 유럽인은 '훈족의 얼굴은 검고 코가 납작하여 야수처럼 보였다'라고 기술했습니다. 유럽인은 그때까지 본 적이 없는 이민족의 모습에 심한 공포를 느꼈습니다.

훈족은 아시아계 민족으로 터키인이거나 몽골인 혹은 터키인과 몽골인의 혼혈 인종으로 추정됩니다. 훈족을 몽골인인 흉노의 일파로 보는 학설이 있습니다. 중국의 한 왕조가 흉노를 토벌하자 흉노의 일부가 몽골고원을 떠나 서진하여 유럽으로 쳐들어갔다고 보는 설입니다. 이러한 학설을 주장한 학자는 흉노가 중국어로 '훈나ᴮ중국어 사전에는 'Xiōngnú'로 나와 있어 '슝누'라고 발음하는 것이 합당한 듯하다. '훈나'는 유럽에 알려진 명칭으로 짐작된다 _역주'라 발음되며 이것이 훈족이라는 이름의 유래가 되었다고 주장합니다. 하지만 오늘날에는 훈족을 몽골인이 아니라 터키인에 가깝다고 봅니다. '훈'이란 이름의 유래도 확실하지 않은 상태에서 흉노와 연결시키기에는 무리가 있기 때문입니다. 유럽에 침입한 훈족은 몽골고원에 거주하던 흉노가 아니라 유럽에 가까운 러시아 중남부와 중앙아시아에 거주하던 터키인으로 보는 편이 지정학적으로도 납득이 됩니다.

헝가리인은 훈족인가?

훈족을 이끌던 아틸라 왕은 파죽지세로 유럽에 진격하지만 451년에 프랑스 파리 동쪽의 카탈라우눔 전투에서 서로마 제국에 패배하고 동유럽까지 철퇴합니다. 훈족은 거기에서 터를 잡고 살게 되는데 이후로 이 지역은 훈가리아^{Hungaria}라고 불리게 됩니다. 아틸라의 형 블레다는 아틸라와 함께 나란히 왕위에 올라 나라를 다스렸습니다. 블레다의 이름에서 유래한 부다성이 오늘날 헝가리의 수도 부다페스트의 기원입니다.

로마어였던 훈가리아가 현재의 헝가리^{Hungary}가 되었다는 설이 일반에게 널리 알려졌으나 이를 부정하는 견해도 있습니다. 헝가리란 이름은 훈족이나 훈가리아와는 일절 관계가 없으며 나중에 침입해 온 터키인이 자신들을 오노구르^{Onogur}라고 밝힌 데서 기원했다는 설입니다. 오노구르는 '10개의 화살', '10개의 부족'을 의미합니다. 이것이 '웅가른^{Ungarn}'이라는 독일어가 되었다가 단어의 첫머리에 묵음인 'h'가 들어가며 헝가리로 변했다고 설명합니다.

| 훈족 기병대를 묘사한 그림. 이 그림에서는 훈족을 몽골인에 가깝게 묘사하고 있다.

 이 두 가지 설은 오늘날 헝가리인의 혈통을 어떻게 생각하느냐와 직접적으로 관계됩니다. 헝가리의 주요 구성 민족은 아시아계 마자르인입니다. 마자르인이 훈족의 후예라고 생각하는 일파는 훈가리아가 변해서 헝가리가 되었다고 주장합니다. 한편 훈족과는 별개로 9세기에 러시아의 우랄산맥 서쪽에 살다가 이주한 터키인이 마자르인이 되었다고 생각하는 일파는 오노구르가 변해서 헝가리가 되었다고 주장합니다.

 어느 쪽이 맞는지는 확실하게 증명할 수 없지만, 현재는 훈족과 마자르인이 관계가 없다고 보는 후자의 설이 유력합니다. 9세기에 헝가리로 이주한 터키인들이 마자르 일곱 부족과 하자르 세 부족이 연합한 세력이었음이 알려지면서 '10개의 부족'을 의미하는 오노구르란 이름과도 부합하게 되었기 때문입니다.

그런데 마자르인의 '마자르'가 무엇을 의미하는 말인지는 아직 알려지지 않았습니다. 마자르인은 긴 세월 동안 현지의 유럽인과 혼혈을 거듭하면서 오늘날의 헝가리인을 형성하게 됩니다. 오늘날 헝가리인의 외모에 왠지 모르게(확실하지는 않지만) 아시아인의 분위기가 남아 있다고 느껴지는 이유는 이러한 역사가 배경에 있기 때문일까요?

'자유인', '모험가'를 의미하는 카자크의 정체

원래 터키인이 살던 곳은 중앙아시아와 러시아 중남부였습니다. 이중 러시아 중남부에 거주하던 터키인은 우랄산맥 동쪽, 알타이산맥 북쪽의 서시베리아 평원에 분포했습니다. 터키 계열 민족이 우랄 어족과 알타이 어족으로 불리는 이유는 이 산맥들의 이름에서 유래합니다. 이 지역에는 예니세이강과 오비강이 흐르고 있으며 거기에서 나오는 철광석이 앞에서 나온 돌궐의 주요 자원이었습니다.

돌궐 붕괴 후, 터키인이 서방의 투르키스탄 지역으로 대이동하던 시기에 우랄산맥 동쪽에 살던 터키인도 대이동을 시작합니다. 7세기에서 9세기 사이, 그들은 우랄산맥을 넘어 볼가강 유역으로 진출합니다. 이 지역에 들어간 터키인들을 '카자크코사크라고도 한다._역자'라고 합니다. '카자크'

[13-5] 우랄산맥 동쪽에서 살던 터키인의 이동

는 터키어 Qazaq(카자크)에서 유래하며 '자유인' 혹은 '모험가'를 의미합니
다. 근세 이후, 카자크는 러시아인과 격렬하게 대립하며 러시아 제국
과 소련의 가혹한 탄압을 받았습니다. 카자크는 분포 지역에 따라 주
로 둘로 나닙니다. 볼가강 유역에 터를 잡고 산 볼가 카자크와 우크라
이나에 터를 잡고 살았던 우크라이나 카자크입니다.

　우크라이나 카자크는 서쪽의 폴란드, 동쪽의 러시아, 남쪽의 오스
만-투르크 사이에서 노련하게 외교술을 펼치며 크림반도에 이르는 우
크라이나 전 지역으로 세력을 넓혔습니다. 하지만 17세기부터 18세기
전반에 걸쳐 힘이 강해진 러시아 제국이 대포의 위력을 앞세워 우크라

이나 카자크의 기마대를 해산시키고 우크라이나를 병합합니다. 그리고 우크라이나 카자크어를 금지하고 무거운 세금을 부과하여 그야말로 '죽지도 살지도 못하는' 노예 상태로 만들어 버립니다.

나아가 터키인들은 러시아를 넘어 동유럽으로 들어갔습니다. 이때, 9세기의 헝가리에는 앞에서 이야기한 마자르인이 살고 있었습니다. 그 외에 7세기에는 불가르인이 발칸반도에 들어가서 터키인 왕국을 세웁니다. 이 불가르인의 나라가 현재의 불가리아입니다. 같은 시기에 핀인은 스칸디나비아반도에 들어가 터키인 왕국을 세웁니다. 이 핀인의 나라가 현재의 핀란드입니다.

이상의 경위에서 헝가리, 불가리아, 핀란드, 3개국은 아시아계로 분류됩니다. 어째서 유럽에 아시아계 나라가 있는가? 이에 대한 의문이 세계사를 공부하는 이들을 늘 고민하게 만드는 지점이라고 생각합니다. 교과서와 참고서에도 그에 대한 경위가 실려 있지 않으니 머리를 싸매는 것도 당연합니다.

이 3개국은 7세기부터 9세기, 우랄산맥 동쪽에 사는 터키인들이 유럽으로 이동하여 세운 나라에서 기원합니다. 당초에 3개국은 터키인의 나라였으나 오랜 세월에 걸쳐 현지에 사는 백인과 혼혈을 거듭하며 차츰 백인에 동화되었습니다.

나라를 남기지 못한 터키인도 있습니다. 독일에 들어간 터키인을 아바르인이라 부르는데, 8세기에 프랑크 왕국 카를 대제의 공격을 받고 소멸됩니다. 아마도 민족의 대학살이 감행되었으리라 추측됩니다.

7세기부터 9세기는 터키인이 대이동하는 시기였습니다. 중앙아시아에서 중동으로 들어간 터키인, 우랄산맥을 넘어 러시아에서 동유럽으로 간 터키인, 이 큰 두 개의 파도가 중세 시대를 뒤흔들었습니다. 터키인은 그야말로 '카자크^{자유인, 모험가}'라는 이름에 걸맞은 민족이었습니다.

Chapter 14
유대인 민족의
디아스포라

▎ 아랍인과 같은 계통의 민족, 유대인

나는 20대 시절 벨기에의 앤트워프에서 오랫동안 체류한 적이 있습니다. 앤트워프의 중앙역 주변에는 다이아몬드 거래소·연구소·소매점이 있으며, 많은 유대인이 그곳을 출입했습니다. '시너고그'라고 하는 유대교 회당도 있습니다. 앤트워프의 다이아몬드 비즈니스에 종사하는 유대인은 약 1만 5천~2만 명이라고 합니다.

그들 유대인들을 보노라면 그 기괴한 모습에 놀라게 됩니다. 검은 모자를 깊숙이 눌러쓰고 검은 옷에 텁수룩하게 기른 수염, 총총히 발 빠르게 이동하는 모습, 마치 비밀 결사의 밀사와도 같은 모습입니다. 앤트워프는 유럽 안에서도 옛 모습을 그대로 간직한 유대인과 그들의 공동체를 확인할 수 있어서 '서쪽의 예루살렘'이라고 불립니다. 유대

[14-1] 헤브라이 왕국

이스라엘 왕국

유다 왕국

다윗·솔로몬 왕 시대의 헤브라이 왕국(통일 이스라엘 왕국이라고도 한다. _역주)(기원전 10세기 무렵)

→ 출애굽(이집트에서 노예로 살던 이스라엘 민족이 모세의 인도로 해방되어 나온 일을 가리킨다. _역주)의 육로

인이 역사적으로 박해와 미움을 받은 이유가 유대인들이 자아내는 비밀 결사와 같은 폐쇄적 분위기 때문인지도 모릅니다.

유대인 하면 보통 백인을 떠올립니다. 하지만 유대인은 유럽 각지로 이주하여 백인과 혼혈을 거듭하며 결과적으로 백인과 같은 용모가 된 것입니다. 원래 유대인은 아랍인과 같은 셈계 민족으로 외모도 아랍인에 가까웠습니다. 현재는 수많은 민족의 피가 섞여서 민족 분류가 꽤 어려운 민족으로 꼽힙니다. 그래서 유대교를 신봉하는 '종교적 유대인'이 이른바 '유대인'으로 정의되며 또한 그 직계 자손도 유대인에 포함됩니다.

유대인은 시나이반도에 거주했으나 지금으로부터 약 3,000년 전에 이집트 신왕국의 공격을 받고 시나이반도에서 쫓겨나 팔레스타인^{라틴어로는 팔레스티나라고 한다}으로 이주했습니다.

망명지 팔레스타인에서 헤브라이 왕국이 세워지고, 헤브라이 왕국은 기원전 10세기 다윗 왕과 솔로몬 왕 시대에 번영을 누립니다. 이 시대에 유대교도 확립되었습니다. 유대인의 종교인 유대교의 성전은 헤브라이어로 쓰인 『구약 성서』로, 유대인의 구원이 테마입니다. 유대교는 극단적인 율법주의와 '유대인만이 구원을 받는다'는 배타적인 선민사상을 갖고 있습니다. 보통 이 유대교의 폐쇄성과 배타성이 유대인이 미움을 받는 큰 원인이 되었다고 말합니다.

백인에 동화된 '유랑하는 사람들'

당초에 번영했던 헤브라이 왕국은 내부 분열로 세력이 약해져서 주변 아랍인의 지배를 받았습니다. 헤브라이 왕국을 건국한 유대인들의 원래 명칭은 '헤브라이인'이었습니다. '헤브라이'는 헤브라이어로 '유랑하다'라는 의미가 있었던 것 같습니다. 헤브라이 왕국이 분열된 후 뒤이어 유다 왕국이 세워집니다.

기원전 6세기, 아랍인이 세운 신바빌로니아 왕국이 유다 왕국을 멸망시키고 많은 유대인을 바빌론^{바그다드에서 남쪽으로 90킬로미터에 있는 고대 도시}으로 끌고

아슈케나짐	····· 독일·동유럽계 유대인, 현재 미국 유대인의 대부분
세파르딤	····· 스페인계 유대인
미즈라힘	····· 중동에 머물던 유대인

가서 노예로 부렸습니다 바빌론 유수(Babylonian Captivity). 그들은 유다 왕국의 유민이라는 뜻으로 '유대인'이라고 불리게 되었습니다.

기원전 1세기, 로마 제국이 건국되자 유대인은 로마로부터 박해를 받고 각지로 흩어졌습니다. 이를 '디아스포라Diaspora'라고 합니다. 유럽으로 건너간 유대인은 현지의 유럽 백인과 혼혈을 거듭합니다. 유대인의 외모가 백인처럼 된 것은 이 시대부터입니다.

'디아스포라' 중에 유대인은 크게 세 그룹으로 나눌 수 있습니다. 독일과 프랑스 그리고 동유럽으로 이주한 유대인은 '아슈케나짐 아슈케나지의 복수형_역자'으로 불립니다. 아슈케나지Ashkenazi란 헤브라이어로 '독일'을 의미합니다. 이베리아반도의 스페인으로 건너간 유대인은 '세파르딤 세파르디의 복수형_역자'이라 불립니다. 세파르디Sephardi는 헤브라이어로 '이베리아'라는 뜻이라고 합니다. 백인처럼 된 유대인을 아슈케나짐과 세파르딤이라고 합니다. 디아스포라 후에도 팔레스타인을 비롯한 중동 지역에 머물던 유대인은 '미즈라힘Mizrahim, 미즈라히(Mizrahi)의 복수형이다. _역자'이라 합니다. 헤브라이어로 미즈라는 '동쪽'을 의미합니다.

재산은 빼앗겨도 지식은 빼앗기지 않는다

금융업 등에서 성공한 것에서 보듯 상업적 재능이 뛰어났던 유대인은 각지에서 존경을 받으며 두려움의 대상이었던 동시에 박해와 멸시의 대상이기도 했습니다. 긴 유대인 박해의 역사 속에서 나치의 유대인 학살도 일어났습니다.

유대인은 자신의 나라가 없는 소수 민족이었습니다. 병력 수로 강자에 항거해도 이길 승산이 없었습니다. 그래서 유대인은 다른 나라에 뿌리를 넓히며 돈을 벌고 경제력에 의해 힘을 가지려고 생각했던 것입니다. 특히 영국과 같이 18세기 이후 의회제 민주주의 국가에 들어가 돈을 뿌려서 권력을 잡았습니다. 이러한 유대인의 철저한 자세가 반발을 일으켜 차별과 박해의 한 요인이 되었습니다.

20세기에 들어서면 미국의 신천지로 건너간 유대인은 발전하는 미국 경제의 파도를 타고 금융업으로 대성공을 거둡니다. 오늘날 미국의 대규모 증권 회사 중에는 유대인이 세운 회사가 많이 있습니다. 골드만삭스, 모건스탠리, 베어스턴스 등은 유대인 자본으로 탄생하거나, 유대 색채가 강한 회사입니다. 2008년, 리먼 사태^{Lehman shock, 2008년 세계적 투자 은행인 리먼 브라더스의 파산으로 시작된 금융 위기 사태를 가리킨다. _역주}를 일으킨 리먼 브라더스도 유대계입니다. 리먼 사태 후, 뱅크오브아메리카에 매수된 메릴린치도 유대계 회사입니다.

역사 속에서 서구인에 동화되어 서구 사회를 견인하는 힘을 가졌던

| 유대교 랍비들. 랍비는 유대교의 율법을 가르치는 선생이다.

유대인은 소수 민족이면서도 늘 큰 존재감을 발휘해 왔습니다. 유대인은 경제력만이 아니라 지식과 학술을 중시합니다. 유대인의 근면함은 엄청나서 아이는 스파르타식으로 철저하게 영재 교육을 시키며 "책과 옷이 동시에 더러워지면 책부터 닦아라."라고 가르칩니다. 아무리 박해를 받고 재산을 빼앗겨도 지식은 빼앗기지 않으려 했습니다. 그래서 유대인은 학술계에서도 많은 인재를 배출하고 있습니다. 유대인은 세계 인구의 0.2%밖에 안 되지만 노벨상 수상자의 약 20%를 차지합니다. 그중에는 아인슈타인Albert Einstein, 물리학상, 보어Niels Bohr, 물리학자, 베르그송Henri Bergson, 문학상, 키신저Henry Kissinger, 평화상, 새뮤얼슨Paul Samuelson, 경제학상, 프리드먼Milton Friedman, 경제학상 등이 있습니다.

유대인은 왜 박해를 받았는가?

성공하여 사회적 명성을 얻은 유대인에게는 선망의 시선이 쏟아지는 동시에 반발과 비판도 쏟아졌습니다. 특히 불경기가 닥쳐서 사회에 우울한 그늘이 드리우면 민족주의자들은 유대인을 공격함으로써 울분을 풀고 정치도 거기에 편승하여 대중의 지지를 얻는 일이 되풀이되었습니다. 그 전형적인 예가 나치의 유대인 박해입니다.

제1차 세계 대전 후부터 1929년의 세계 공황까지 독일 기업 대부분이 유대계 금융의 지원을 받으며 유대 자본 산하에 있었습니다. 이에 독일 기업은 나치와 같은 민족주의 정당과 유착하여 반유대인 캠페인을 벌이고 유대인을 몰아냄으로써 거액이 된 유대 자본의 채무를 지우려고 했습니다. 유대인을 박해한 것은 나치 독일만이 아닙니다. 유럽에서 유대인 박해를 하지 않았던 나라를 찾기가 더 어려울 것입니다.

제정 러시아는 국내의 사회적 불만을 딴 데로 돌리기 위해 유대인을 자주 박해했습니다. 포그롬Pogrom이라는 '학살·파괴'를 의미하는 러시아어가 탄생했을 정도니 독일에서보다 많은 유대인이 죽임을 당했을 가능성이 있습니다. 참고로 포그롬과 같이 '학살·파괴'를 의미하는 홀로코스트Holocaust는 그리스어에서 파생된 독일어입니다.

프랑스에서도 중세에 유대인이 우물에 독을 탔다는 소문이 돌아서 학살을 당하는 사건이 많이 있었습니다. 프랑스의 계몽사상가 볼테르Voltaire와 루소Jean-Jacques Rousseau는 반유대주의를 주창한 것으로 유명하니다. 나치가 프랑스를 점령하던 시절에, 프랑스 보수파 중에는 나치의 유대인 학살에 공감하고 자발적으로 나치에 협력한 자가 적지 않았습니다.

옛날부터 기독교 신자는 유대인의 배타성을 격렬하게 비판하고 적개심을 품었습니다. 가령 독일의 종교 개혁가 마틴 루터Martin Luther는 「유대인과 그들의 거짓말에 대하여Von den Jüden

| 시너고그에서 기도하는 아슈케나짐 유대인들. 화가인 마우리시 고틀립 역시 폴란드계 유대인이었다.

und iren Lügen」1543년라는 논문을 써서 유대인에 대한 기독교 신자의 혐오를 대변하고 유대인 박해에는 필연적인 이유가 있다고 설파했습니다.

대혼란에 빠진 '약속의 땅' 팔레스타인

팔레스타인은 먼 옛날 헤브라이 왕국이 있던 곳이자 고대로부터 유대인과 연고가 깊은 땅입니다. 16세기 이래 이곳을 지배하던 세력은 오스만 제국Chapter 22 참조이었습니다. 하지만 19세기 오스만 제국이 쇠약해지고 고향 팔레스타인의 재건이 현실성을 띠자 유럽에 사는 유대인들이 '시오니즘 운동'을 일으킵니다. '시온'은 예루살렘을 가리키는 옛 이름입니다. 유대인들은 약속의 땅 팔레스타인으로, '디아스포라^{이산}'에서 귀환해야 한다고 생각했습니다.

1914년, 제1차 세계 대전이 시작되자 영국은 독일, 오스만 제국^{독일의 동맹국}과 싸우며 고전했습니다. 전쟁의 자금 융통에 고심하던 영국은 유대인 재벌 로스차일드에게 자금 지원을 의뢰합니다. 유대인은 자금을 지원하는 조건으로 팔레스타인 땅에 유대인의 나라를 건국하기로 영국과 약속했습니다. 이 약속은 1917년에 영국 외무부 장관 밸푸어 Francis Maitland Balfour가 유대인 재벌 로스차일드에게 보낸 편지에 실려 있습니다.

제1차 세계 대전이 끝난 뒤 영국이 팔레스타인을 점령 통치하는 동안 밸푸어의 편지를 바탕으로 영국의 주도하에 팔레스타인에 유대인 국가를 건설하기 시작했습니다. 유대인이 팔레스타인에 들어오자 이 지역에 살았던 팔레스타인인^{아랍인}은 터전을 잃고 말았습니다. 분노한 팔레스타인인은 유대인과 무력 충돌을 일으키고 이 지역은 엄청난 혼란에 빠져듭니다.

유대인을 팔레스타인으로 이주시키면 그곳에 터를 잡고 있던 팔레스타인인과 대립하게 되리라는 사실을 영국은 처음부터 알고 있었습니다. 그런데도 왜 그처럼 무모한 약속을 했을까요? 전쟁을 수행하기 위한 자금이 필요했기 때문입니다. 제1차 세계 대전 중에 독일과 싸웠던 영국은 전쟁에서 지면 국가 자체가 붕괴됩니다. 전쟁에 이기기 위해서 당장에는 수단을 가리지 않았지요. 나중에 팔레스타인이 어떻게 되든 먼저 눈앞의 현실을 타개하는 것이 우선이었습니다. 물론 영국도 팔레스타인 분쟁이 오늘날까지 이어지며 세계 평화를 위협하는 불씨가 되리라고는 내다보지 못했을 것입니다.

미국을 움직이는 거대한 자금력

유대인이 팔레스타인으로 이주하자, 아니나 다를까 유대인과 아랍인이 격렬하게 싸우기 시작했습니다. 하지만 영국이 예상하지 못했던 것은 갈등의 원인을 제공한 영국에 국제 여론의 맹렬한 비판이 쏟아지기 시작했다는 점이었습니다. 당시 미디어가 발달하면서 보도 기관은 세계 구석구석에서 일어나는 일을 순식간에 전 세계로 전달했습니다. 세계는 이미 새로운 시대에 돌입한 것입니다. 비판을 받은 영국은 당황해서 사태를 수습하기 위해 나섰습니다. 영국은 유대인의 팔레스타인 이주를 제한하여 팔레스타인에서 유대인의 세력이 확대되는 것을 억제하고 아랍인과의 충돌을 완화시키려고 했습니다. 하지만 이미 유대인과 아랍인의 충돌은 불가피하여 영국도 손을 댈 수 없는 지경이 되었습니다. 또 제1차 세계 대전 중 에너지 동력이 석탄에서 석유로 바뀐 것을 배경으로 영국은 유전을 소유한 아랍인에게도 신경을 써야 해서 유대인의 요구대로 움직이지 못하게 되었습니다.

제1차 세계 대전 중

전쟁 수행을 위한 자금 제공

영국 ⇄ 유대인

팔레스타인에 유대인 국가 건설을 약속(밸푸어 선언), 1917년

↓

유대인의 팔레스타인 이주, 대혼란

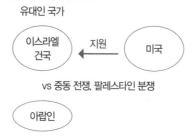

제2차 세계 대전 후(1948년)

유대인 국가

이스라엘 건국 ← 지원 ← 미국

vs 중동 전쟁, 팔레스타인 분쟁

아랍인

이러한 상황에서 제2차 세계 대전이 시작되고 나치의 유대인 박해가 본격화되었습니다. 유대인으로서는 팔레스타인으로 피난하는 것이 가장 긴급한 일이었으나 영국은 팔레스타인의 대립이 격화되는 것이 두려워 이민 제한을 풀지 않았습니다. 유대인은 자기만 생각하는 영국의 태도에 실망하여 그동안 의지해 왔던 영국을 버리고 미국에 지원을 요청했습니다. 유대인은 미국에서 로비 활동을 펼치며 유대인 국가 건설을 지원하겠다는 약속을 받아 냅니다.

영국으로서는 팔레스타인 문제를 감당하기 어려웠습니다. 그래서 제2차 세계 대전 후에는 국제 연합과 미국에 문제를 떠넘겼습니다. 그리고 1948년 국제 연합과 미국의 지원으로 마침내 유대인 국가 이스라엘이 세워졌습니다. 자금력이 풍부한 유대인의 지원을 받은 미국으로서는 유대인 편에 설 수밖에 없었습니다.

현재 전 세계 유대인 인구는 약 1,500만 명이고, 이 가운데 이스라엘에 사는 유대인은 약 600만 명입니다.

팔레스타인 분쟁의 행방

이스라엘이 건국한 뒤 팔레스타인인은 동서의 변두리 지역으로 추방되었습니다. 그 지역의 동쪽이 요르단강 서안 지구웨스트뱅크(West Bank), 서쪽이 가자 지구입니다.

팔레스타인 분쟁은 이집트와 요르단 등의 주변 나라들이 팔레스타인을 지원하고, 미국이 이스라엘을 지원하는 진흙탕 싸움이 되었습니다. 그 사이 정전과 평화 합의를 체결하고 공존의 길을 모색한 적도 있었지만 그때마다 과격파가 대두하며 분쟁이 되풀이되었습니다. 게다가 유대인과 팔레스타인 양 진영에서 주전론전쟁을 내세우는 의견이나 태도을 주장하는 과격파와 평화를 주장하는 온건파가 대립하는 내부 분쟁도 만만치 않았습니다.

과격파의 기세가 강해지거나 온건파의 기세가 강해지는 그때그때 상황에 따라 정국이 소용돌이쳤습니다. 서로 죽이는 데에도 한계가 있지만 친형제를 죽인 숙적 지간에 화해하는 것도 쉽지 않은 일이니까요.

현재 동쪽의 팔레스타인인 지역요르단강 서안 지구은 온건파인 파타Fatah가 주도하고 있어서 이스라엘과 직접적인 분쟁은 일어나지 않고 있습니다.

| 2010년 12월, 유대인 정착촌 건설에 반대하는 팔레스타인인들이 시위를 벌이던 중 이스라엘군의 최루탄 공격을 피해 달아나는 중이다.

하지만 서쪽 팔레스타인인 지역인 가자 지구에서는 2014년 이후로 과격파 하마스^{Hamas}가 주도하여 이스라엘과의 대립이 격화되었습니다. 같은 해에 이스라엘군이 가자에 침공하여 많은 팔레스타인인을 죽인 일이 일어나자 서구에서는 비판의 목소리가 들끓었습니다. 독일, 프랑스, 네덜란드에서는 젊은 사람들을 중심으로 반이스라엘 시위가 일어났고 일부 시위는 매우 과격해지기도 했습니다. 역시 유럽에서는 반유대주의가 뿌리 깊게 남아 있다고 볼 수 있습니다.

이스라엘은 가자 지구를 경제적으로 봉쇄하고 항전을 계속했습니다. 이스라엘의 경제 봉쇄로 생활이 힘들어진 가자 지구 주민의 불만이 높아지자 하마스는 강경 노선을 철회하는 수밖에 없었습니다. 하마스는 가자의 행정 권한을 팔레스타인 자치 정부에 반환하겠다고 표명하고 동쪽의 요르단강 서안 지구에 보조를 맞추며 온건 노선을 취하는 모습을 보였습니다. 하지만 2017년 12월, 트럼프 미국 대통령이 예루살렘을 '이스라엘의 수도'라고 정식 인정하자 팔레스타인 측이 이에 반발하면서 다시 사태가 심각해질 위험에 처했습니다.

Part 5

복잡하게 얽혀 있는
동남아시아의 민족들

인도차이나반도의 여러 나라를 이룬 민족들은 누구일까?

베트남의 영토는 왜 그렇게 길쭉할까?

동남아시아의 민족들은 우리와 어떻게 다를까?

로힝야족이 탄압을 받는 이유는?

동남아시아에 이슬람교가 퍼진 까닭은 무얼까?

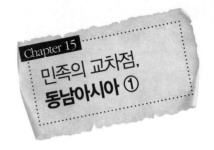

Chapter 15
민족의 교차점,
동남아시아 ①

외국인이 모르는 빈민가의 실태

세계에는 국민 한 사람이 하루에 약 3달러 이하로 생활하는 '최빈국'
이라 불리는 나라가 48개국이나 있습니다[2017년 현재]. 전 세계 나라의 약 4
분의 1입니다. 정식 명칭은 '후발 개발 도상국[LDC, Least Developed Country]'이라
고 하며, 이들 나라 중 미얀마, 캄보디아, 라오스 3개국은 동남아시아
에 있습니다.

2013년 미얀마를 방문했을 때의 일입니다. 미얀마는 2011년 무렵부
터 시장의 대폭적인 자유화로 외국 자본이 유입되면서 활기가 넘쳤습
니다. 경제 수도 양곤 근교에는 공장이 줄지어 생기면서 글로벌 기업
의 간판도 많아졌습니다.

양곤에 사는 사람들의 생활은 다른 동남아시아 나라들과 비교하면

[15-1] 개발 도상국과 후발 개발 도상국

개발 도상국 후발 개발 도상국

가난하다고 할 수 있지만 부랑자가 있는 것이 아니어서 빈곤하다는 느낌은 그리 들지 않았습니다. 하지만 외국인 관광객의 출입이 뜸한 양곤 교외와 지방의 빈민가에 발을 들이면 도심지와는 다른 풍경이 펼쳐집니다. 인간이 사는 곳이라고 믿기지 않을 정도로 허름한 오두막이 늘어선 거리에는 하수도가 없어서 악취가 코를 찌르고 쓰레기 처리장이 없어 여기저기에 쓰레기가 널려 있습니다. 일이 없는 사람들은 그날그날 시간을 때우며 마지못해 살아갑니다. 슬럼가의 도로변에는 아무 데나 사람들이 누워 있는데 죽었는지 살았는지 분간조차 할 수 없습니다. 병원도 없어서 병에 걸리면 목숨을 보장할 수 없습니다.

최빈국의 실상은 이렇습니다. 지방에 토지를 가진 사람은 가난하면서도 목가적인 전원생활을 누릴 수 있지만, 그렇지 않은 사람은 도시 교외의 빈민가에 사는 수밖에 없습니다.

캄보디아와 라오스도 마찬가지로 도시와 관광지는 잘 정비되어 있지만 그 구역에서 한 발자국만 밖으로 나가면 바로 빈민가가 나옵니다. 캄보디아의 수도 프놈펜 교외도 양곤 교외의 빈민가와 다를 바 없이 비참하기 짝이 없습니다. 그들의 생활을 보면 우리가 얼마나 풍요롭게 살고 있는지 실감할 수 있습니다. 우리에게는 당연하게 느껴지는 생활 수준이 어떤 나라 사람들에게는 당연하지 않습니다. 최빈국의 빈민가를 눈으로 직접 확인하면 그 현격한 차이에 놀라 입을 다물지 못할 것입니다.

인도차이나반도인이란 누구인가?

동남아시아인은 몽골로이드 인종입니다. 몽골로이드 인종은 [15-3]와 같이 크게 4개의 어족으로 나뉘는데, 이 가운데 세 그룹이 동남아시아인과 관련된 그룹입니다. 중국-티베트 어족, 오스트로네시아 어족, 오스트로아시아 어족입니다.

동남아시아의 복잡한 민족 구성을 이해하려면 인도차이나반도와 인도네시아 등의 도서부로 나누어 생각해 보는 것이 좋습니다. 먼저 반도 지역부터 살펴봅시다.

인도차이나반도의 '인도차이나'는 인도와 차이나^{中國}의 중간에 있다고 해서 붙은 이름입니다. 참고로 인도네시아의 '네시아^{nesia}'는 '제도^{諸島}

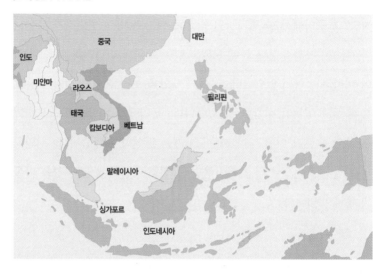

島'를 의미하는 접미어입니다. 유럽인이 '인도의 맞은편에 있는 섬들'이
라는 의미로 이렇게 이름 지었습니다.

인도차이나반도에는 중국-티베트 어족과 오스트로아시아 어족, 두
그룹이 있습니다. 미얀마에서만 중국-티베트 어족이 다수를 차지하고
그 외의 나라들은 오스트로아시아 어족이 다수를 차지합니다.

중국-티베트 어족은 중국인과 동류이기 때문에 미얀마인은 중국인
과 티베트인의 혼혈 인종으로 봅니다. 중국-티베트 어족이 외래 어족
인 반면 오스트로아시아 어족은 반도 지역에 원래 살던 진짜 원주민입
니다. 그리고 오스트로아시아 어족의 중심을 이루는 민족이 크메르인
캄보디아인입니다. 12세기, 크메르인은 인도차이나반도 지역의 한가운데에

[15-3] 동유라시아의 주요 어족 (인종 : 몽골로이드)

알타이 어족	····· 몽골인, 만주인, 터키인
중국-티베트 어족	····· 중국인, 티베트인, 미얀마인
오스트로네시아 어족	····· 타이완, 동남아시아의 도서부
오스트로아시아 어족	····· 동남아시아의 인도차이나반도

(타이 어족을 포함할지 말지에 관한 다른 의견이 있음)

동남아시아아 관련된 어족

앙코르 와트를 건설하고 강대한 힘을 과시했습니다.

[15-4]의 분포도를 보면 외부에서 온 중국-티베트 어족과 이 지역에서 옛날부터 살았던 오스트로아시아 어족으로 나뉘어 사는 것처럼 보이지만, 실제로는 이렇게 흑백으로 확 갈리지 않는 것이 현실입니다. 반도 지역의 원주민인 크메르인만이 캄보디아에서 거의 순수한 혈통을 유지하고 있으며, 그 외 베트남과 타이의 경우는 중국인과 인도네시아인이 대거 이주하며 오스트로아시아 어족으로서의 순수한 혈통을 잃고 외부에서 온 민족과 피가 섞이게 되었습니다.

베트남 북부에 중국인이 이주해 왔습니다. 그래서 긴 세월 동안 한자 문화권에 속하게 되죠. 베트남 남부에는 인도네시아인 일파인 참파인참인이 이주하여 인도네시아 문화를 들여왔습니다. 타이에도 중국인이 밀려들어 와 이 지역에 살던 크메르인과 섞이게 됩니다.

[15-4] 인도차이나반도의 두 어족

인도
방글라데시
중국
미얀마
라오스
대만
태국
캄보디아
베트남
말레이시아
말레이시아

오스트로아시아 어족
중국-티베트 어족

요컨대 캄보디아의 크메르인만이 순수한 오스트로아시아 어족^{인도차이나반도인}이며 그 외의 반도인은 전부 외래 민족의 피가 많이 섞였다고 볼 수 있습니다.

| 앙코르 와트 대회랑의 벽에 새겨져 있는 크메르인과 참파인의 전투 장면

전성기를 맞은 12세기의 크메르 왕조

크메르인킴보디아인은 동남아시아 중에서 가장 근면한 민족이었습니다. 앙코르 유적지의 치밀한 건조물들이 이를 증명해 줍니다. 앙코르 유적은 타이의 아유타야 유적 등과 비교해도 건축의 견고함, 장식의 섬세함이 월등하게 뛰어납니다. 아유타야 유적은 벽돌로 만들어진 조잡한 건조물에 불과하지만 앙코르 유적은 사각 모양의 돌을 하나하나 공들여 갈고 그것을 아치형으로 짜 맞추는 등 수준 높은 세공 기술로 만들어졌습니다.

인도차이나반도 최초의 통일 왕국은 메콩강 하류 지역의 '부남扶南'입니다. 부남은 크메르인의 나라로, 캄보디아를 중심으로 말레이반도의 일부에까지 영토를 확대하여 인도와 중국의 해상 무역 중계지로서 1세기 무렵부터 힘을 키웠습니다. 이 무렵 메콩강의 중·하류 지역에서 크메르인의 '진랍眞臘'이 세워집니다. 진랍은 원래 6세기에 부남에서 독립

한 나라였는데, 7세기에 부남을 멸망시킵니다. 그리고 8세기에 북쪽의 육진랍陸眞臘과 남쪽의 수진랍水眞臘으로 분열되었다가 9세기 초에 자야바르만 2세에 의해 다시 통일되면서 크메르 왕조앙코르 왕조가 됩니다.

12세기 전반에 왕 수르야바르만 2세는 동쪽에서 남베트남의 참파, 서쪽에서는 미얀마와 전쟁을 치르며 크메르 왕조의 판도를 확장했습니다. 그의 시대에 인도차이나반도 대부분이 크메르 왕조의 영토가 되면서 크메르는 전성시대를 맞았습니다.

수르야바르만 2세는 막대한 부를 쌓고 앙코르 와트Angkor Wat, '왕도의 사원'이라는 의미를 짓습니다. 왕은 참파의 수도 비자야를 공략하던 당시 참파인과 치른 전투를 앙코르 와트의 벽에 새겼습니다. 오늘날에도 앙코르 와트 대회랑에 가면 이 벽화를 볼 수 있습니다.

왕도 앙코르의 번영과 멸망

앙코르 와트는 19세기 후반 프랑스인 박물학자 앙리 무오Henri Mouhot가 '발견'(어디까지나 프랑스의 입장에서의 발견)할 때까지 정글 깊숙한 곳에 방치되어 있었습니다. 정글 안에서 나타난 앙코르 와트의 거대 유적을 보고 프랑스의 '발견자'들은 "이게 뭐야!" 하고 몹시 놀랐겠죠.

앙코르 와트를 건설하는 거대한 프로젝트에는 35년에 걸쳐 약 1만 명의 사람이 동원되었습니다. 건설 종사자와 그 가족에게 충분한 식량

| 앙코르 와트. 오랜 세월 밀림에 묻혀 있던 앙코르 와트는 나비를 채집하러 캄보디아의 밀림 깊숙이 들어갔던 프랑스인 박물학자 앙리 무오에 의해 1860년에 발견되었다.

을 공급하기 위해 광대한 수전水田도 개발했습니다. 앙코르 유적지 주변에는 저수지와 수로 등 당시의 고도로 발달한 수리 기술을 엿볼 수 있는 흔적이 남아 있습니다. 풍부한 식량 생산은 도시 인구의 증가를 가져와 최전성기에는 약 40만 명이 왕도王都 앙코르에서 살았다고 추정됩니다.

크메르인은 씨족·혈족 중심으로 사회를 형성했는데, 그들을 하나의 왕국 국민으로 통합시키기 위해 종교의 힘이 필요하게 되었습니다. 마침 그때 인도에서 일어난 힌두교는 동남아시아 전역에 보급되며 열렬한 신자를 모으고 있었습니다. 힌두교 신앙은 자연 신앙이 강했던 밀림 사람들에게 쉽게 받아들여졌습니다. 왕은 신의 영광을 이 세상에 널리 알리고, 그 위대함을 증명하기 위해 앙코르 와트라는 거대 사원을 건설했습니다.

힌두교를 신봉했던 크메르인의 영향으로 앙코르 와트는 원래 힌두교 사원이었으나 자야바르만 7세 시대에 불교 사원이 됩니다. 자야바르만 7세는 12세기부터 13세기 초 앙코르 와트를 중심으로 왕도 앙코르 톰Angkor Thom, '위대한 도시'라는 의미을 지었습니다. 앙코르는 인도차이나반도의 한가운데 위치하여 동쪽은 베트남, 서쪽은 타이·미얀마, 남쪽은 남중국해, 북쪽은 라오스·중국에 이르는 교통의 요충지였습니다.

강대한 힘을 자랑하던 크메르 왕조도 13세기에 몽골 원 왕조의 침입을 받아 쇠퇴하기 시작하더니 15세기에 결국 타이인아유타야 왕조의 침공으로 멸망하고 말았습니다.

독립 의식이 강한 베트남인

베트남의 원주민은 원래 오스트로아시아 어족으로 크메르인캄보디아인과 동일한 계열의 일파였습니다. 하지만 바다에 면한 베트남은 외래 민족의 침입이 빈번했기 때문에 원주민의 순수한 혈통을 유지하지 못했습니다.

2세기 말, 베트남 남부를 중심으로 참파가 건국됩니다. 참파는 오스트로네시아 어족의 인도네시아인 일파인 참파인참인이 세운 나라입니다. 중국의 사서에는 15세기 후반까지 1,000년이 넘게 유지되어 온 참파를 '임유', '환왕', '점성'이라는 이름으로 기록해 놓고 있습니다. 당 중기까지는 임유라고 불리다가 그 후 일시적으로 환왕으로 불리기도 했으나, 당 말기에는 점성으로 불리게 됩니다.

베트남 북부에는 중국인이 대거 이주하여 중국 문화를 들여왔습니다. 북부는 진의 시황제 이후 중국 왕조의 지배를 받으며 한자 문화권에 속하게 되었고, 유교와 과거 제도도 받아들였습니다. 오늘날에도 북부 베트남인과 남부 베트남인의 생김새가 다르다는 것을 느낄 수 있습니다. 하노이를 비롯한 북쪽 도시에는 중국인처럼 생긴 사람이 많은 반면 호치민^{사이공}을 비롯한 남쪽 도시에는 전형적인 동남아시아 사람처럼 생긴 사람이 많습니다.

10세기에 당이 멸망한 뒤 북부 베트남에서는 독립의 움직임이 강해지며 최초의 독립 국가인 리 왕조_{李朝, 1009년 이공온(李公蘊)이 세웠고 국호를 대월(Dai Viet, 大越)이라 했으며 1225년까지 베트남 최장기의 왕조를 유지했다._역주}가 세워졌습니다. 이어서 북부 베트남인이 세운 왕조로 교체됩니다. 이렇게 베트남 왕조는 두 왕조가 바뀌는 동안 중국의 침입을 막고 독립을 유지합니다.

북부 베트남은 중국에서 인도차이나반도로 들어서는 입구에 있는 지정학상의 요충지입니다. 이 요충지에 있던 베트남 왕조는 밀림을 무대로 펼치는 게릴라전을 특기로 하여 중국 군대를 물리쳤습니다. 그 덕에 인도차이나반도는 중국의 지배하에 들어가지 않게 되었습니다. 그런 면에서 베트남 왕조의 공적이 아주 크다고 할 수 있습니다.

북부 베트남의 첫 통일 왕조인 리 왕조는 송 왕조의 침입을 막고 강대한 세력을 자랑했습니다. 하지만 13세기에 차츰 쇠퇴하더니 1225년에 쩐 왕조陳朝(진조)로 교체됩니다. 쩐 왕조는 일족의 무장 쩐흥다오陳興道(진흥도)의 활약으로 원 왕조 쿠빌라이의 세 번에 걸친 침입을 막아냅니다. 쩐흥다오는 오늘날에도 베트남 민족의 자랑으로 꼽힙니다. 원 왕조를 격퇴하고 민족의식이 고양되자 베트남인은 한자를 바탕으로 베트남 문자 쯔놈字喃(자남)을 제작합니다.

하지만 강대한 세력을 자랑하던 쩐 왕조도 1400년 권신權臣에 왕위를 빼앗기고 멸망합니다. 그 후, 명나라 영락제의 침공으로 베트남 북부가 함락되면서 이곳은 잠시 중국의 지배를 받게 됩니다. 영락제는 한화 정책을 강제하고 소금을 전매로 하여 무거운 세금을 부과했으므로 베트남 각지에서 반란이 일어납니다. 이때 쩐 왕조의 무장이었던 레러이黎利(려리)가 명나라에 대한 반란을 주도하며 새롭게 등장합니다. 레러이는 18명의 동지와 함께 명나라를 상대로 게릴라전을 시작합니다. 그 사이 차츰 동조하는 세력이 늘어 18명이던 동지는 20만 명으로 늘어납니다. 레러이는 영락제가 죽은 뒤 명나라 군대를 베트남에서 몰아내고 1428년에 하노이에서 즉위하여 '여조대월黎朝大越'을 건국합니다. 왕이 된 후에는 유학朱子學을 장려하고 명나라와의 관계 수복에도 힘썼습니다.

왜 베트남은 남북으로 긴 모양인가?

레러이가 세상을 뜬 후에도 레 왕조는 확대를 계속하여 1471년에 남 베트남의 참파를 정복합니다. 이때 남북 베트남이 통일됩니다. 중국계 가 많은 북부인과 인도네시아계가 많은 남부인과의 혼혈도 이루어져 신생 베트남인이 탄생했습니다. 이때 민족의 통일과 함께 베트남 국가 의 영토 범위도 책정되며 오늘날의 베트남에 이르게 됩니다.

베트남의 영토는 남북으로 가늘고 긴 모양을 하고 있습니다. 보통 국가의 영토란 둥그런 덩어리 모양이 되기 마련인데, 어째서 베트남은 가늘고 긴 장방형이 된 것일까요?

원래 베트남은 하노이를 중심으로 하는 평야 지대였고 그 영역을 북 부의 통일 왕조가 지배했습니다. 영토를 서쪽으로 확장하려면 라오스 지역으로 침입해야 하는데 그 사이에는 밀림으로 뒤덮인 산악 지대가 있어서 넘어가기가 수월하지 않았습니다. 한편 해안 평야 지대를 이동 하는 것은 용이했습니다. 연안 지역은 선 모양으로 연결되어 있었습니 다. 메콩강 하류 지역의 평야 지대에는 참파인이 살았고 북부의 베트 남 왕조와는 민족이 달랐으며, 문화 역시 달랐습니다. 남부의 참파는 원래 베트남과는 다른 별개의 독립된 영역이었습니다.

레 왕조가 15세기에 참파를 병합하자 이때 처음으로 참파는 베트남 의 일부에 편입됩니다. 이렇게 북부의 하노이 평야 지대와 메콩강 하 류 지역이 선상의 연안 지대로 연결되면서 베트남의 가늘고 긴 영토

가 형성된 것입니다.

강력한 세력을 자랑하던 레 왕조도 16세기 이후에 내분이 일어나며 쇠퇴하기 시작해서 18세기 말에 멸망합니다.

1802년, 레 왕조의 중신 일족이었던 응우옌阮(완) 가문에서 응우옌푹 아인阮福映(완복영)이라는 인물이 등장하여 응우옌 왕조阮朝(완조)를 건국하고 도읍을 베트남 중부의 유에後에로 정합니다. 응우옌 왕조는 정권의 기반이 취약하여 중국의 청 왕조를 종주국으로 인정하고 보호를 받았습니다. 응우옌 왕조 시대에 베트남인은 중국으로부터 독립적 지위를 잃게 됩니다. 그리고 19세기 후반부터는 프랑스의 식민지가 됩니다.

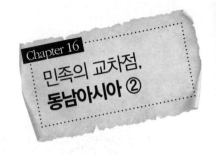

타이인은 누구인가?

인도차이나반도의 한복판에 위치한 타이^{태국}는 광대하고 비옥한 평야 지대를 영토로 하는 아시아에서 가장 풍요로운 땅입니다. 타이는 예로 부터 크메르인^{캄보디아인}이 지배하는 영토였습니다. 타이인이 원래 그곳에 살았던 것이 아니라 8세기 무렵 중국 남부의 쓰촨四川(사천), 윈난雲南(운남)에 살던 중국계가 남하하여 차츰 크메르인 등과 피가 섞이면서 타이인이 되었습니다. 13세기, 몽골인이 윈난으로 침입하며 윈난에 살던 중국 계가 또다시 대거 타이로 남하하여 큰 세력을 형성합니다. 이렇게 타 이인의 혈통에는 중국계가 유입될 수밖에 없었습니다.

타이는 '샴^{Siam}'이라고 불리기도 합니다. 타이는 타이 국민이 스스로 를 부르는 호칭이고, 샴은 다른 민족이 부르는 이름입니다. 샴은 크메

| 타이의 수도 방콕의 전경. 휘돌아 흐르는 차오프라야강을 끼고 고층 빌딩이 즐비하다.

르어로 '거무스름한'이라는 뜻인데 모멸의 의미가 담겨 있었습니다. 타이인은 이 샴이라는 호칭을 피해서 스스로를 타이라고 부르게 됩니다. 타이^{thai}란 말은 중국어 '다이^{大(대)}'의 발음이 와전된 것으로 보입니다. '다이렌^{大人(대인)}'이라는 중국어에서도 알 수 있듯이 '다이'에는 '훌륭한'이라는 의미가 있는데 그것이 변하여 '노예가 아닌 자유인'이라는 뜻이 되었습니다. 1939년, 당시의 수상 피분^{Plaek Phibunsongkhram}이 국호를 '타이국^{Thailand, 태국}'으로 정합니다. 이때 그는 '타이'는 '자유로운 사람들의 나라'라는 의미라고 설명했습니다.

1257년, 타이인은 타이 북부에 최초의 통일 왕국인 수코타이 왕조를 건국합니다. 수코타이 왕조의 제3대 왕 람캄행^{Ramkhanhaeng}이 다스리던 시대에 중국에서는 몽골의 원 왕조가 강대한 세력을 자랑했습니다. 람캄행은 원 왕조에 대항하기 위해 타이인의 단결을 외칩니다. 또 몽골인에게 쫓겨 타이로 도망친 윈난 출신의 중국계를 흡수하여 수코타이 왕조의 세력 확대를 꾀합니다.

하지만 여전히 타이인은 동쪽의 크메르인^{앙코르 왕조}이나 서쪽의 미얀마인^{파간 왕조}과 같은 강한 힘은 없었습니다. 그래서 원 왕조는 유복했던 앙코르 왕조와 파간 왕조를 우선적으로 노리느라 타이의 수코타이 왕조는 침공하지 않았습니다.

몽골의 침공으로 캄보디아와 미얀마가 쇠퇴하는 한편 상대적으로 타이의 지위가 높아지면서 동남아 일대에서 서서히 부상합니다. 람캄행은 타이인의 민족의식을 고양시키기 위해 크메르 문자를 개조하여 타이 문자를 만듭니다. 이로써 타이 문자와 타이어를 쓰는 타이인이라는 민족의 경계가 확실하게 정해집니다.

‘대인도차이나’를 실현한 민족의 융합

1350년, 수코타이 왕조의 남부에 있던 유력 제후 라마티보디^{Rama Thi-bodi}는 수코타이 왕조가 쇠퇴한 틈을 노려 쿠데타를 일으키고 아유타야^{Ayutthaya} 왕조를 열었습니다. 태국의 아유타야 왕조는 13세기에 몽골의 침입을 받고 쇠퇴한 캄보디아와 미얀마를 대신하여 힘이 강해졌습니다. 아유타야 왕조는 말레이반도도 지배하며 말라카 해협에도 진출하여 활발하게 남중국해와 인도양의 교역을 하며 발전했습니다.

아유타야 왕조는 1431년, 캄보디아의 앙코르 왕조를 멸망시키고 나아가 미얀마에도 진출해서 인도차이나반도 전 지역을 지배하며 패권을 장악했습니다. 아유타야 왕조의 전성기에 인도차이나반도 사람들의 교류와 이동이 급증하면서 민족 간의 혼혈이 이루어졌습니다. 타이를 중심으로 한 이 커다란 물결은 '큰 인도차이나'라고 부를 수 있는 융합의 원동력이 되었습니다. 미얀마인과 캄보디아인, 타이인의 용모가 비슷해진 것이 바로 이 시대입니다. 또 아유타야 왕조는 16세기에 포르투갈과의 교역을 비롯하여 대항해 시대의 조류를 타고 막대한 부를 축적했습니다.

1569년 아유타야 왕조는 미얀마 퉁구 왕조^{버마족인 타빈슈웨티가 분열되어 있던 파간 왕조의 영토를 통합하고 1531년 바고를 왕도로 하는 퉁구 왕조를 세웠다. _역주}의 침략을 받아 15년간 지배당했는데, 16세기 말에는 세력을 회복하여 거꾸로 미얀마를 침공했습니다. 수도인 아유타야는 동남아시아 국제 상업의 중심지로서 번영을 누렸고, 니혼마치^{日本町(일본정). 17세기 초기에 동남아 각지에 진출한 일본인의 집단 거류지를 가리킨다. _역주}도 건설되어 야마다 나가마사^{山田長政(산전장정), 아즈치모모야마 시대에서 에도 시대 초기의 일본인 모험가로 샴(현재의 태국) 왕국으로 건너가 정착했으며, 그곳의 일본인 거류지를 중심으로 동남아시아에서 활약했다. _역주}를 비롯한 일본인이 이주하여 살았습니다.

하지만 18세기에 열강들의 신장에 위기감을 느낀 왕이 쇄국 정책을 취하면서 나라가 쇠퇴했고, 1767년 미얀마 꼰바웅 왕조의 공격을 받아 멸망합니다.

아유타야 왕조가 멸망한 뒤 1782년에 아유타야 왕조의 무장 차끄리가 타이인 세력을 규합하여 차끄리 왕조^{방콕 왕조}를 건국하고 이 왕조가 오늘날까지 이어집니다.

산악 지대이자 밀림 지대인 라오스에는 타이인의 분파인 라오스인이 살았습니다. 14세기에 라오스를 중심으로 하는 란쌍 왕국이 성립하여 불교 문화가 번성했습니다. 하지만 18세기 후반, 왕위 계승 문제를 둘러싸고 란쌍 왕국은 분열되었습니다.

미얀마의 선주민 퓨인과 몽인

'미얀마'와 '버마'는 어떻게 다를까요? 예로부터 글말^{문어}로는 미얀마가 쓰이고 입말^{구어}로는 버마가 사용되었습니다. 국제 사회에서는 구어를 영어화한 'Burma^{버마}'가 일반적으로 쓰이고 한국과 일본에서도 버마라 불렀습니다. 그러다가 미얀마의 군사 정권이 1989년 국호를 문어인 미얀마로 통일한다고 선언한 이후로 미얀마가 쓰이게 되었습니다.

미얀마를 흐르는 이라와디강^{에야와디강} 중류에는 선주민 퓨인이 살았고, 하류에는 몽인이 살았습니다. 퓨인과 몽인은 크메르인과 마찬가지로 인도차이나반도의 원주민 오스트로아시아 어족에 속합니다.

8~9세기 무렵 티베트계와 중국계의 혼혈 민족이 미얀마로 남하하여 독자적인 세력권을 형성했습니다. 이 혼혈 민족이 세간에서 말하는 미얀마인입니다. 미얀마인이지만 그들은 원래 미얀마에 살던 민족이 아니라 외래의 혼혈 민족입니다. 11세기 미얀마인 아나우라타가 퓨인, 몽인과 함께 통일 국가 파간 왕조를 건국합니다. 아나우라타는 퓨

[16-1] 중세 미얀마의 민족 분포

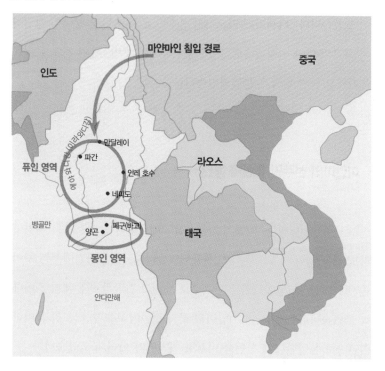

인과 몽인이 믿던 불교를 보호하고 몽 문자를 개량하여 미얀마어로 삼
았습니다. 또 퓨인에게서 고도로 발달된 건축 기술과 농업 기술을 흡
수했습니다.

　중세 이후 미얀마에서는 외부에서 온 미얀마인이 다수파를 차지하
고 원주민인 퓨인과 몽인을 지배합니다. 하지만 퓨인과 몽인은 고도로
발달된 문명을 보유하고 있었으므로 미얀마인은 문자와 문화 면에서
퓨인과 몽인에게 의지해야 했습니다.

퓨인은 미얀마인에게 동화되었으나 몽인은 미얀마인의 지배를 받으면서도 독립적으로 공동체를 유지하며 미얀마인에게 대항했습니다.

민족 융합의 산물, 파간 유적

파간 왕조는 수도 파간에 장대하면서도 웅장하고 화려한 불교 유적을 남겼습니다. 파간이라는 이름은 '퓨인의 촌락^Pyu villages'을 의미하는 '퓨가마^Pyu-gama'에서 유래했습니다. 참고로 파간을 '바간'으로 표기하는 것이 일반적이지만, '퓨가마'라는 원래 의미를 기려서 '파간'으로 표기하는 것이 바람직할 것입니다.

파간 유적은 캄보디아의 앙코르 와트, 인도네시아의 보로부두르^Borobudur와 함께 세계 3대 불교 유적의 하나로 꼽힙니다. 약 40제곱킬로미터나 되는 광대한 지역에 약 3,000개가 넘는 파고다^불탑와 사원 유적이 점점이 세워져 있습니다. 이처럼 규모가 거대한 유적지이지만 파고다를 복구하는 방법에 문제가 있어서 세계 유산으로 인정받지 못했습니다.

파간이 '퓨인의 촌락'을 의미하듯이 파간 유적지에서는 미얀마 원주민 퓨인의 세계관이 잘 드러납니다. 퓨인은 4세기부터 이라와디강 중류 지역 일대에 많은 성곽 도시를 이루고 살았습니다. 인도와의 무역으로 번성하였으며, 중국의 사서에는 '표驃'라는 이름으로 기록되어 있

| 파간 유적지. 수천 개의 불탑이 광대한 지역에 흩어져 있다. 캄보디아의 앙코르 와트, 인도네시아의 보로부두르와 함께 세계 3대 불교 유적지로 꼽힌다.

습니다. 강대함을 자랑했던 퓨인의 세력은 중국 남부의 '남조南詔'라는 나라의 공격을 받고 쇠망하게 됩니다.

남조는 티베트인이 세운 나라로, 중국 당 왕조와 동맹을 맺고 쓰촨, 윈난과 무역을 하면서 발전했습니다. 이 남조에서 미얀마인이 파생되었습니다. 미얀마인이 티베트계와 중국계의 혼혈 민족으로 여겨지는 이유가 여기에 있습니다. 그리고 11세기에 미얀마인은 아나우라타를 따라 오늘날의 미얀마 전 지역을 지배하며 파간 왕조를 건국하게 됩니다.

미얀마인은 몽인의 언어로 새겨진 비문에서 Mirma미르마라고 표현되는데, 이 말에는 '강하다'라는 뜻이 있다고 합니다. 미르마가 변해서 미얀마가 되었습니다.

미얀마인은 원주민 퓨인의 수준 높은 건축 기술을 높이 사서 그들을 적극적으로 등용하고 회유했습니다. 그리고 대규모 공공사업을 일으켰습니다. 퓨인은 미얀마인의 뛰어난 행정 능력에 의존하며 미얀마인에게 협력했습니다. 그 결과, 장대한 파간의 불교 사원과 파고다가 건설되었습니다. 건설에 참여하며 퓨인은 생활 양식을 습득한 동시에 신앙심을 채울 수 있었고, 미얀마인은 장대한 건축물을 세워 강력한 힘을 과시함으로써 국가의 안정을 꾀할 수 있었습니다. 이렇게 볼 때, 파간 유적은 외래의 미얀마인과 원주민 퓨인이 융합한 산물이라고 말할 수 있습니다.

로힝야족 문제의 뿌리는?

파간 왕조는 약 250년 동안 지속되다가 1287년 쿠빌라이의 공격을 받고 멸망합니다. 이후 미얀마는 타이 아유타야 왕조의 지배를 받다가 16세기 전반에 퉁구 왕조를 열었습니다. 퉁구 왕조는 미얀마 남부의 페구^{바고}를 도읍으로 하여 번성하다가 1752년에 몽인의 반란으로 멸망합니다. 퓨인이 이른 시기부터 미얀마인에 동화된 것에 비해 몽인은 미얀마인에 저항하고 그들을 적대시했습니다.

같은 해 미얀마인은 무장 아라운파야의 주도로 몽인을 격퇴하고 정권을 되찾은 후 아라운타야가 왕이 되어 꼰바옹^{아라운파야} 왕조를 창시합

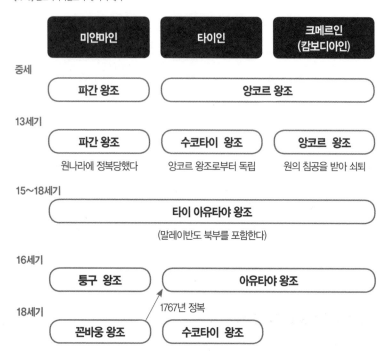

[16-3] 인도차이나반도의 세 가지 세력

니다. 강대해진 꼰바웅 왕조는 아라운타야의 자손이 통치하던 1767년에 400년 이상 지속되던 타이의 아유타야 왕조를 멸망시킵니다.

이 무렵 영국의 인도 지배가 본격화되고 영국 자본이 유입되면서 인도 경제가 융성해졌습니다. 경기 파급 효과로 인해 인접 국가인 미얀마의 꼰바웅 왕조도 급격하게 힘이 커집니다. 하지만 19세기에 들어서서 결국 영국의 식민지가 되고 말죠. 현재 문제가 되고 있는 로힝야 난민은 이 꼰바웅 왕조 시대인 18세기에 그 뿌리가 있습니다.

미얀마 서부의 라카인주에는 이슬람교 신자인 인도계 로힝야족이 살고 있었습니다. 18세기 후반 꼰바웅 왕조가 라카인주를 병합하자 탄압을 두려워한 로힝야족은 방글라데시 방면으로 도피합니다.

그런데 19세기 영국의 침공으로 꼰바웅 왕조가 멸망하자 방글라데시로 도피했던 로힝야족은 미얀마의 라카인주로 돌아옵니다. 이때 라카인주에 사는 사람들과 로힝야족이 분쟁을 시작하면서 대립 상황이 발생했습니다. 이 대립은 이슬람교와 불교 사이의 종교 전쟁 성격을 띠며 격화되어 오늘날에 이릅니다.

미얀마 정부는 로힝야족을 방글라데시에서 이민 온 것으로 간주하고 미얀마 국민으로 인정하지 않고 있습니다. 2017년 여름, 로힝야족으로 간주되는 무장 집단이 경찰 시설을 습격하자 미얀만 군대가 반격에 나섰습니다. 이때 미얀마 군대에 박해를 받은 약 40만 명의 로힝야족이 방글라데시로 피난길에 오르며 사태가 수렁으로 빠져들게 되었습니다.

인도네시아 보로부두르 유적의 재원

인도네시아를 중심으로 하는 도서부에는 오스트로네시아 어족이 널리 분포해 있습니다. 인도네시아, 말레이시아, 부르나이, 필리핀 남부 등이 오스트로네시아 어족에 속합니다. 오스트로네시아 어족이 사는 지역은 반도 지역의 오스트로아시아 어족과 비교할 때 적도에 가까워서 피부색이 검으며 체격과 골격이 단단하고 다부집니다. 얼굴에 살이 없어서 앙상해 보이고 윤곽이 뚜렷한 것이 특징입니다. 열대 정글에서 살아온 씩씩한 기백이 느껴지는 용모입니다.

오스트로네시아 어족이 역사에 남긴 큰 업적은 보로부두르 사원을 건설한 것입니다. 보로부두르 유적이란 피라미드 모양으로 생긴 세계 최대 규모의 불교 사원으로, 인도네시아 자바섬 중부에 있는 석조 유적을 말합니다. 세계 유산에도 등재되어 있습니다.

| 보로부두르 사원. 단일 불교 사원으로는 세계 최대 규모를 자랑한다.

　이 사원을 건설한 왕조는 사일렌드라 왕조라고 합니다. 사일렌드라
에서 산스크리트어^{인도 고대어}로 사일라는 '산', 인드라는 '왕', '지배자'를
의미합니다. 왕조가 멸망한 뒤 보로부두르 사원은 화산탄과 밀림에 묻
혀 사람들의 기억에서 오랫동안 잊혔으나 1814년 영국인 래플스^{Stamford}
^{Raffles}와 네덜란드인 기사 코넬리우스^{Hermann Cornelius}에 의해 발견되어 그 일
부가 발굴되었습니다.

　사일렌드라 왕조는 8세기에 자바섬에 새롭게 유입된 불교를 신봉했
던 나라입니다. 같은 세기 후반 사일렌드라 왕조는 인도차이나반도 해
역에 진출하여 진랍이라 불리던 캄보디아와 베트남 남부의 참파 왕국

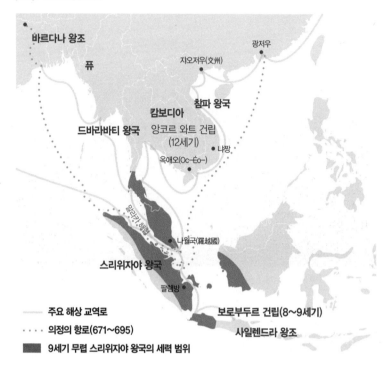

을 공격해 들어갔습니다. 그리고 8세기 중반에서 9세기 사이에 보로 부두르 사원을 건조했습니다. 사일렌드라 왕조는 어떻게 보로부두르 사원과 같은 거대 건축물을 건설할 수 있었던 것일까요? 그 재원은 어 디에서 나온 걸까요?

　사일렌드라 왕조의 성립 경위에 대해서는 문헌 사료가 없어 거의 알 려진 바가 없지만, 크게 두 가지 설이 있습니다. 말라카 해협의 왕국 에서 파생되었다는 설과 자바섬에서 탄생했다는 설입니다. 나는 전자의 설이 더 유력하다고 생각합니다. 자바섬 자체에서 그토록 거대한 사원을 건조할 만큼 부가 축적되었다고 생각할 만한 근거가 없기에 말라카 해협에서 쌓은 부를 자바섬에 들여왔다고 생각하는 편이 자연스럽기 때문입니다.

7세기 말라카 해협의 수마트라섬에 스리위자야 왕국이 건국됩니다. 스리위자야 왕국은 말라카 해협을 지배하며 해상 교역을 통해 발전했습니다. 인도에 간 중국 당의 승려 의정義淨은 7세기 후반에 이 나라를 방문하여 저술한 『남해기귀내법전南海寄歸內法傳』에 스리위자야 왕국을 '실리불서室利佛逝. 수마트라섬을 가리킨다. _역주'라 기록하고 소개합니다. 의정은 '이 불서스리위자야의 마을에는 승려가 천여 명이 있으며, 이들은 학문에 매진하며 열심히 탁발을 한다. 당의 승려로 인도에 가서 공부하려는 자는 여기서 1~2년 머물며 그 법도를 배우고 나서 인도로 가는 게 좋으리라.'라고 적었습니다.

오스트로네시아 어족의 해상 제국

스리위자야 왕국은 인도네시아인과 말레이시아인말레이인으로 이루어진 다민족 국가였습니다. 스리위자야의 스리는 산스크리트어로 '밝게 빛나다'라는 의미이고, 위자야는 '승리'를 뜻합니다. 스리위자야 왕국은 중국 당 왕조의 융성과 함께 대두하여 말라카 해협을 지배하고 인도와 중국을 잇는 해상 무역의 중계 거점으로 발전했습니다.

보로부두르 사원을 건설한 자바섬의 사일렌드라 왕조는 이 스리위자야 왕국의 분파라고 볼 수 있습니다. 두 나라는 혼인과 혈연으로 강하게 맺어졌다고 알려져 있습니다. 아니, 두 나라는 말라카계 세력으로서 한 몸이었다고 보는 견해가 맞을 것입니다.

이 시기 실크 로드의 육상 교역로와 병행하여 말라카 해협을 경유하는 바닷길이 이용되면서 이 지역을 지배하던 말라카계 세력의 힘이 커졌습니다. 보로부두르 사원은 이 해상 교역으로 쌓아 올린 막대한 부를 자금원으로 하여 건설되었다고 볼 수 있습니다. 이는 불교가 스리위자야 왕국을 경유하여 자바섬으로 전파된 것과도 궤를 같이합니다.

당시 자바섬에는 힌두교를 신봉하는 말라카계 세력이 있었습니다. 이 세력은 자바인이 세운 지역 왕국을 몰아내고 사일렌드라 왕조를 세워서 현지에 군림합니다. 이 말라카계 세력은 힌두교를 대신할 새로운 종교로서 자바섬에 불교의 위광을 두루 미치게 하여 자신들의 지배를 정당화시키지 않으면 안 되었습니다. 그래서 만들어진 것이 보로부두르 사원이었을 겁니다.

말라카계 세력이 해상 교역으로 쌓은 부를 통해 역사의 무대에 화려하게 등장한 오스트로네시아 어족은 그야말로 '바다의 민족'이라고 할 수 있습니다. 스리위자야 왕국과 사일렌드라 왕조 등 오스트로네시아 어족의 해상 제국은 인도와 중국이라는 양대 거대 경제권에 편입되어 이들을 잇는 제3의 거대 경제권을 형성했습니다.

이슬람화된 오스트로네시아 어족

사일렌드라 왕조는 보로부두르 사원을 건조한 직후인 9세기부터 쇠퇴하여 수마트라섬의 스리위자야 왕국에 흡수되었습니다. 말라카계 세력은 보로부두르 사원을 건설함으로써 자바섬 지배를 강화하려 했으나 끝내 성공하지 못했습니다.

사일렌드라 왕조가 멸망한 뒤 자바섬에는 힌두 세력을 기반으로 하는 소왕국이 각지에서 대두합니다. 그리고 얼마 뒤 현지 자바인이 다시 정권을 잡았습니다.

왜 강대한 힘을 가졌던 말라카계 세력은 급속도로 쇠퇴한 것일까요? 그 이유는 중국 당 왕조의 쇠퇴와 깊은 관계가 있습니다. 875년, 당에서 안사의 난이 일어납니다. 국내의 혼란으로 당의 해상 교역량이 격감하면서 덩달아 말라카계 세력의 수익도 줄어들게 되었습니다. 이렇게 해서 사일렌드라 왕조는 멸망했으나 본체인 스리위자야 왕국은 이후에도 존속합니다. 하지만 13세기 들어 이슬람 상인이 말라카 해역에 진출함으로써 스리위자야 왕국은 해상 무역의 독점권을 잃고 14세기에 소멸되고 맙니다.

14세기 말에는 말라카계의 이슬람화가 진행되었고 이들은 스리위자야 왕국이 지배하던 영역을 승계하여 이슬람교를 국교로 하는 말라카 왕국을 건국합니다. 말라카 왕국은 동남아시아 최초의 이슬람 국가였습니다. 말라카 왕국은 동남아시아 무역의 중심지인 말라카 해협을 배

[16-6] 말라카 해협 위치

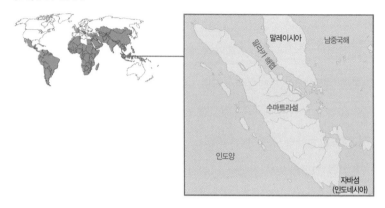

경으로 번영을 누립니다. 말라카 왕국은 중국의 명에 조공하고 원조를
얻어 냄으로써 타이 아유타야 왕조의 남하를 막았습니다. 말라카 왕국
은 이슬람교를 기반으로 인도와 중동, 아프리카 동해안을 이으며 아시
아의 해상 교역을 지배하고 강대한 왕국으로 발전해 갑니다.

　말라카 왕국의 영향으로 필리핀 남부의 민다나오섬과 자바섬에 이
슬람교가 전파됩니다. 자바섬에는 이슬람의 해항海港 도시가 형성되고
이슬람교가 내륙 지대에까지 퍼지면서 16세기에 건국되는 이슬람교
국가 마타람 왕국의 기반이 형성되었습니다.

　말라카 왕국은 15세기 후반에 최전성기를 맞이하여 말레이반도 남
부 전역과 수마트라섬 동부에 이르는 거대한 세력을 형성하지만, 1511
년 포르투갈인이 말라카를 점령하면서 소멸되었습니다. 나아가 17세
기에는 네덜란드가 진출하면서 자바섬도 식민 지배를 받게 됩니다.

Part 6

미국과 아프리카,
민족에 새겨진
침략과 대립의 상흔

아메리카의 인디언은 정말로 아시아에서 건너간 것일까?

번성했던 잉카 제국과 아스테카 왕국은 어떻게 멸망했을까?

모든 인류는 흑인에서 출발했을까?

현생 인류의 조상인 호모 사피엔스는 어떤 존재일까?

노예 무역이 금지된 것은 인권의식이 높아졌기 때문일까?

백인 우월주의는 정체는 무엇인가?

인디언은 정말로 아시아에서 온 것일까?

아메리카 대륙의 선주민 인디언은 몽골로이드로, 아시아와 북아메리카가 육지로 연결되어 있을 때 베링 해협Bering Strait, 유라시아 대륙 동단인 시베리아와 북아메리카 대륙 서단인 알래스카 사이에 있는 해협_역주을 통해 아시아에서 북아메리카로 이주했다고 추정됩니다. 아메리카 대륙에는 유인원이 살았던 흔적이 발견되지 않고 인류의 진화 과정을 보여 주는 화석이나 뼈도 발견되지 않아서 인류가 다른 대륙에서 이동해 왔다고 볼 수밖에 없는 것입니다. 그리고 실제로 지금으로부터 약 3만~2만 년 전 빙하기에 해면이 낮아져서 베링 해협이 아시아와 아메리카를 연결했다는 사실도 확인되었습니다. 그 시대에 인류는 유라시아 대륙에서 아메리카 대륙으로 걸어서 건너간 것입니다.

| 에스키모 어린이. 몽골로이드의 외모적 특징이 잘 나타난다.

그런데 빙하기에 베링 해협^{당시에는 지협}을 걸어 이쪽에서 저쪽 대륙으로 이동한 것이 가능한 일일까요? 그보다는 아메리카 대륙에 원래부터 인류가 살았던 건 아닐까요? 그게 사실이라면 오늘날까지도 인류 진화의 흔적이 발견되지 않은 이유는 무엇일까요?

문명인의 발길이 닿지 않은 아마존 밀림 지대에는 오늘날까지도 현대 문명과 접촉하지 않고 살아가는 부족이 상당수 살고 있습니다. 혹시 그들은 원래부터 아마존에 살던 원주민이 아닐까요? 그렇다고 한다면 인디언이 아마존에서 발생했다고 볼 수 있지 않을까요? 이 부분에 관해서는 여전히 검증되지 않은 부분이 많습니다.

하지만 학계에서는 인디언의 조상이 아시아에서 베링 해협을 건너 아메리카 대륙으로 향했다는 것이 정설이 되어 있습니다. 유전학상으로도 인디언은 몽골로이드계의 특징이 명확하기에 그들이 베링 해협을 건넜다는 정설에 힘을 실어 줍니다. 또한 알래스카와 캐나다 북부에는 몽골로이드계 아시아인인 에스키모가 여전히 살고 있습니다. 극한의 땅에 적응해서 살아가는 그들이야말로 약 3만~2만 년 전 베링 해협^{지협}을 건넌 인디언의 후예라고 볼 수 있습니다.

에스키모란 북방 인디언을 가리키는 말로, '(눈 신발의) 망을 짠다'는 의미입니다. 이 말이 근대에 들어와서 '날고기를 먹는 사람'이라는 의미로 와전되었습니다. 에스키모는 극한의 땅에서 채소를 얻지 못하기에 바다표범의 생고기를 먹으며 비타민을 보충했습니다. 어찌됐건 에스키모라는 단어가 그들을 차별하는 말로 여겨지는 경우도 있어서 정식 명칭은 '이누이트'를 쓴다고 합니다. '사람들'이라는 뜻입니다.

에스키모는 극한의 베링 해협^{지협}을 건넌 몽골로이드계 아시아인의 존재를 증명하는 살아 있는 증거입니다.

일부러 좁은 산악 지대에 터를 잡은 이유

유라시아 대륙에서 건너왔다고 추정되는 인디언은 북·남아메리카 대륙의 전 지역으로 퍼져 나갔습니다.

그들은 크게 나누어 두 지역에서 문명을 형성했습니다. 멕시코를 중심으로 하는 메소아메리카^{Messo-America, 멕시코와 중앙아메리카 북서부를 포함한, 공통적인 문화를 가진 아메리카의 구역 _역주} 지역과 페루를 중심으로 하는 안데스 지역, 두 곳입니다. 일반적으로 큰 문명은 큰 강이 흐르는 주변의 비옥하고 광대한 평야 지대에서 번성합니다. 그런데 이 두 지역은 산악 지대라서 평야가 거의 없으며 토지는 메말랐습니다.

베링 해협을 건넌 인디언들은 북아메리카 미시시피강 유역의 '프레리^{Prairie, 북아메리카의 로키산맥 동부에서 미시시피강 유역에 이르는 드넓은 초원을 말한다. _역주}'라 불리는 비옥

[17-1] 아메리카 대륙의 3대 문명권

북아메리카 대륙

멕시코만

서인도 제도

대서양

아스테카 문명

마야 문명

카리브해

태평양

잉카 문명

남아메리카 대륙

한 대평야 지대에 문명을 형성하지 않고 왜 굳이 멕시코와 페루 같은 좁은 산악 지대에 문명을 건설한 것일까요?

인디언은 합리성보다는 종교적인 이유를 우선시했다고 볼 수 있습니다. 산과 호수가 있는 복잡한 지형 속에 자연의 신이 깃들어 있다고 믿었기에 복잡한 지형을 좋아했던 것으로 보입니다. 높은 산에 위치한 마추픽추 유적은 이러한 인디언의 종교적 지향이 드러난 전형적인 예입니다.

메소아메리카 지역과 안데스 지역의 2대 문명권에 인디언이 터를 잡고 살기 시작한 것은 양자 모두 기원전 1만 5000년 무렵으로 추정됩니다. 수렵과 채집을 하는 긴 석기 시대를 지나 기원전 3500년 무렵에는 옥수수, 콩, 감자, 호박 등을 재배하고 농경 시대로 돌입했습니다. 후에 목화를 재배하게 되면서 직물 공예도 시작합니다. 참고로 옥수수, 감자, 토마토, 고추, 피망, 땅콩, 강낭콩은 중남미가 원산지인 채소로, 모두 콜럼버스가 신대륙을 발견한 이후에 중남미에서 전 세계로 퍼진 것입니다.

인디언의 고도로 발달된 기술

농경이 발달하면서 많은 인구를 부양할 수 있게 되자 문명이 형성되고 도시가 탄생했습니다. 기원전 1200년 무렵부터 멕시코만 연안의 올메카 문명이 도시 문명을 형성합니다. 석조 건축물과 그림 문자도 나타났습니다.

기원 전후 무렵부터 멕시코고원에서 테오티우아칸 문명, 유카탄반도에는 마야 문명이 등장합니다. 이러한 문명은 최종적으로 아스테카 문명으로 발전·계승됩니다.

마야 문명은 천문학이 고도로 발달했고 수학, 토목, 건축학, 법률과 예술 등이 꽃을 피웠습니다. 중세 시대에 인디언들이 이렇게 고도로 발달된 기술을 어떻게 습득했는지 많은 의문이 남습니다.

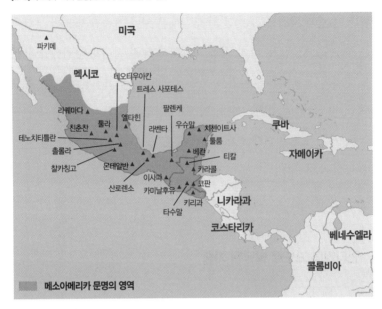

마야 문명의 대표적 유적은 치첸이트사 유적입니다. 마야 문명은 9~10세기에 쇠퇴하여 아스테카 문명에 흡수됩니다. 기아나 역병이 쇠퇴의 원인이 아닐까 추정합니다.

12세기 중반 무렵 멕시코고원에서는 북부에서 일어난 아즈텍^{치치멕}족이 멕시코에서 세력을 넓히다가 15세기에 아스테카 왕국을 건설했습니다. 수도는 테노치티틀란입니다. 아즈텍족은 마야 문명의 신전, 피라미드, 상형 문자, 태양력을 계승했지만, 철기와 전차는 보유하지 않았습니다. 그리고 1512년, 아스테카 문명은 스페인 정복자 코르테스 Hernan Cortés의 공격을 받고 멸망합니다.

산 제물을 바치는 의식과 잉카 제국의 멸망

기원전 1000년 무렵 페루의 안데스산맥을 중심으로 차빈 문화가 번성하고, 기원전 200년 무렵에는 지상화^{地上畵}, 대지에 그려진 그림. 토양의 표층을 깎아 그림자를 만들어 내는 기법으로 만들어진 것, 돌 등을 쌓아서 만들어진 것 등이 있다. 지오글리프(geoglyph)라고도 한다. _역주로 유명한 나스카 문화를 비롯한 안데스 문명이 등장합니다.

7세기 무렵에는 페루의 중부 고원에 와리 제국이 건국되고 이와 동시에 복수의 도시 문명이 세력을 떨친 것으로 확인되었습니다.

1200년 무렵 페루의 잉카족은 안데스산맥의 모든 부족을 통일하고 15세기 후반에 잉카 제국을 건국하며, 쿠스코를 도읍으로 정했습니다.

잉카 제국은 석조 건축물로 유명한데, 그들은 강력한 권력을 상징하는 신전과 궁전을 많이 세웠습니다. 잉카 제국도 철기는 보유하지 않았으나 청동기는 있었고, 금과 은이 장식용으로 사용되었습니다. 잉카 제국의 대표적 유적이 마추픽추입니다. 문자가 없었던 잉카 문명에서는 키푸결승 문자(結繩文字), 끈이나 띠의 매듭을 기록과 의사 전달 수단으로 삼은 원시적 문자 형태다. 주로 수량의 표시 등 제한적으로 쓰였기 때문에 문자라고 하기에는 부족한 면이 있다. _역주라는 매듭으로 수를 표시했습니다. 1533년, 잉카 제국은 피사로^{Francisco Pizarro}가 이끄는 스페인인의 공격을 받고 정복됩니다.

메소아메리카 문명권과 안데스 문명권의 2가지 공통점은 살아 있는 인간의 심장을 신에게 바치는 인신공양 의식을 치렀다는 점입니다. 산

제물을 바치는 인디언의 의식을 목격한 코르테스와 피사로는 야만적이고 사악한 종교에 빠진 사람들을 구제해야 한다는 사명감 같은 것을 느끼고 정복에 나섰을지도 모릅니다. 아스테카 문명과 잉카 문명의 신전 내부는 인간의 심장이 부패하면서 발생한 악취와 피비린내가 코를 찔렀다고 합니다.

마데이라섬으로 흘러들어 간 시체

아메리카 선주민이 인디언이라고 불리는 이유는 콜럼버스^{Christopher Columbus}가 카리브 제도를 건넜을 때 그곳을 인도 주변의 섬이라고 착각하고 선주민을 '인디언'이라고 불렀기 때문입니다. 이러한 이유로 인디언이란 호칭 대신 '아메리카 원주민^{Native American}'을 사용하는 경향도 있습니다.

콜럼버스는 포르투갈 리스본에 정착하여 항해사와 지도 제작사로 일정한 성공을 거두었습니다. 그리고 포르트갈령인 마데이라섬을 소유한 귀족의 딸과 결혼했습니다. 마데이라섬은 리스본에서 남서쪽으로 1,000킬로미터 떨어진 대서양의 섬으로, 이곳에서는 사탕을 생산했습니다.

콜럼버스는 사탕을 대량으로 구매하기 위해 마데이라섬으로 향했습니다. 이때 콜럼버스는 섬의 서쪽 해안으로 떠내려온 물건들을 목격하고, 그 물건들이 유럽에는 없는 도구와 장식품임을 확인했습니다. 유럽이나 아프리카의 인종이 아닌 인간의 사체가 흘러왔다는 소문도 들려왔습니다. 콜럼버스는 대서양 맞은편에 마르코 폴로가 쓴 책에 나와 있는 지팡구^{Zipangu, 일본을 가리킨다. _역주}와 인도가 있는 것이 틀림없다고, 그것도 아주 가까이에 있다고 생각하게 되었습니다.

마데이라섬에 흘러온 시체는 인디언이었을까요? 흑인도 아니고 백인도 아닌 황인종이니 인디언과 같은 아시아계라고 할 수 있습니다.

| 콜럼버스를 기념하는 석주의 꼭대기에 있는 조각상.
스페인의 바르셀로나에 있다.

하지만 상식적으로 아메리카 대륙의 인디언 시체가 대서양을 표류하다가 마데이라섬에 도착한다는 일은 쉬 믿기지 않습니다. 이 시체 이야기는 콜럼버스가 꾸며낸 이야기인지도 모릅니다. 항해선을 건조하고 탐험대를 조직하려면 막대한 돈이 듭니다. 자금을 투자하는 후원자는 콜럼버스의 주장에 물증을 요구했을 것이고, 이에 응하여 콜럼버스는 흑인도 아니고 백인도 아닌 인종의 시체가 서쪽에서 흘러왔다는 이야기를 지어냈을 가능성이 있습니다.

1492년, 스페인 왕실로부터 겨우 자금을 얻어 낸 콜럼버스는 세 척의 배와 백 명쯤 되는 선원을 인솔하여 스페인의 팔로스 항구를 출발했습니다. 그리고 2개월에 걸쳐 대서양을 넘어 아메리카 대륙의 동쪽 군도에 도착했습니다. 콜럼버스는 이곳을 인도라고 착각하고 '서인도 제도'라는 이름을 붙였습니다.

콜럼버스는 그 후에도 신대륙 탐험을 계속하여 총 4번의 원정에 나섰습니다. 1498년, 세 번째 원정에서는 현재 베네수엘라의 오리노코강 하구에 이르렀습니다. 오리노코강의 엄청난 수량을 보면서 배후에 미지의 거대한 대륙이 펼쳐져 있으리라고 쉽게 인식할 수 있었습니다.

새로이 도착한 땅은 인도나 아시아와도 달랐습니다. 정글에 사는 인디언들의 원시생활은 마르코 폴로가 『동방견문록』¹³⁰⁰년경을 통해 이야기한 카타이중국와는 명백하게 차이가 있었습니다. 또한 황금의 나라 지팡구로 볼 만한 어떠한 흔적도 발견할 수 없었습니다.

유럽인의 욕망에 불을 붙인 '엘도라도'

15세기 콜럼버스의 신대륙 발견은 미지의 세계에 대한 유럽인의 호기심을 부추겼습니다. 만약에 이 지구상에 아직 아무도 밟지 않은 미지의 땅이 있고 금은보화가 가득한 엘도라도티 Dorado가 존재한다면 어떤 위험을 감수하고서라도 그곳을 정복하고 싶은 것이 인간의 본성일 터입니다.

'콘키스타도르Conquistador, 스페인어로 스페인 정복자를 의미하는데 특히 15세기부터 17세기에 걸쳐 아메리카 대륙에 침입한 스페인인들을 이르는 말이다._역주'라고 불리던 사람들이 있습니다. '정복자'라는 의미로 영어로는 'conqueror'입니다. 피사로와 코르테스가 대표적인 콘키스타도르로, 그들은 각각 페루의 잉카 제국, 멕시코의 아스테카 왕국을 정복하고 산더미 같은 금은보화를 손에 넣었습니다. 1992년부터 2002년 사이에 유로화가 도입되기까지 스페인에서 발행한 최후의 1,000페세타 지폐 앞면에는 코르테스의 초상이, 뒷면에는 피사로의 초상이 인쇄되어 있었습니다.

[17-4] 콘키스타도르의 침공 경로

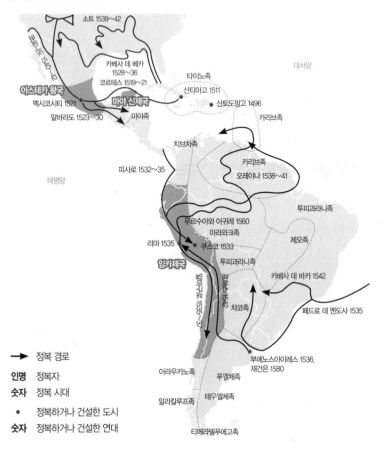

소트 1539~42

콜럼버스 1540~42

카베사 데 베카
1528~36
코르테스 1519~21

아스테카 왕국
멕시코시티 1521
알바라도 1523~30

마야 신제국
마야족

타이노족
산티아고 1511
산토도밍고 1496

대서양

카리브족

치브차족

카리브족
오레야나 1538~41

피사로 1532~35

태평양

투피과라니족

우르수아와 아귀레 1560
아라와크족

제오족

리마 1535   쿠스코 1533

잉카제국

투피과라니족

카베사 데 바카 1542

발디비아 1542

알마그로 1535~37

차코족

페드로 데 멘도사 1535

→ 정복 경로

인명 정복자

숫자 정복 시대

• 정복하거나 건설한 도시

숫자 정복하거나 건설한 연대

아라우카노족   푸엘체족

부에노스아이레스 1536,
재건은 1580

알라칼루프족   테우엘체족

티에라델푸에고족

미지를 향한 모험과 금은보화를 손에 넣은 광희狂喜! 역사상 그들만큼 흥분과 야망으로 가득한 인생을 산 사람들은 다시없을 것입니다.

1532년 피사로는 파나마를 출항하여 잉카 제국에 대한 침략을 시작합니다. 피사로의 아버지는 군인이자 소귀족^{귀족의 최하위 계급}이었고 어머니는 하녀였다고 합니다. 피사로는 교육을 받지 못해서 글자도 깨치지 못한 채 자랐고 사회의 하층민에 속했습니다. 콘키스타도르와 그들을 뒤따랐던 자들은 하층민, 전쟁의 패배자, 범죄자, 쫓기는 자 등 거의 모두가 '사연이 있는' 자들로 한탕을 노리며 죽음을 두려워하지 않았습니다.

원래 피사로는 1513년에 파나마 원정 부대에 소속되었고 이후에 10년에 걸쳐 남아메리카를 탐험한 끝에 잉카 제국의 존재를 알아냈습니다. 1528년, 스페인으로 돌아가서 국왕 카를로스 1세로부터 페루의 독점 지배권을 얻어 냈고, 병사를 모집하여 잉카 제국을 침략하기 위한 준비를 했습니다.

잉카 제국과 아스테카 왕국을 멸망시킨 테러와 병원균

피사로는 보병 110명, 기병 76명에 화승총 13정으로 무장하고 페루로 공격해 들어갔습니다. 고작 200명도 안 되는 병력으로 어떻게 한 나라를 정복할 수 있다고 생각한 것인지 의아할 수 있지만, 그들이 처음부터 나라 전체를 정복하려고 했던 것은 아닙니다. 피사로는 잉카 제국의 황제 아타우알파Atahualpa, 잉카 제국의 14대 황제 _역주를 속이고 인질로 삼아서 온갖 금은보화를 비롯한 귀한 재물을 빼앗은 뒤 아타우알파를 죽입니다. 피사로의 전술은 테러나 다름없었습니다.

| 스페인 트루히요에 있는 프란시스코 피사로의 동상.

부족 사회였던 잉카 제국은 하나로 통일되지 않았습니다. 황제를 죽인 뒤 피사로는 부족 간의 의견 대립을 교묘히 이용하여 그들을 이간질시키고 싸움을 붙이는 데 성공했습니다. 그 틈에 잉카 제국의 수도인 쿠스코에 무혈 입성하여 잉카 제국을 멸망시켰습니다. 여기까지는 기적이라고 할 만한 피사로의 성공이 이어졌습니다. 그러나 마침내 원주민들이 반격에 나서자 피사로는 쿠스코에서 재물을 챙겨 철수했습니다.

피사로가 이끌던 180명 남짓한 부대가 잉카 제국을 멸망시킨 것은 아닙니다. 잉카 제국에서는 원래 부족 간의 대립이 심했는데, 황제 아타우알파가 죽음을 맞자 부족 간의 대립이 표면화되어 내분으로 붕괴한 것입니다.

베스트셀러『총, 균, 쇠 : 무기 · 병균 · 금속은 인류의 운명을 어떻게 바꿨는가Guns, Germs, And Steel』1997, 김진준 옮김, 문학사상, 2005로 유명한 재레드 다이아몬드Jared Diamond는 잉카 제국과 아스테카 왕국의 붕괴 원인이 병원균이었다고 주장합니다. 피사로와 같은 스페인인이 들여온 천연두와 페스트 등의 전염성 병원균이 면역이 없는 원주민에게 확산되며 아스테카 왕국을 붕괴시켰다는 겁니다.

동물에서 유래된 병원균이 갑자기 변이하여 사람에게 옮겨진다는 것은 충분히 상상할 수 있는 일입니다. 그리고 많은 종류의 가축을 키우는 스페인인을 비롯한 유럽인은 이 병원균에 대한 면역이 있었습니다. 하지만 소와 돼지를 기르는 풍습이 없었던 신대륙의 원주민에게는 동물성 병원균에 대한 면역이 없었죠. 또한 그들은 집에서 기르던 대형 포유류를 말과 소처럼 물자를 운반하는 데 이용하거나 군사용으로 쓰지도 못했습니다. 면역이 없는 원주민들에게 원인 불명의 병마가 닥치면서 일어난 당시의 판데믹Pandemic, 감염 폭발. 세계적으로 전염병이 대유행하는 상태를 일컫는 말이다. _역주은 잉카 제국과 아스테카 왕국을 공포의 수렁에 빠뜨리고 국가 기능을 마비시켰습니다.

스패니시와 히스패니시는 어떻게 다른가?

코르테스와 피사로의 정복 활동 이후 스페인은 브라질포르투갈령을 제외한 멕시코 이남 지역을 식민지로 삼았습니다. 스페인은 볼리비아 남부의 포토시 광산볼리비아의 안데스산에 있는 은 광산 _역주 등의 은광에서 은을 캐내는 데힘을 쏟았습니다. 채굴에는 인디언이 강제로 동원되었습니다. 밀과 사탕수수 등의 농작물을 재배하는 농장 개발과 운영에도 인디언을 투입했습니다. 인디언 노동자는 실질적으로 노예나 다름없었습니다. 스페인은 아프리카 서해안의 흑인을 붙잡아 노예로 만들고는 신대륙으로강제로 끌고 가서 인디언과 함께 일을 시켰습니다.

식민지 현지에 여성을 데리고 들어가는 일이 거의 없었던 스페인은현지 인디언과 흑인 여성을 아내와 첩으로 삼고 혼혈아를 낳았습니다.스페인인과 인디언의 혼혈은 메스티소mestizo, 스페인인과 흑인 혼혈은물라토mulato라고 합니다. 식민지에서 태어난 스페인인은 크리오요criollo. 크리올이라고도 한다. _역주라고 합니다. 현지의 많은 지배 계층이 스스로를 크리오요라고 자칭했으나, 실제로 순수한 백인은 없었습니다. 대개는 어머니가 스페인인백인인 것처럼 위장했습니다.

이렇게 16세기 이후 백인, 인디언황인, 흑인, 3자의 혼혈이 역동적으로 이루어졌습니다. 특히 백인 남성이 인디언 여성을 좋아한 듯 둘의혼혈인 메스티소의 비율이 높아졌습니다. 스페인인이 라틴계 유럽인이었던 관계로, 라틴 아메리카라는 호칭이 탄생합니다.

라틴 아메리카인을 히스패니시라고 부릅니다. 스페인인을 뜻하는라틴어는 히스파니쿠스Hispanicus입니다. 여기서 파생되어 히스패니시라는 영어정식 명칭은 아니고 속어처럼 쓰인다가 되었습니다. 영어로 스패니시Spanish와 히스패니시Hispanish는 의미가 다릅니다. 전자는 스페인 사람을 가리키며, 후자는 라틴 아메리카 사람을 가리킵니다. 학술적인 정의는 아니지만 편의상 이렇게 구분해서 쓰는 것입니다. 히스패니시에는 포르투갈어를 공용어로 하는 브라질인도 포함됩니다.

| 과테말라 여성. 외모에서 황인과 백인, 흑인의 경계를 걸치고 있는 듯한 느낌이 든다.

오늘날의 라틴 아메리카인=히스패니시은 3자 혼혈로 탄생한 후예이며, 그들의 용모에서 알 수 있듯 백인, 황인, 흑인의 특징을 전부 갖추고 있습니다.

인디언주의에 의한 반란과 독립

18세기에는 라틴 아메리카 지역에서 대거 혼혈이 이루어지며 스페인인백인 대 인디언이라는 단순한 이원적 대립 양상이 사라졌습니다. 하지만 잉카 제국 등 인디언의 옛 영광을 재현하려는 '인디언주의'가 등장하면서 여러 번 반란이 일어났습니다.

1742년, 잉카 제국 최후의 황제 아타우알파의 후예를 자처하는 남자가 등장했습니다. 이 남자는 민중에게 잉카 제국의 부흥을 호소하고

| 위에서부터 시몬 볼리바르, 산 마르틴, 미겔 이달고다.

반란을 일으킵니다. 1746년, 리마에 대지진이 일어나 도시가 파괴되었습니다. 아타우알파의 후예를 자처하던 남자는 "지진은 잉카의 신이 노한 것이다."라고 민중에게 말했습니다. 그를 중심으로 반란 세력이 확산되면서 안데스 일대는 대혼란에 빠졌습니다. 얼마 뒤 아타우알파의 후예를 자처하던 남자가 행방불명되고 반란은 수습되었습니다. 하지만 그 후에도 인디언주의를 내세운 반란이 간헐적으로 발생했습니다.

19세기가 되자 라틴 아메리카에는 과거의 지배 계층과는 다른 중산 계급이 새롭게 등장하게 되었습니다. 중산 계급은 빈곤의 원인이 자신들을 착취하는 스페인 본국에 있다고 민중에게 호소했습니다. 하지만 이는 실상과는 거리가 먼 이야기였습니다. 스페인 본국에서는 라틴 아메리카의 일에 개입하지 않은 지 오래였고, 이제는 개입할 여력도 없었습니다.

그럼에도 중산 계급은 구 지배 계층이 스페인과 유착하여 착취한다고 선전하며 민중을 자기편으로 끌어들이는 데 성공했습니다. 그리고 스페인에서 독립한다는 명목(사실상 이미 독립한 상태였습니다)으로 아메리카 합중국을 따라 독립 혁명을 일으키고 구 지배 계층을 몰아내려고 했습니다.

그 주도자가 라틴 아메리카 독립의 아버지로 불리는 시몬 볼리바르Simón Bolívar, 산 마르틴José de San Martín, 미겔 이달고Miguel Hidalgo입니다. 볼리바르는 북부 라틴 아메리카베네수엘라, 콜롬비아, 에콰도르의 독립을 주도했고, 산 마르틴은 라틴 아메리카 남부아르헨티나, 칠레, 페루의 독립을 주도했습니다. 미겔 이달고는 멕시코의 독립을 주도했죠. 그들은 하나같이 크리오요를 자칭했습니다.

19세기 전반에 '스페인의 착취'를 끝장낸다며 라틴 아메리카 제국이 독립했습니다. 하지만 독립 후에도 빈곤과 부의 격차 문제는 조금도 사라지지 않았고(오늘날에도 여전합니다) 사회는 혼란해지기만 할 뿐이었습니다.

Chapter 18
모든 인종은
흑인이었다

아프리카에 등장한 호모 사피엔스

인류는 원래 흑인^{니그로이드}에서 시작되었다고 봅니다. 아프리카의 흑인
이 인류의 공통된 선조이고 지금으로부터 약 10만~5만 년 전에 그들
의 일부가 수에즈 지협을 건너 전 세계로 확산되며 백인^{코카소이드}과 황인
^{몽골로이드}으로 변화했다고 볼 수 있습니다. 아프리카 대륙에 남은 사람들
은 흑인으로 현재에 이르고 있습니다.

더운 아프리카를 떠난 인류는 피부색을 바꾸게 됩니다. 한랭한 지역
에서는 피부에 자외선을 차단하는 멜라닌 색소가 필요하지 않아서 색
소를 줄임으로써 흑인이 백인이나 황인으로 변했다는 것입니다.

약 20만 년 전, 아프리카에 출현한 현생 인류를 호모 사피엔스라고
부릅니다. 라틴어로 호모^{homo}는 '인간', 사피엔스^{sapiens}는 '현명하다'는

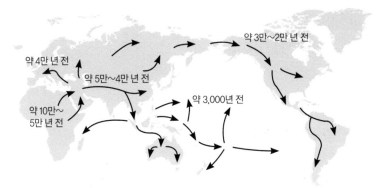

뜻입니다. 이 호모 사피엔스는 당초에 흑인이었습니다. 아프리카에 등
장한 호모 사피엔스를 현생 인류의 시초로 보고 거기에서 인류가 전 세
계로 확산되었다는 설을 '아프리카 단일 기원설'이라고 합니다.

나처럼 40대가 넘는 연배라면 이 설을 듣고 위화감을 느낄 거라고
생각합니다. 중학교와 고등학교 역사 수업에서 배운 내용과 다르기 때
문일 것입니다. 20년 전까지는 인류가 원인猿人, 오스트랄로피테쿠스 → 원인原人,
호모 에렉투스 → 구인舊人, 호모 네안데르탈렌시스 → 신인新人, 호모 사피엔스 순으로 진화하고
여기에 네안데르탈인 등 세계 각지의 구인이 각각 신인으로 진화했다
고 배웠습니다.

하지만 1987년 미국의 인류학자 레베카 칸Rebecca L. Cann의 발표 이후레

베카 칸, 앨런 윌슨(Allan C. Wilson), 마크 스톤킹(Mark Stoneking)은 공동으로 인간의 유전자 속 미토콘드리아 DNA를 추적하

여 20만 년 전 동아프리카에 살던 한 여성이 현생 인류의 조상임을 밝혀냈다. 그리고 《네이처》지에 〈미토콘드리아 DNA와 인간의

진화(Mitochondrial DNA and human evolution)라는 논문을 발표했다. _역주, DNA 패턴이 해독되면서 네안데르탈인 등 구인과 현생 인류인 호모 사피엔스는 유전자상 관계가 없다고 판명되었습니다.

구인과 신인의 단절

20년쯤 전 우리가 학교에서 배운 지식은 [18-2]의 a와 같은 '다지역 진화설'이었습니다. 이 학설은 각지의 구인에게서 흑인, 황인, 백인이 파생되었다고 이야기합니다. 가령 한국인과 같은 황인은 흑인과 직접적인 연결 고리가 없습니다. 하지만 오늘날 학계에서 인정받는 것은 [18-2]의 b와 같은 아프리카 단일 기원설로, 백인과 황인이 흑인에게서 파생되었다는 설입니다.

그러면 호모 사피엔스보다 한 단계 앞선 진화 단계에 있는 구인은 대체 어떤 존재였던 걸까요?

오늘날 정식으로 '구인'으로 인정받은 것은 네안데르탈인뿐입니다. 독일의 하이델베르크 근교에서 발견된 하이델베르크인은 원인原人보다 뇌 용량이 커서 구인에 가깝지만 학술상으로는 원인으로 분류됩니다. 혹은 원인과 구인을 연결하는 존재로 봅니다.

과거에 자바섬의 솔로인, 남아프리카의 로데시아인도 구인으로 꼽혔으나 실제로 솔로인은 자바 원인原人에 가깝고, 로데시아인은 신인新

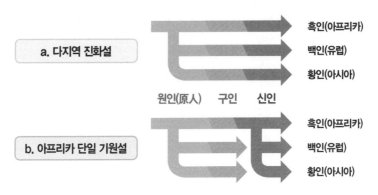

[18-2] 인류의 진화 양상

a. 다지역 진화설

원인(原人)　　구인　　신인

흑인(아프리카)
백인(유럽)
황인(아시아)

b. 아프리카 단일 기원설

흑인(아프리카)
백인(유럽)
황인(아시아)

ㅅ. 호모 사피엔스에 가깝다고 합니다. 베이징 원인의 진화판으로 꼽히는 저우 커우뎬周口店(주구점). 베이징 근처의 지역 명칭 상동인上洞人은 신인입니다(즉 직접적인 진 화판은 아닙니다).

1856년, 네안데르탈인은 독일 서부의 뒤셀도르프 근교 네안데르 계 곡독일어로 '계곡'은 '탈(Tal)'이다에서 발견되었습니다. 이 화석 인류와 같은 형, 즉 구인의 화석 인류는 유럽과 중동 각지에서만 발견되고 그 외의 지역에 서는 발견되지 않았습니다.

네안데르탈인의 뇌 용량은 1,500cc 정도로 호모 사피엔스와 다르지 않습니다. 네안데르탈인이 양복을 입고 모로 앉았다고 해도 누구도 그 가 구인인지 눈치 채지 못할 것이라고 합니다. 네안데르탈인은 털가죽 을 걸치고 동굴에 살았으나 신인인 크로마뇽인은 스페인의 알타미라 동굴 벽화, 프랑스의 라스코 동굴 벽화 등을 남긴 것으로 유명합니다.

호모 사피엔스를 둘러싼 여러 가지 의문

네안데르탈인과 같은 구인은 아프리카에서 온 신인^{호모 사피엔스}에 의해 멸종되었다고 추측됩니다. 어떻게 멸종되었는지에 대해서는 다양한 설이 있습니다. 전쟁으로 멸종되었다는 설, 혼혈로 흡수되었다는 설, 신인이 몰고 온 역병으로 멸종되었다는 설이 그것입니다.

2017년에 베스트셀러가 된 유발 하라리^{Yuval Noah Harari}의 『사피엔스 Sapiens』_{2014, 조현욱 옮김, 김영사, 2015}에 이 문제에 대한 답이 자세히 나옵니다. 역사학자 하라리는 호모 사피엔스가 언어라는 '허구'를 쌓아올리며 종교와 같은 공통된 신화를 지어내는 힘을 획득했다고 주장합니다. '허구'라는 집합적 상상력을 통해 불특정 다수의 타인과 이상·목적을 공유하여 단결하고 협력할 수 있었고, 그 덕분에 네안데르탈인인 구인 혹은 잔존하던 원인에게 이길 수 있었다는 것입니다.

하라리는 호모 사피엔스의 이러한 대규모 협력 체제가 사회와 국가를 발전시키는 원형이 된다고 설명합니다. 하라리는 왜 호모 사피엔스만 살아남았는지 그 의문에 대하여 적절한 답을 내놓았다고 생각됩니다.

하지만 그 외에도 호모 사피엔스에 관해서는 많은 의문이 남습니다. 왜 호모 사피엔스는 아프리카에서 나타났는가? 왜 유럽이나 중동, 아시아가 아니라 아프리카인가? 아프리카 중에서도 어떤 지역에서 나타났을까? 유럽과 중동의 네안데르탈인이 아프리카보다 진화가 늦은 이유는 무엇인가? 아프리카에 진화의 우위성이 있는 것일까? 만일에 있다고 한다면 그 후 인류 문명의 역사가 시작된 이래 아프리카 문명이 아시아 문명과 유럽 문명에 뒤처진 이유는 무엇인가……? 이에 대한 의문들은 앞으로 인류학이 풀어야 할 숙제입니다.

아크숨 왕국에서 이루어진 흑인과 아랍인의 혼혈

기원전 10세기, 나일강 상류에 아프리카에서 가장 오래된 흑인 왕국, 쿠시 왕국이 건국됩니다. 이 왕국은 쿠시인이 이집트 신왕국에 대항하여 세운 왕국입니다. 기원전 7세기에 아시리아가 이집트에 침입하자 쿠시 왕국은 아시리아에서 제철 기술을 배워 번영을 누립니다. 하지만 4세기에 에티오피아의 아크숨 왕국으로부터 침공을 받고 멸망합니다.

아크숨 왕국은 아라비아반도의 남단에서 이주해 온 셈인^{아랍인}에 속하는 아크숨인이 에티오피아에 세운 나라입니다. 이들은 쿠시 왕국을 멸망시키고 나일강 유역으로 진출합니다. 아크숨 왕국의 국교는 기독교였습니다. 아크숨 왕국에 사는 아랍인이 유럽 측과 활발히 교역하며 직접적으로 기독교의 영향을 받은 탓입니다. 이들 에티오피아의 기독교를 콥트교라고 하는데, 아라비아어로 콥트는 이집트를 의미합니다. 이 시대에는 아직 이슬람교가 탄생하지 않았습니다.

| 콥트 교회의 사제들. 1800년대 말에 촬영한 사진이다.

   아크숨 왕국 시대 이후 흑인과 아랍인의 혼혈이 에티오피아에서 동
아프리카에 걸쳐 급속도로 진행되었다고 볼 수 있습니다. 에티오피아
를 중심으로 하는 동아프리카인은 서아프리카인보다 코가 높고 이목
구비가 뚜렷하게 생긴 사람들이 많은데, 그 이유는 옛날부터 아랍인인
코카소이드 인종의 피가 섞였기 때문입니다.

   아프리카 동쪽 연안에는 말린디, 몸바사, 잔지바르, 킬와 등의 해항
도시가 형성되었습니다. 10세기 무렵 중동의 이슬람 상인이 이 지역으
로 이주하여 인도양을 통하여 활발하게 무역을 했습니다. 이 지역에서
도 에티오피아와 마찬가지로 아랍인과의 혼혈이 이루어졌습니다. 이

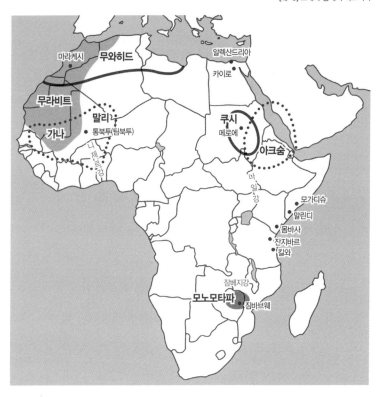

지역에는 아라비아어의 일종인 스와힐리어가 보급되는데, 스와힐리란

아라비아어로 '해안 지대의 사람들'을 의미합니다.

어족에 따라 4가지로 분류되는 아프리카인

동아프리카인이 아랍인과 혼혈을 거듭하는 동안 서부와 중남부 아프리카인은 흑인으로서 순수한 혈통을 유지했습니다. 동아프리카인은 혼혈과 함께 언어도 아라비아화되었습니다.

아프리카인은 언어에 따라 대략 4가지로 분류됩니다. 아프로–아시아 어족^{Afro-Asiatic languages}, 나일–사하라 어족^{Nilo-Saharan languages}, 니제르–콩고 어족^{Niger-Congo language}, 코이산 제諸어족^{Khoisan languages}입니다. 물론 이 외에도 수백 개에 걸쳐 어족이 세분화되지만 주요한 어족으로는 이 4가지 어족을 꼽을 수 있습니다.

아프로–아시아 어족은 앞에서 나온 아크숨 왕국의 예처럼 아랍인^{이집트인 포함}과 피가 섞였고, 그 외에 백인의 피도 섞였습니다. 이들은 동아프리카에서 북아프리카에 분포합니다.

니제르–콩고 어족은 아프리카에서는 최대 다수파로, 아프리카 서부와 중남부에 분포하는 아프리카인입니다. 아프로–아시아 어족과는 달리 다른 민족과 거의 섞이지 않은 순수한 흑인이라고 할 수 있습니다. 니제르–콩고 어족은 북부^{니제르파}와 남부^{반투파}로 나눌 수 있습니다.

나일–사하라 어족은 아프로–아시아 어족과 니제르–콩고 어족의 중간쯤 되는 성격을 띠며 두 어족을 연결하는 존재입니다.

코이산 제어족은 니제르–콩고 어족에 속하지 않는 남부 아프리카 부족 가운데 자기들만의 독립적인 언어를 말하는 모든 부족 사람들을

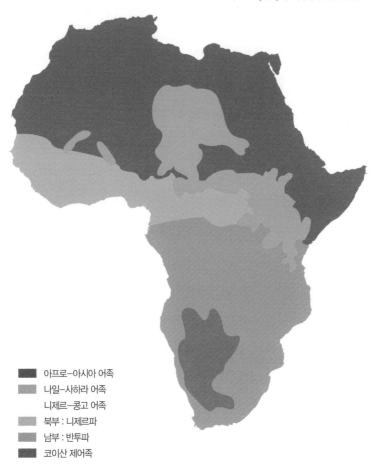

아프로-아시아 어족
나일-사하라 어족
니제르-콩고 어족
북부 : 니제르파
남부 : 반투파
코이산 제어족

가리킵니다. 이들 가운데에는 원시적 성격이 강한 부족이 상당수 포함되어 있습니다.

니제르-콩고 어족의 노크 문화

아프리카 서부의 니제르강 유역에는 비옥한 평야가 펼쳐져 있으며, 기원전 3000년 무렵부터 토란이나 감자, 커피, 야자 등이 재배되었습니다. 니제르강 유역은 니제르-콩고 어족의 발상지로 꼽힙니다.

기원전 5세기 무렵부터 이 지역에서 철기 문화가 꽃을 피웠습니다. 이것을 노크 문화Nok Culture, 나이지리아 중앙부라고 합니다. 앞서 거론한 아프리카의 동부 쿠시 왕국에서 제철 기술이 전파되었다고 볼 수 있습니다.

첫 철기 문화는 기원전 15세기 무렵에 등장한 소아시아의 히타이트에서 시작됩니다. 그 후 그리스에서는 기원전 12세기 무렵에, 인도에서는 기원전 10세기 무렵에, 중국에서는 기원전 6세기 무렵에 각각 철기 문화가 시작되었습니다. 철기가 쓰이기 시작한 시기는 아프리카가 가장 늦었습니다. 노크 문화는 중남부 아프리카의 반투파남부 니제르-콩고 어족에 큰 영향을 끼쳤습니다.

니제르-콩고 어족의 분포 지역에는 고대 동아프리카의 쿠시 왕국이나 아크숨 왕국처럼 중앙 집권적 국가가 아니라 여러 부족이 갈라져서 세력을 형성했습니다. 이집트와 아라비아반도의 외세에 둘러싸인 동아프리카에서는 외적에 대항하기 위해 강대한 왕권이 필요했지만, 서·중·남부 아프리카에는 외적 세력이 없어서 집권화의 필연성이 낮았다고 할 수 있습니다.

'황금의 나라'에 군림하던 왕, 만사 무사

하지만 중세가 되면 니제르강 유역에서 농업 생산력이 높아지고 인구가 늘면서 부족 간의 영역이 겹치게 되어 조정자가 필요하게 됩니다. 그 조정자에게 권력이 집중되었고 그것이 왕권으로 변하게 됩니다. 8세기 이후에는 북부에서 사하라 사막을 건너온 무슬림 상인과 교역을 시작하면서 교환 물자로 쓰던 황금을 관리하는 문제를 둘러싸고 강한 권력이 필요하게 되었습니다.

이렇게 해서 8세기 무렵 탄생한 것이 가나 왕국^{[18-3] 참조}입니다. 가나 왕국은 니제르강 유역을 지배했습니다. 황금이 풍부했던 가나 왕국은 무슬림 상인과 활발하게 교역했는데, 특히 금을 무슬림 상인의 암염과 교환했습니다. 가나 왕국은 아랍인 사이에 '황금의 나라'로 알려졌습니다.

11세기에 가나 왕국은 베르베르인^{Chapter 12 참조}이 세운 무라비트 왕조의 공격을 받고 쇠퇴하게 됩니다. 무라비트 왕조는 가나 왕국에서 강탈한 금을 통해 더욱 힘을 키웁니다.

그리고 13세기, 가나 왕국은 같은 민족이 세운 말리 왕국의 공격을 받고 멸망합니다. 말리 왕국은 가나 왕국의 금 생산지를 지배하고 이슬람교를 받아들입니다.

말리 왕국 최전성기의 왕은 14세기 전반을 다스렸던 만사 무사^{캉캉 무}^사입니다. 만사 무사 왕은 열렬한 이슬람교 신자로 메카로의 순례에 나

| 14세기의 카탈루냐 지도에 그려진 만사 무사. 황금 동전을 쥐고 있다.

설 때 카이로와 같은 도시를 지나며 대량의 금을 썼다고 합니다. 얼마나 금을 많이 썼는지 금의 가치가 떨어져서 카이로에서는 인플레이션이 발생할 정도였습니다.

만사 무사 왕의 순례 일행은 가신이 6만 명, 노예가 1만 2,000명이었는데 노예에게는 각각 2킬로그램의 금으로 만든 막대기를 들게 했습니다.

만사 무사 왕의 이름은 유럽에까지 전해졌습니다. 모로코의 여행가 이븐 바투타도 말리 왕국을 방문해서 그 번영했던 모습을 기록했습니다. 이 만사 무사 왕의 시대는 아프리카인의 번영기로 기억되고 있습니다. 말리 왕국은 15세기 후반에 니제르강 유역에서 급속도로 세력을 키운 송가이 왕국의 침공을 받고 멸망했습니다.

송가이 왕국은 활발한 교역으로 번영을 누리며 15~16세기에 전성기를 맞이했습니다. 특히 송가이 왕국의 경제·문화 중심지였던 통북투가 번영했습니다. 통북투는 현재 말리 공화국의 도시로 니제르강 중류 지역에 위치합니다.

송가이 왕국은 16세기 말에 '황금의 나라' 전설을 믿는 모로코 군대의 남하로 멸망했습니다. 하지만 이때는 이미 황금이 고갈되어 남아 있지 않은 상태였습니다.

송가이 왕국 이후 니제르강 유역에서는 강대한 통일 왕국이 등장하지 않았고 머지않아 유럽인의 침략을 받게 됩니다.

니제르–콩고 어족의 남부 지역에도 중세에는 왕국이 존재했습니다. 15세기에 아프리카 남부의 잠베지강 유역에 모노모타파 왕국이 세워집니다. 이 왕국의 짐바브웨 석조 유적에는 수준 높은 궁전 문화를 꽃피운 흔적이 발견되었습니다.

흑인 노예 무역과 사탕 플랜테이션

15세기 이후 대항해 시대의 도래와 함께 포르투갈과 스페인이 아프리카에 진출하여 흑인을 노예로 잡아다가 유럽으로 끌고 갔습니다. 서아프리카 해안에는 노예를 공급하기 위한 요새가 건설되었습니다.

16세기에는 스페인이 서인도 제도와 중남미에서 농장과 광산을 경영하면서 현지의 인디언을 혹사시켜서 인구가 감소했습니다. 그들은 인구가 줄면서 발생한 노동력 부족을 보충하기 위해 아프리카 흑인을 노예로 썼습니다.

17세기에는 영국이 조직적으로 흑인 노예 무역을 전개했습니다. 영국은 총과 검 등의 무기를 아프리카에 보내서 흑인 노예와 교환했습니다. 흑인을 카리브해의 서인도 제도에 있는 사탕 플랜테이션^{plantation. 열대}

또는 아열대 지방에서 원주민의 값싼 노동력으로 넓은 농경지에 특정 농작물을 대규모로 재배하는 기업적 농업을 가리킨다. _역주

| 아프리카 샤카족을 붙잡아 배에 태우기 직전의 모습을 묘사한 그림.

에 보내 강제 노동을 시키고 거기서 수확한 사탕을 갖고 영국으로 돌아
가는 삼각 무역을 펼쳤습니다. 사람들은 흑인을 '검은 짐', 사탕을 '하
얀 짐'이라고 불렀습니다. 대량으로 공급되던 사탕은 증가하는 인구에
필요한 최소한의 영양분을 제공해 주었습니다.

　당시의 백인은 흑인을 인간으로 보지 않고 '원숭이 등의 동물에 가
까운 존재', '원숭이와 인간의 중간적 존재'로 보았습니다. 백인에게 흑
인이란 노예로서의 상품 가치밖에 없었고 경우에 따라서는 그 값어치
가 말이나 소보다 낮기도 했습니다.

　17~18세기, 영국은 스페인과 프랑스라는 경쟁자와 전쟁을 벌이며
승리함으로써 노예 무역을 독점하고 막대한 수익을 올렸습니다. 당시

노예 무역 비즈니스로 출자한 투자가는 30% 정도의 수익을 얻었다고 합니다. 이 범죄나 다름없는 인신매매 비즈니스가 영국에서는 유망한 고수익 사업이었던 것입니다.

프랑스도 영국에 이어 카리브 제도와 아이티에 진출하여 흑인 노예를 고용한 사탕 플랜테이션을 경영합니다. 애덤 스미스도 언급했을 정도로 _{애덤 스미스는 「국부론」에서 '국부의 원천은 금도 은도 아닌 노동이며, 부의 증진은 노동 생산력의 개선으로 이루어진다'고 주장했다. 저자는 이 말을 하는 듯하다. _역주} 아이티의 사탕 플랜테이션은 번영하여 큰 이익을 올렸습니다. 그리고 프랑스가 운영하는 아이티 등지의 플랜테이션에 흑인 노예를 판 나라가 영국이었습니다.

18세기 전반, 산업 혁명이 시작되자 면 수요가 증가하여 서인도 제도에 면화 재배 플랜테이션이 세워집니다. 면화는 사탕과 나란히 '하얀 짐'이 됩니다. 17~18세기 영국의 번영과 산업 혁명은 사탕과 면화를 생산하던 흑인 노예의 노동력과 그들에 대한 착취 위에 성립했습니다.

노예 무역이 금지된 진짜 이유

1790년대 영국에서 산업 혁명이 본격화되면서 서인도 제도의 플랜테이션에서 생산하는 원면原綿만으로는 수요를 맞출 수 없었습니다. 그래서 아메리카 합중국 남부 일대에 대규모 면화 플랜테이션을 세우고 이곳에 흑인 노예를 투입했습니다. 1783년, 영국에서 독립한 미국은 노예에게 가족을 불러들이고 아이를 낳게 함으로써 흑인 자손들을 영속적으로 한 곳에 머물게 하여 노예 인구를 늘렸습니다. 이로 인해 미국의 노예 수입이 감소합니다.

18세기 후반에 이르기까지 1천만~1천 5백만 명의 흑인이 아프리카에서 노예로 끌려가면서 아프리카 지역의 인적 자원이 고갈되었고 이로 인해 노예의 도매가격이 상승했습니다. 또 남북 아메리카의 사탕·면화 생산량 증대로 가격이 내려가면서 노예 무역의 이익은 갈수록 줄어들었습니다.

인도적 비판과 여론까지 강해지자 영국 의회는 1807년에 노예 무역 금지법을 제정합니다. 하지만 19세기 중반까지 노예 무역은 계속되었습니다. 이 무렵 영국은 인도의 식민지화를 착착 진행해서 머지않아 인도에서 원면을 수확할 수 있었습니다. 또 포르투갈령 브라질에서는 사탕의 생산량이 비약적으로 향상되었습니다. 이렇게 원면·사탕의 공급 증가로 가격이 지속적으로 떨어지는 상황에서 노예 무역은 더 이상 이익을 낼 수 없었고, 따라서 자연히 소멸되었습니다.

그런데 흑인을 노예로 끌고 간 것은 유럽인만이 아닙니다. 8세기 아바스 왕조라는 이슬람 제국이 건국되자 교역 활동을 보장받은 무슬림 상인이 인도양 교역에 진출합니다. 그들은 아프리카 동쪽 연안에서 흑인을 잡아들였습니다. 그리고 이슬람권으로 강제로 끌고 가서 농장 노예로 부렸습니다. 이슬람권에서는 흑인 노예를 '잔즈Zanj'라고 불렀는데, 흑인 노예를 얼마나 혹사시켰던지 아바스 왕조에서는 '잔즈의 난'이라는 흑인 노예의 반란이 일어난 적도 있습니다. 이렇게 이슬람권에서는 근대에 이르기까지 흑인 노예 무역이 공공연하게 이루어졌습니다.

흑인이 노예였던 시대가 길기 때문에 그 역사적 기억은 쉽사리 지워지지 않을 것입니다.

Chapter 19

WASP는 왜
다른 민족과
섞이지 않았을까?

신대륙으로 건너간 유럽의 극빈층

미국인의 선조는 한마디로 말하면 유럽의 극빈층이었습니다. 원래
피죽도 못 먹던 사람들이 어쩔 수 없이 미국으로 건너가 황무지를 경
작하고 가혹한 노동을 하며 겨우 끼니를 때우면서 하루하루를 버텼습
니다. 동남아시아나 아프리카의 빈곤 지역에 사는 사람들도 그들처럼
가난에 시달리지는 않았을 것입니다.

17세기부터 18세기에 영국을 중심으로 유럽 전 지역에서 이러한 극
빈층이 급증했습니다. 이유가 무엇일까요? 유럽 백인의 인구는 16세
기에 약 5천만 명 정도였으나 17세기에 들어서면 1억 명에 달했습니
다. 과학과 의학의 발전으로 세균이라는 개념이 사람들 사이에 공유
되자 위생에 대한 의식이 향상되어 청결한 생활 공간을 유지하게 되

없습니다. 이에 따라 감염증으로 인한 영유아의 사망이 격감하고 인구가 증가했습니다.

특히나 영국에서 이러한 경향이 강하게 나타났습니다. 영국은 토지가 메마르고 농경지가 적어서 장남을 제외한 자식에게는 물려줄 토지가 없었습니다. 빈곤을 겪던 많은 사람들이 영국에서 살아갈 터전이 없어서 신천지를 찾아 해외로 떠날 수밖에 없었습니다. 그리고 그들이 향한 곳이 신대륙 아메리카였습니다.

라틴 아메리카 지역과 비옥한 미시시피강 유역은 이미 스페인의 영토였고, 브라질도 포르투갈의 영토가 된 지 오래였습니다. 주인이 없는 곳은 현재의 미국 동해안 일대의 황무지뿐이었습니다. 1620년대 이후 이 땅에 대거 이주한 영국의 극빈층들은 이곳을 '뉴잉글랜드New England'라고 이름 지었습니다.

나치 뺨치는 민족 말살 정책

17세기에 영국에서 새로이 발생한 극빈층은 신교프로테스탄트를 믿는 퓨리턴Puritan, 청교도이었습니다. 퓨리턴이란 영국의 신교도를 일컫는 호칭입니다. 신교는 귀천을 따지지 않고 '신 앞에서의 평등'을 내세웠으므로 빈곤층에 폭넓게 침투했습니다. 아메리카 대륙으로 건너간 퓨리턴들을 '필그림 파더스Pilgrim Fathers, 순례의 시조'라고 부릅니다. 그리고 그들의 자손

| 퓨리턴 가정을 묘사한 17세기의 목판화.

은 WASP^{White Anglo-Saxon Protestant, 와스프}라
고 하는데, 아메리카 합중국을 주도
하는 핵심 계층이 됩니다. WASP는
앵글로색슨계 혹은 프로테스탄트
신자인 사람을 가리킵니다.

　당초에 터전을 찾아서 아메리카 대륙으로 건너간 사람들은 대부분
이 가혹한 환경을 견디지 못하고 죽었습니다. 황야를 경작하고 신천지
를 개척하는 것은 상상을 초월할 정도로 힘겨운 일이었습니다. 그 고
난을 극복할 수 있었던 것은 퓨리턴으로서의 종교적 열망이 있었기 때
문입니다. 프런티어 스피리츠^{frontier spirit, 개척 정신}로 황야를 개척하며 퓨리턴
의 생존권을 구축하는 일은 신이 내린 '매니페스트 데스티니^{Manifest Destiny,}
^{명백한 사명}'라고 생각했습니다. 영토 확장 역시 종교적 사명이라 여겼고 신
의 이름으로 이교도 인디언을 박해·학살하는 것도 성스러운 행위라
며 정당화했습니다.

　아메리카 대륙에 들어간 백인들은 선주민인 인디언을 민족 정화의
대상으로 보았습니다. 그들이 인디언에게 자행한 일은 나치 뺨치는 민
족 말살 정책이자 가차 없는 대학살이었습니다. 17세기 후반, 인디언
측은 부족 간에 동맹을 맺고 아메리카 대륙에 들어온 백인들과 전쟁
을 시작했습니다.

　이 무렵 독일, 네덜란드, 북유럽의 프로테스탄트들도 미국으로 이
주했는데, 그들도 아메리카 대륙에 건너온 퓨리턴과 협력해 인디언과

| 아메리카 대륙에 들어간 백인들과 인디언의 전쟁을 묘사한 그림.

싸웠습니다. 이 전투 과정에서 독일·네덜란드·북유럽인들은 먼저 아메리카 대륙에 도착해 터를 잡은 영국인과 하나가 되어 싸웠습니다. 총으로 무장한 백인들은 인디언을 몰아내고 각지에서 민족 정화 운동을 벌였습니다.

인디언 말살 정책은 18세기에도 계승되어 조지 워싱턴은 식민지 군대의 사령관으로 있던 시절에 인디언 부족이 모여 사는 마을을 초토화시키는 작전을 실행하고 지휘했습니다.

미국이 독자적으로 추진한 흑인 노예 증식 정책

18세기, 아메리카 대륙에 터를 잡은 백인 중에 농지를 확보하여 사탕, 커피, 면화, 담배 등의 상품 작물을 재배하고 영국을 비롯한 유럽에 수출하여 큰돈을 번 사람들이 등장했습니다. 이처럼 광대한 농장에는 흑인 노예가 투입되었습니다. 백인 지주들은 영국의 노예 상인에게서 흑인 노예를 열심히 사들였습니다.

흑인 노예의 노동력으로 미국의 농업 기반이 강화되자 백인은 부를 축적하고 이권을 휘두르게 되었습니다. 미국 각지에서 유력가들이 새로이 나타났습니다. 합중국 건국의 아버지 워싱턴과 제퍼슨^{Thomas Jefferson,} _{미국 독립 선언문을 기초했으며 미국 제3대 대통령을 지냈다. _역주}은 흑인 노예를 혹사시키던 농장의 지주였습니다. 그들 유력가는 자신들의 이익을 지키기 위해 1775년에 독립 전쟁을 일으켜 영국의 지배를 물리치는 데 성공합니다.

독립 전쟁이 시작되기 전인 18세기 중반에는 영국의 노예 공급이 감소했습니다. 아프리카 지역에 흑인 사냥이 성행하면서 흑인 인구가 급감하고 노예의 도매가격이 상승했기 때문입니다. 미국 측은 이 사태에 대응하기 위해 흑인 여자아이를 대거 사들이고 '증식 정책'을 시행했습니다.

이 증식 정책을 통해 미국은 영국의 노예 무역에 의존하지 않고도 흑인 노예를 늘릴 수 있게 되었습니다. 그 결과, 영국은 노예 무역으로 올리던 수익을 잃고 인도적 이유를 핑계로 삼아 1807년에 노예 무역

| 남북 전쟁 당시의 흑인들. 이들은 자유를 얻은 흑인들로, 남북 전쟁 때 북군을 지원하는 일을 했다.

을 금지합니다. 이 무렵에 미국의 흑인 인구는 급격하게 늘어나고 그와 동시에 서부 개척 시대가 막을 엽니다. 서부 개척은 노예 노동력의 확대와 떼려야 뗄 수 없는 관계에 있었습니다.

서부 개척을 하면서 백인들은 선주민 인디언과 대립했습니다. 독립 전쟁 이전부터 인디언 말살 정책이 추진되어 백인과 인디언은 이미 전쟁 상태에 있었습니다. 미국 정부는 인디언 각 부족에 금전 보상과 토지 소유 인가 등의 회유 정책을 펼치면서 개별적으로 부족 동맹을 무너뜨렸습니다. 인디언 동맹의 힘이 약해지자 1830년 7대 대통령 앤드류 잭슨^{Andrew Jackson}은 인디언 강제 이주법을 제정하고 상당수의 인디언 부족을 미시시피강 서쪽의 변두리 지역으로 이주시켰습니다. 잭슨은 의회에서 "인디언은 말살시켜야 할 열등 민족이다."라고 연설했습니다.

인디언이 도착한 곳은 현재의 오클라호마Oklahoma주였습니다. 인디언 말로 오클라okla는 '사람들'이고 호마homa는 '붉은'을 의미합니다. 인디언은 흑인도 백인도 아닌 자신들을 적인赤人이라 여겼던 것으로 보입니다.

현재 인디언들은 '뉴잉글랜드 아메리칸 인디언 연합'을 결성하고 미국 정부에 다양한 보상을 청구하고 있습니다.

강제 혼혈로 태어난 '블랙 인디언'

상당수의 미국 흑인은 인디언과 섞이며 그들의 피를 이어받았습니다. 이들을 가리켜 '블랙 인디언'이라고 합니다.

농장에서 혹사당하던 흑인 노예는 도망쳐서 인디언 부족에게 몸을 의탁하기도 했습니다. 보통은 흑인 노예가 인디언 부족과 좋은 관계를 유지하며 그들과 혼혈을 이루었다고 설명하지만, 이는 후세에 미담으로 꾸며졌을 가능성이 적지 않습니다. 인디언 부족은 같은 인디언이라도 다른 부족에 배타적이고 경직된 부족 단위 사회를 고수했습니다. 그런 인디언 부족이 흑인 노예와 협조했다는 것은 너무나도 부자연스러운 일입니다.

실제로는 백인에게서 도망친 흑인 노예는 인디언에게 붙잡혀 인디언의 노예가 되었습니다. 이 사례는 일부 사실로 드러났는데, 일부가 아니라 거의 전부가 그러했다고 생각할 수 있습니다.

흑인과 인디언 혼혈은 양자 간의 호의적 관계에 의해 생겨난 것이 아니라 오히려 백인의 증식 정책으로 인해 강제적으로 생겨났다고 봐야

| 블랙 인디언 여성. 1838년에 찍은 사진이다.

옳습니다. 인디언은 백인의 말살 정책으로 무참하게 살해당했으나 여성 인디언은 증식 정책에 이용되어 흑인 노예의 자식을 낳게 되었습니다. 이러한 어둠의 역사는 인권 의식이 향상되면서 백인들도 수치라고 여겼던 탓에 기록상에는 거의 남아 있지 않습니다.

아메리카 흑인의 약 40%가 인디언의 피를 이어받았다고 합니다. 그리고 인디언은 증식 정책에 이용되었습니다. 그렇지 않다면 19세기에 대거 태어난 블랙 인디언의 존재를 설명할 길이 없습니다.

유전자에 새겨진 계율

16세기 이후, 스페인에서 건너온 백인은 중남미에서 인디언, 흑인과 결합했습니다. 특히 스페인인은 인디언 여성을 좋아하여 그녀들을 노예로 삼고 메스티소라 불리는 혼혈아를 낳았습니다. 이에 반해 '필그림 파더스'라 불리던, 미국에 온 영국의 백인들은 타인종과 섞이지 않았습니다. 그 이유가 뭘까요? 영국에서 건너온 백인의 자손은 WASP라 불리며 대개는 백인으로서의 순수한 혈통을 유지했습니다. 여기에는 퓨리턴의 종교 계율이 크게 영향을 미쳤습니다.

신천지를 구축하고 신과 함께 살려고 하는 당시의 퓨리턴들에게 종교적 계율은 정신적 지주였습니다. 퓨리턴들은 계율을 더 첨예화시키고 극단적이라고 할 정도로 이상주의를 추구하며 이단분자와 이질적인 존재를 열심히 배척하였습니다.

퓨리턴의 정신적 상황을 표현한 책이 있습니다. 『주홍글씨The Scarlet Letter』라는 소설입니다. 이 작품은 미국의 문학가 호손Nathaniel Hawthorne의 저작으로 1850년에 출판되어 문제작으로 화제를 모았습니다.

『주홍글씨』는 17세기 미국의 퓨리턴 사회를 무대로 불륜 끝에 아이를 낳은 여성이 주인공인 소설입니다. 퓨리턴의 계율에 따라 부정한 아이를 낳은 주인공은 간통adultery 죄를 나타내는 주홍 글씨 'A'를 새긴 천을 가슴에 달아야 했습니다. 이 책에는 동네 사람들에게 심한 배척을 당하는 주인공의 모습과 내면이 그려져 있습니다. "밀통한 남자의 이름을 대라."고 집요하게 다그치는 목사에게 주인공 여성은 끝끝내 비밀로 하고 아무 말도 하지 않습니다. 이 소설에서 호손은 퓨리턴 계율의 급진성과 그 모순을 사실적으로 묘사했습니다.

이처럼 엄격한 계율이 현실적으로 어디까지 지켜졌는지는 의문이지만 표면적으로는 이상주의를 내걸고 자신들의 인종·민족적 정체성을 지키며 타민족을 이단으로 배척하는 이론으로서 크게 활용되었습니다. 타민족과 섞이는 것은 도저히 받아들일 수 없는, 계율에 대한 도전으로 간주되었습니다. 그러한 생각은 WASP의 유전자에 깊게 새겨져 있습니다.

미국 제3대 대통령 토머스 제퍼슨은 흑인 소녀를 좋아하여 성노예로 삼았다는 소문이 있었지만 그 소문은 당시부터 철저히 은폐되었습니다. 한편 가톨릭을 신봉하는 스페인 출신 백인에게는 이러한 배타적 계율이 없었습니다. 가톨릭은 비교적 박애주의 경향이 강했기 때문입니다. 또한 스페인에서 온 백인들은 콘키스타도르^{정복자}를 필두로 종교적 정렬보다 경제적 이익 추구를 우선했습니다.

▌ 지금도 여러 대립을 낳고 있는 백인 우월주의

2017년 8월 미국 남부의 버지니아주에서 백인 우월주의로 촉발된 사건이 일어났습니다. 공원에 세워진 남북 전쟁의 남군 사령관이었던

리 장군Robert Edward Lee 동상 철거에 반대하는 백인 우월주의자들이 모여들었습니다. 한편 백인 우월주의자들이 집회를 여는 것을 막으려는 반대파 수백 명이 주변을 에워싸고 몸싸움을 벌였습니다. 그러던 중 반대파들이 시위행진을 하던 번화가에서 차가 돌진하여 32세 여성이 사망했습니다. 경찰은 차량 운전자인 백인 우월주의자 남성을 살인 용의자로 체포했습니다. 이때 트럼프 대통령이 이 사건에 애도를 표하면서도 백인 우월주의자들에 대해서 직접적인 언급을 하지 않아 큰 비판을 받았습니다. 버지니아주에 모인 백인 우월주의자들은 남북 전쟁 시대에 흑인 노예제를 인정했던 남군의 깃발을 내걸고 행진하여 리 장군을 찬양했습니다.

1850년대 미국은 남부와 북부가 노예 제도를 둘러싸고 대립이 격화되어 수습이 불가능한 상태였습니다. 남부에서는 광대한 농장을 경작하기 위해 노예가 반드시 필요했던 반면 공업이 중심이었던 북부는 그런 남부의 노예 제도를 강하게 비판했습니다.

근대적 공업화가 진행되고 부르주아라 불리는 상공업자들이 새로이 등장하자, 북부에서는 노예 제도를 인정하는 수구 세력을 국가의 수치라고 여기게 되었습니다. 1860년, 북부를 대표하는 링컨Abraham Lincoln, 공화당이 대통령에 당선되었습니다. 링컨은 북부 사람들의 감정에 편승하기 위해 노예제를 반대하여 사람들의 지지를 등에 업고 대통령이 되었습니다. 남부의 모든 주는 링컨의 대통령 취임에 반발하여 연방을 이탈했습니다. 이러한 대립은 결국 무력 충돌로 이어져 남북 전쟁1861~65

| 남북 전쟁의 향방을 가른 게티즈버그 전투를 묘사한 그림. 이 전투에서 북군이 승리함으로써 남북 전쟁은 북부의 승전으로 막을 내렸다.

년이 발발했습니다.

1863년, 전쟁 중에 링컨이 노예 해방 선언을 발표했습니다. 전황이 불리했음에도 남부의 모든 주는 리 장군을 따라 결사의 각오로 전쟁에 나섰습니다. 그 결과, 참혹한 내전이 일어났습니다. 하지만 링컨의 북군이 여론을 자기편으로 만드는 데 성공하고 게티즈버그 전투에서 승리함으로써 남북 전쟁은 막을 내렸습니다.

남북 전쟁 이후, 헌법을 수정하여 노예 제도가 폐지되었고 해방된 흑인에게는 시민권과 선거권이 주어졌습니다. 하지만 토지는 주어지지 않았기 때문에 경제적으로 자립하지 못하고 대부분이 '셰어 크로퍼스Sharecroppers'라 불리는 노예나 다름없는 소작인 신세가 되어 지주에게 경제적으로 종속되어야 했습니다.

또한 백인들은 KKK^{Ku Klux Klan}라는 반흑인 비밀 결사를 조직하여 흑인에게 폭력적인 박해를 가했습니다. 남부의 모든 주에서 서서히 백인 지배가 부활하고 주법을 교묘히 피해 흑인의 시민권과 선거권을 박탈하는 등 흑인에 대한 차별이 계속되었습니다.

흑인 문제는 20세기가 되어서야 겨우 해결의 기미를 보이게 됩니다. 킹^{Martin Luther King Jr.} 목사가 1950년대에 추진한 흑인 공민권 운동에 영향을 받아 1964년, 미국 의회에서 공민권법이 발의되고 케네디^{John Fitzgerald Kennedy} 대통령이 손을 본 후 후임 존슨^{Lyndon Baines Johnson} 대통령 재임 시절에 제정됩니다. 주로 흑인의 공민권을 폭넓게 인정한 법률로 선거권을 비롯하여 차별을 없애는 내용을 담고 있습니다.

Part 7

대제국의 성립과
민족의 융화

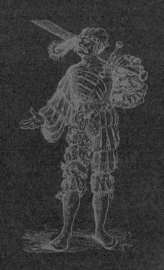

대제국을 건설한 몽골인은 역사적으로 동서 교류에 어떤 역할을 했는가?

몽골인의 확산을 저지한 투르크인은 누구인가?

만주인은 어떻게 중국을 정복하고 청 왕조를 세웠을까?

글로벌 민족 오스만인은 어떻게 탄생했는가?

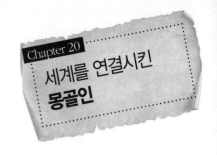

Chapter 20
세계를 연결시킨
몽골인

몽골인은 누구인가?

　몽골계 민족이란 넓은 의미에서 아시아의 황색 인종 전체를 가리킵니다. 한국인과 일본인도 여기에 포함됩니다. 이 넓은 의미의 몽골계 민족을 학술적으로 몽골로이드라고 합니다. 좁은 의미로는 몽골고원에서 만주에 걸쳐 분포하는 사람들을 가리키며, 더욱 좁은 의미로는 몽골고원에서 천막을 치고 유목 생활을 하는(했던) 사람들을 가리킵니다. 오늘날의 몽골인은 일반적으로 이 좁은 의미의 사람들을 의미합니다.

　몽골인들은 오늘날 중국과 몽골에 거주합니다. 몽골인이 거주하는 몽골고원은 외몽골^{北部}과 내몽골^{南部}로 나눌 수 있습니다. 중국의 청 왕조는 17세기에 내몽골과 외몽골 양쪽을 정복하고 이곳을 청나라 영토에 편입했습니다.

청의 오랜 지배를 받던 외몽골은 신해혁명으로 중국에서 분리 독립하여 1924년 세계 두 번째의 사회주의 국가인 몽골 인민 공화국이 됩니다. 한편 내몽골은 계속 중국령으로 있다가 중국의 네이멍구 자치구 내몽골 자치구라고 불리는, 성省. 중국의 행정 구역은 22개의 성과 5개의 자치구, 3개의 직할시, 1개의 특별 행정구로 구성되어 있다. 성은 국가 다음의 행정 단위다에 버금가는 행정 구역이 됩니다.

이렇게 쓰고 보니 몽골인이 남북으로 분단된 것처럼 보이지만, 청왕조 시대였던 약 300년 동안 내몽골의 몽골인은 중국인과 혼혈을 거듭하면서 문화·혈통 면에서 중국에 동화되었습니다. 내몽골은 몽골보다는 중국과 더욱 친밀해졌습니다. 한편 몽골고원의 대부분을 차지하는 외몽골에서는 몽골인들이 전통적인 삶을 유지하며 혈통도 지켰습니다. 그들이 몽골인으로서의 정체성을 되찾기 위해 중국에서 독립하여 '몽골 인민 공화국'을 건국한 것은 당연한 일이었습니다.

하지만 인민 공화국을 건설한 뒤 몽골은 소련의 가혹한 지배에 시달렸습니다. 사회주의화되면서 민족의 영웅 칭기즈 칸의 이름을 들먹이는 것조차 금지되었습니다. 1991년 소련이 해체되자 몽골은 사회주의를 포기하고 1992년 몽골국으로 이름을 고쳤습니다.

몽골에는 희토류稀土類. 희토는 말 그대로 '희귀한 흙'이라는 뜻이다. 17개의 광물을 포함하고 있는데, 화학적으로 안정적이고 열을 잘 전달하여 첨단 기기에 사용된다를 비롯하여 아직 개발되지 않은 광물 자원이 많습니다. 때문에 중국과 러시아 등 세계의 여러 나라가 이곳을 주목하고 있습니다. 일본도 몽골 정부와 2010년에 희토류를 공동으로 조사하기 위한 협정을 맺고 몽골의 광물 자원 개발에 나섰습니다. 앞으로 몽골은 풍부한 자원을 바탕으로 큰 발전이 기대되고 있습니다.

대제국을 떠받친 새로운 수익 구조

[20-1]에서 보듯 역사상 몽골인들이 융성했던 네 번의 시기가 있습니다. 과거 몽골인은 황허강 유역에 거주하는 한인들이 혼란을 겪으며 힘이 약해진 틈을 타 침략과 약탈을 반복했습니다. 몽골인은 중국의 경제권을 잠식하면서 조금씩 힘을 키웠습니다.

하지만 13세기에 이르러 몽골인들이 중국을 잠식하는 형태와 구조가 완전히 바뀌었습니다. 칭기즈 칸 수하의 몽골인은 새로운 수익 구조를 만들어 내는 데 성공합니다. 칭기즈 칸은 뿔뿔이 흩어져 있던 몽

[20-1] 몽골인의 융성

	명칭 · 부족	최전성기	주요 지도자	나라 이름
제1융성기	흉노	기원전 2세기	모돈 선우 또는 묵돌 선우	흉노
제2융성기	선비	5세기	탁발규	북위
제3융성기	거란	10세기	야율아보기	요
제4융성기	몽골	13세기	칭기즈 칸	몽골 제국

골인 부족을 통합하여 세계를 정복합니다. 칭기즈 칸이 발휘한 힘의
원천은 어디에 있었던 것일까요?

11세기 이후 유라시아 대륙은 호경기를 누렸습니다. 유럽에서는 십
자군 원정으로 동방 무역이 탄생했고 중국에서는 송 왕조가 경제 중시
정책을 취하면서 경기가 살아났는데, 이러한 활황 속에서 동서 교역의
대동맥 실크 로드가 비약적으로 발전합니다. 칭기즈 칸은 실크 로드를
지배함으로써 막대한 부를 쌓았고 세계 제국 몽골을 형성했습니다. 동
서로 광대한 영역에 이르는 실크 로드를 관리하고 지배하는 데에는 몽
골인 기마대의 기동력이 큰 역할을 했습니다.

중앙아시아의 중심에 위치한 오아시스 도시 사마르칸트는 실크 로
드를 정복하기 위한 중요한 거점이었습니다. 당시 이 사마르칸트를 터

키인의 나라 호라즘이 지배했습니다. 칭기즈 칸은 절묘한 양동 작전으로 호라즘을 멸망시키고 사마르칸트를 손에 넣었습니다.

또한 칭기즈 칸은 만년에 티베트인 나라인 서하西夏를 멸망시키고 실크 로드 권역에 드는 전 지역을 지배하게 되었습니다. 몽골은 실크 로드를 완전히 지배하며 이곳에서 가져온 부를 배경으로 빠르게 성장했습니다. 그 영역은 동유럽, 중동 전 지역, 아프가니스탄, 티베트, 미얀마, 중국, 한반도에 이르렀으며, 총 면적은 약 3,300만 제곱킬로미터에 달했습니다.

세계 경제를 일체화시킨 고도로 발달한 유통 시스템

몽골인이 실크 로드를 장악하기 전에는 실크 로드를 따라 각 나라와 부족 사회가 난립해 있어서 상인들이 그 영역을 통과할 때마다 일일이 통행세와 관세를 내야 했습니다. 관세를 내는 수속 절차도 복잡해서 상인들은 한곳에 며칠씩 머물러 있어야 하는 경우도 적지 않았습니다.

몽골인은 이처럼 비효율적인 구조를 일소하고 상품 가격의 30분의 1$^{3.33\%}$이라는 저렴한 세금을 상품을 최종 매각하는 지점에서만 부과하도록 관제를 고쳤고, 통행세와 번잡한 관세 등은 다 폐지했습니다. 그리고 세금을 내는 수단은 만국 공통의 가치를 지닌 은으로 정하고 세

| 몽골 기병대는 세계 정복의 첨병이자, 실크 로드라는 글로벌 경제 대동맥의 질서를 유지하는 관리자였다.

금 체제도 통일시켰습니다. 몽골에서 은 본위제 경제가 구축되면서 은을 바탕으로 하는 세계적인 투자 경제, 신용 거래가 활발하게 이루어졌습니다.

또한 몽골은 실크 로드를 따라 수 킬로미터마다 위병소와 숙박소를 두는 역참 시설을 정비하여 실크 로드를 건너는 상인들의 안전을 보장했습니다. 이에 따라 도난, 피해 등이 격감하고 대상 무역과 상업 네트워크가 발달했습니다. 그리고 다양한 정보가 각 역을 통해 릴레이 방식으로 신속하게 전달되었기에 실크 로드에서 사건이 일어나면 기동력을 자랑하는 몽골 기마대가 득달같이 달려와 사건을 처리했습니다. 몽골인은 낡은 가치관에 사로잡히지 않고 실크 로드를 매개로 한 고도의 유통 시스템을 통해 세계 경제를 일체화시켰습니다.

글로벌한 시야로 사상 유례가 없는 대제국을 건설했지만 몽골인에게는 여전히 야만적인 일면이 남아 있었습니다. 칭기즈 칸은 측근에게 "인생 최대의 재미는 증오하는 적을 격파하고 적의 재산을 빼앗는 것"이라고 말했습니다. 19세기 아르메니아계 스웨덴인 역사가 아브라함 도손Abraham Constantine Mouradgea D'Ohsson은 저서 『몽골사The history of the Mongols from Genghis Khan to Timur』를 통해 칭기즈 칸의 야만적인 기질을 자세히 분석하고 있습니다. 몽골인은 대대로 중국에 대한 약탈을 생업으로 삼아 온 민족입니다. 약탈하는 기질이 세대를 뛰어넘어 그들의 몸에 스며들었는지도 모릅니다.

'지옥의 사자'로 불리던 타타르인

칭기즈 칸이 죽은 뒤 그의 아들과 손자가 각지에서 세력을 거느리고 유라시아 대륙을 분할 통치했습니다. 이들은 몽골의 확장을 멈추지 않았습니다. 칭기즈 칸의 손자 바투는 유럽 원정의 총사령관으로서 동유럽 원정에 나섰습니다. 바투의 분대는 모스크바, 키예프를 공략하고 러시아를 제압했습니다. 이어서 폴란드에 침입했습니다. 폴란드는 갑작스러운 습격에 요격 체제를 정비할 새도 없이 차례로 도시가 짓밟혔습니다.

11세기 이후 유럽인은 십자군을 편성하여 이슬람교도와 전투를 벌

| 몽골 케레이트 부족의 지도자였던 토오릴 칸을 묘사한 서양의 그림. 그림을 그린 화가는 토오릴 칸을 기독교 국가의 군주로 묘사했다. 동방의 강대한 기독교 국가를 다스리는 사제왕 요한프레스터 존에 대한 환상이 토오릴 칸에게 덧씌워진 것이다.

였습니다. 그런데 중세 유럽에는 한 가지 전설이 있었습니다. 저 멀리 동방에 기독교 신도들이 사는 나라가 있으며, 그곳의 지도자 프레스터 존Prester John이 십자군을 구해 주러 온다는 전설이었습니다.

13세기, 유럽인들은 동방에서 느닷없이 나타난 몽골 군단이 프레스터 존의 군단일 거라고 기대했습니다. 러시아에 침공한 몽골 군단이 도시를 약탈하고 파괴했을 때, 이러한 상황은 로마 교황을 비롯한 유럽의 지도자들에게도 보고되었습니다. 하지만 유럽 지도자들은 러시아인이 로마 가톨릭교를 믿지 않고 정교를 믿는 이단이기 때문에 러시아의 도시들이 파괴되었다며 프레스터 존의 군단이 왔다고 철석같이 믿었다고 합니다. 하지만 몽골 군단이 가톨릭교를 믿는 폴란드를 침공하여 약탈하자 그들은 그제야 겨우 현실을 깨달았습니다.

1214년, 폴란드-독일 연합군이 폴란드의 리그니츠 동남쪽에서 몽골군을 맞이하여 싸웠지만 결국 몽골군에 대패했습니다. 훗날 이 땅은 '발슈타트Wahlstatt, 시체의 땅'라 불리게 되었습니다. 이 전투의 대패는 곧바로 유럽 전역에 알려지고 유럽을 공포의 수렁에 빠뜨렸습니다. 유럽인은 몽골인을 '타타르인'이라고 불렀습니다. '타타르'란 그리스어로 '지옥'을 의미하는 타르타로스Tartarus에서 유래합니다.

몽골인은 중국인을 경시했다

몽골 제국의 5대 황제인 쿠빌라이는 형 몽케 칸4대 황제이 죽은 뒤 독자적으로 쿠릴타이중세부터 근세까지 개최되었던 몽골의 정책 결정 제도를 가리킨다. _역주를 열고 대칸의 지위에 올랐습니다. 1264년에 그는 대도大都, 현재의 베이징를 제도帝都로 정하고 국호를 중국식인 '원元'으로 했습니다. 1297년, 쿠빌라이 칸은 남송을 멸망시키고 중국을 통일합니다.

원 왕조의 영토는 중국 주변인 몽골, 만주, 티베트, 고려, 미얀마까지 미쳤습니다. 쿠빌라이는 일본을 정복하기 위해 1274년 '분에이의 역文永の役, 몽골의 첫 번째 일본 원정을 일본의 입장에서 설명한 것으로 분에이(文永, 문영)는 당시 일왕의 연호이고 역(役)은 전쟁을 의미한다. _역주'과 1281년 '고안의 역弘安の役, 몽골의 두 번째 일본 원정으로 고안(弘安, 홍안)은 당시 일왕의 연호다. _역주', 두 번에 걸쳐 대군을 파견했으나 대부분의 군선이 폭풍우에 침몰하며 실패했습니다. 쿠빌라이는 일본 외에 베트남, 자바에

| 폭풍에 휩쓸린 원의 전투선을 묘사한 그림. 일본은 원의 두 차례 공격을 막아 준 태풍을 신풍(神風, 가미카제)이라고 부른다.

도 원정군을 파견했는데 모두 실패로 끝났습니다.

원 왕조는 해상 무역을 장려해서 항저우, 취안저우, 광저우 등의 항구 도시가 번영했습니다. 이탈리아인 마르코 폴로는 『동방견문록』에서 항저우를 킨자이, 취안저우를 자이통이라고 부르며 그 활기찬 모습에 대해 언급했습니다.

원 왕조는 몽골인 제일주의를 내세우며 사람들을 몽골인, 색목인, 한인, 남인으로 나누고 관료를 비롯한 지배 계급은 몽골인과 색목인에게 나누어 주었습니다. 색목인은 중앙아시아와 이란 출신의 이민족을 가리킵니다. 한인은 화베이의 중국인, 남인은 남송의 지배하에 있던 중국인입니다. 이 가운데 남인이 가장 심한 차별을 받았습니다.

중국에서 몽골인은 소수였습니다. 한인과 남인이 전체 인구의 90% 넘게 차지했습니다. 몽골인은 중국식 관리 등용 제도인 과거를 일시 정지하고 중국의 독자적인 문화를 경시했습니다. 이것이 후에 세워진 청 왕조와 크게 다른 점입니다. 청은 유교 문화를 존중했고 한인을 적극적으로 회유하는 정책을 펼쳤습니다. 청이 1644년부터 1912년까지 260년 넘게 중국을 지배한 데 비해 몽골인 원 왕조의 지배 기간은 1271년부터 1368년까지 100년이 채 안 되었습니다.

몽골인의 진격을 가로막은 터키인

서방에서는 쿠빌라이의 동생 훌라구가 원정에 나서 1258년 바그다드를 점령하여 아바스 왕조를 멸망시키고 일한국을 건국합니다. 하지만 그 쾌조의 진격도 오래가지 못했습니다. 서방에서 터키인이 몽골인의 진격을 가로막았기 때문입니다.

원래 터키인은 몽골인과 마찬가지로 몽골고원에서 유목 생활을 하던 기마 민족입니다. 9~11세기에 몽골고원을 떠나 서쪽으로 이동하여 중앙아시아와 중동을 석권하고 셀주크 왕조를 건국합니다^{Chapter 13 참조}. 이 터키인의 서주를 아시아 민족 대이동의 첫 번째 파도라고 본다면 13세기에 시작된 몽골인의 세계 정복은 두 번째 파도에 해당합니다.

이미 중앙아시아와 중동 지역을 지배하던 터키인은 13세기에 몽골인이 서주하자 서쪽으로, 서쪽으로 자꾸만 밀려나게 됩니다. 그 과정에서 각지에 흩어져 있던 터키인 군사 세력이 이집트, 시리아에 결집하여 그 땅에 맘루크 왕조를 세웁니다.

맘루크는 터키계 군인을 가리킵니다. 이 맘루크 왕조가 이슬람의 마지막 보루가 되어 몽골인에 대항했습니다. 이들이 끝내 몽골인을 무찌를 수 있었던 것은 외부의 위협이 내부의 결속을 단단하게 만들었고 이를 바탕으로 맘루크 왕조의 기반이 강화되었기 때문입니다.

몽골고원에 거주하던 두 유목 민족 터키인과 몽골인이 머나먼 서방의 중동 지역에서 자웅을 겨루었다니 참으로 흥미진진한 일입니다. 맘

첫 번째 파도	터키인	9~11세기	셀주크 왕조
두 번째 파도	몽골인	13세기	몽골 제국

루크 왕조가 몽골인을 격퇴한 뒤 터키인 세력이 서서히 신장하면서 맘루크 왕조에 이어 오스만 제국도 크게 세력을 키우게 됩니다.

몽골의 지배는 정말로 가혹했을까?

'타타르의 멍에1240년부터 1480년까지 러시아가 몽골 제국의 지배를 받은 시기를 말한다. _역주'라는 말이 있습니다. 타타르란 그리스어 타르타로스지옥가 변형된 말로 몽골인을 가리킵니다. 몽골인의 지배를 받으며 압정에 시달리던 러시아인이 만들어 낸 말입니다.

하지만 실제로 몽골은 러시아를 비롯한 각지를 관대하게 지배했습니다. 세금만 제때 잘 내면 종교의 자유가 인정되었고, 지역의 유력가에게 자치를 맡기는 간접 통치 방식을 취했습니다. 러시아 등지에서는 교역의 자유가 인정되어 몽골인이 지배하던 시기가 러시아인이 정권을 잡은 시기보다 훨씬 자유로웠을 것입니다.

15세기 말 러시아인은 자신들이 세운 정권모스크바 대공국의 구심점을 높이기 위해 필요 이상으로 민족의식을 부추길 필요가 있었습니다. 그래서 이때부터 '타타르의 멍에'라는 표현을 자주 쓰게 됩니다.

중동 지역에서 몽골인은 수준 높은 문화를 가진 이란인에게 경의를 표하고 이란인 문화를 적극 수용했습니다. 이란인 재상 라시드웃딘Rashid u'd-Dīn Fadu'llāh을 등용하는 등 이란인에 대한 회유책도 펼쳤습니다. 라시드웃딘은 몽골인이 만든 세계적인 시스템에 대해 자신이 편찬한 책 『집사集事』몽고사 연구에 중요한 사료다. 우리나라에는 출판사 사계절에서 지금까지 『부족지』, 『칸의 후예들』, 『칭기스칸기』, 『일 칸들의 역사』까지 4권을 출간했다. 사계절은 이 책의 저자 이름을 '라시드 앗 딘'이라 표기하고 있다. _역주에서 자세히 기술했습니다. 1295년, 중동 지역을 정복한 몽골인은 이슬람교수니파로 개종했습니다.

몽골은 자신들이 정복한 각지에서 관대한 공존 정책을 펼쳤지만, 중국인과 중국 문화에 대해서만큼은 예외의 모습을 보였습니다. 몽골인은 아주 합리적인 민족이었습니다. 몽골인은 유교를 비롯한 중국 문화에서 편협함을 느끼고 그것만은 예외적으로 인정하지 않았던 것입니다.

쿠빌라이는 한자마저 국가의 공용 문자로 인정하지 않았습니다. 쿠빌라이는 티베트 불교라마교를 보호하고 티베트 불교의 교주 파스파八思巴(팔사파)를 국사에 봉했습니다. 그리고 그에게 티베트 문자를 기초로 하는 파스파 문자를 만들게 하여 이것을 공용 문자로 삼았습니다.

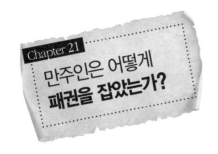

Chapter 21
만주인은 어떻게
패권을 잡았는가?

막대한 부를 축적한 만주인

중국의 역사를 다룬 영화를 보면 변발이라는 독특한 머리 모양을 한 사람들이 등장하는 것을 볼 수 있습니다. 앞머리를 밀고 뒷머리를 길러서 세 가닥으로 갈라 머리를 땋는 헤어스타일입니다. 변발은 만주인의 대표적인 풍습입니다. 현대인의 눈에는 기묘해 보이지만 만주인에게는 귀한 풍습이었습니다. 일본의 촌마게丁髷(정곡), 에도 시대의 남자가 했던 일본식 상투의 한 가지. 이마 위의 머리를 밀고, 후두부에서 머리를 모아 틀어 올렸다._역주도 기묘해 보이지만 무사의 귀한 풍습이었습니다.

만주인은 옛날부터 만주만이 아니라 한반도에도 진출하여 고구려와 고려 등의 왕국을 건국했습니다Chapter 7. 중국으로도 진출해서 12세기에 금 왕조를 건국했습니다. 그리고 최종적으로 초거대 왕조인 청 왕조를

286

| 만주인의 변발(좌)와 일본의 촌마게(우)

건국합니다. 청 왕조는 1644년부터 1912년까지 약 260년간 지속되었습니다. 중국 동북부의 변경에 있던 변방의 이민족 만주인이 어떻게 패권을 잡고 중국을 지배할 수 있었던 걸까요?

만주인 중에 여진족이라는, 만주 북부에 거주하는 한 부족이 있었습니다. 여진女眞은 zulchin줄친을 발음 그대로 적은 것입니다. 줄친이란 만주어로 '백성'을 의미하는 말이라고 합니다. 12세기 초 여진족이 만주를 통일하고 금 왕조를 건국합니다. 금 왕조는 만리장성을 넘어 송 왕조를 멸망시키고 중국의 북쪽 절반을 지배했습니다. 하지만 13세기 금 왕조는 몽골 제국의 침입을 받고 멸망합니다.

이후 만주인은 중국의 원 왕조몽골인, 명 왕조한인에 복속됩니다. 이 300여 년 동안 만주인은 '호시무역互市貿易'이라고 하는 이민족 간의 민간 상업 거래를 주도하며 부를 축적했습니다. 만주는 몽골인, 한인, 조선인, 세 세력이 교차하는 지점에 위치하여 물류의 거점으로 사람, 상품, 돈

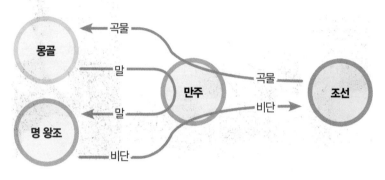

[21-1] 호시무역의 물류 시스템

몽골
만주
명 왕조
조선

곡물
말
말
비단
곡물
비단

이 모이는 곳이었습니다.

14~15세기 명 왕조가 북방의 몽골인과 격렬하게 싸우고 국교가 단절되었을 때, 양 세력의 군수 물자는 만주의 호시무역을 통해 조달되었습니다. 민간이 주체인 호시무역이 간접 거래의 장으로서 양 세력에 부족한 물자를 공급하는 역할을 했는데, 두 세력 간에 전쟁이 격렬해질수록 군수 물자를 중심으로 하는 거래가 활발해져서 수익은 더욱 커졌습니다.

만주인은 몽골인을 어떻게 받아들였는가?

만주인은 이처럼 호시무역을 통한 수익을 배경으로 힘을 기르고 새롭게 부상했습니다. 1616년, 퉁구스계 만주인 부족들이 통일되고 랴

오둥반도 북부의 선양을 수도로 삼았습니다. 1630년대 들어 만주인에게 큰 기회가 찾아옵니다. 몽골인 세력 중 야심가였던 링단 칸내몽골 차하르 부족의 칸 _역주이라는 지배자가 있었습니다. 그는 자신을 칭기즈 칸의 현신이라고 주장하며 분열된 몽골 부족을 통일시키려고 했습니다. 당시 몽골 부족들 간의 결속력은 약했고 서로 간섭하지 않는 것이 불문율이었습니다. 하지만 링단 칸은 이를 깨고 멋대로 부

| 청의 2대 황제 홍타이지. 숭덕제라고도 한다. 청 태조인 누르하치의 아들이다.

족들을 탄압했습니다. 링단 칸이 없애 버린 부족도 있었습니다.

링단 칸이 1634년에 병으로 죽자 반링단파를 자처하던 부족이 일제히 반란을 일으키면서 몽골인 사이에 커다란 분열이 일어났습니다. 이 반링단파 세력에 지원의 손길을 내민 이들이 바로 만주인이었습니다. 당시 만주인 지배자 홍타이지皇太極(황태극), 청 왕조의 2대 황제 _역주는 그들을 지원하는 대가로 몽골의 지도자였던 칸의 자리를 양위받았습니다.

이때 홍타이지가 몽골인 세력의 절반가량을 단번에 흡수하는 데 성공하면서 만주인 세력이 크게 약진했습니다(참고로 몽골인 세력의 나머지 절반은 후에 청 왕조 제4대 황제인 건명제가 제압했습니다). 1636년, 홍타이지는 국호를 '청淸'으로 정하고 청 왕조를 창시합니다.

만주인이 몽골인 세력을 흡수하는 데 성공한 다른 이유로는 만주인

이 내건 실력 중심의 인사 등용제가 있었습니다. 만주인은 팔기八旗라는 대규모 군단을 편성했습니다. 만주인은 사비를 털어 몽골인들을 자신의 군단에 적극 등용했습니다. 팔기에 소속된 몽골인들은 안정적으로 봉급을 받을 수 있었습니다. 팔기의 인사 제도는 실력주의를 표방하여 신분이나 혈연에 관계없이 공적을 세운 자가 발탁되는 구조였습니다. 팔기는 그 이름대로 8개의 군단으로 나뉘었는데, 군단끼리 서로 경쟁시켜서 공적을 올린 군단을 공정하게 평가했습니다.

이러한 제도는 혈연 중심의 부족 사회에 답답함을 느끼던 몽골인 실력자들에게 활기를 불어넣어 주었고 그들이 자진해서 만주인 군단에 입단하는 동기가 되었습니다. 팔기는 몽골인들에게 낡은 부족 사회를 타파하는 혁명적인 계기를 가져다주었습니다.

야만인들의 한심한 머리 모양

몽골인 세력을 흡수한 만주인은 1637년, 조선을 굴복시킵니다. 조선으로부터 막대한 군량을 받아 낸 후 만리장성을 넘어 명 왕조한인와의 전쟁에 나섭니다.

당시 명에는 산시陝西(섬서)에서 발생한 심한 가뭄으로 인해 대규모 반란이 일어났습니다. 명 조정은 만주인을 상대하느라 반란을 진압할 군을 보낼 여력이 없었습니다. 1644년, 반란군의 세력 확대를 막아 내지 못한 명은 결국 멸망합니다.

만주인은 도망쳐 온 명의 군인들을 지원하면서 반란군을 해산시키고 베이징에 입성했습니다. 만주인은 중국의 혼란을 틈타 전격적인 속도로 중국 침공에 성공합니다. 그리고 17세기 후반 강희제 시대에 중국 전역을 통일합니다.

14세기 이래로 몽골인과 명 왕조는 격렬하게 대립했는데, 장기간에 걸친 전투로 두 세력 모두 피폐해져서 서서히 힘을 잃었습니다. 그리고 17세기 초엽 두 세력의 내부에서 반란이 일어나며 분열되었습니다. 이때 기회를 엿보던 제3세력인 만주인이 두 세력의 내부 항쟁을 교묘하게 이용하여 두 세력을 굴복시키고 청 왕조를 건국하여 패권을 거머쥐게 됩니다.

만주인은 한인과 몽골인을 비롯하여 영토 내의 모든 주민들에게 변발을 강요했습니다. 이 명에 따르지 않으면 처형되었습니다. 머리를 자르거나 목을 자르는 양자택일의 선택이었습니다. 한인으로서의 프라이드가 강했던 이름 높은 명사들은 '야만인들의 한심한 머리 모양'이라며 변발을 비웃었습니다. 이런 머리 모양을 하고 굴욕적으로 살 바에야 죽는 편이 낫다며 스스로 목숨을 끊는 사람도 있었습니다.

변발은 만주인의 지배를 인정하느냐 아니냐 하는 척도였고 청 왕조는 이에 따르지 않는 자에게는 가차 없이 벌을 내렸습니다. 한편 청은 유교를 비롯한 한인 문화를 존중하여 문화 융성에 힘을 쏟았습니다. 중앙 관청에서는 요직의 절반을 만주인과 한인으로 나누는 만한 우수관제滿漢偶數官制, 만주인과 한인의 관리 숫자를 맞추는 제도라는 뜻를 도입하여 한인을 회유했습니다.

청 왕조 시대에 만주인과 한인, 나아가서는 몽골인과의 혼혈도 순식간에 이루어졌습니다. 청은 거대한 통일 국가를 형성하고 민족 융화 정책을 추진했기에 민족 간의 혼혈은 더욱 가속화되었습니다.

타이완 원주민은 중국인이 아니다

만주인이 세운 청 왕조는 다른 어느 시대의 중국 왕조보다 강대한 힘을 자랑했습니다. 그래서 지배 영역 역시 최대에 달했습니다. 청은 과거의 중국 어느 왕조도 지배하지 못한 영역인 타이완과 외몽골몽골고원, 티베트까지 점령했습니다.

먼저 타이완을 살펴봅시다. 오늘날 타이완은 중국인 일파라는 인식이 있으나 원래 타이완의 선주민은 중국인이 아니었습니다. 선주민은 필리핀, 인도네시아, 말레이시아에서 이주한 오스트로네시아 어족에 속하는 민족이었습니다. 그들은 타이완의 중동 지역 산악 밀림 지대에 살고 있으며 여러 부족 사회를 형성하고 있습니다. 오늘날에도 산악 지대에는 선주민의 혈통을 간직한 부족이 남아 있습니다.

청 왕조 이전의 중국 왕조들은 타이완을 영유하려 하지 않았습니다. 울창한 나무들이 빽빽이 들어서 있는 타이완섬을 차지할 가치를

| 지도상의 타이완 위치

찾지 못했던 것입니다. 16세기에 일본의 해적ᵂⁱ이 타이완섬의 전략적 가치를 알아차리고 본거지로 삼아 개발을 시작했습니다. 대항해 시대에는 네덜란드가 타이완에 진출하여 타이난臺南⁽ᵈⁱᵇ⁾에 질란디아 요새를 지었습니다.

17세기 중반 명 왕조의 유신遺臣이었던 한인 정성공鄭成功은 타이완에 망명하여 네덜란드 세력을 몰아내고 정권을 창출합니다. 이때 청 왕조의 지배를 못마땅하게 여긴 한인들이 정성공과 함께 대거 이주하였고, 타이완은 중국에 동화됩니다.

1683년 청의 강희제는 타이완에 침공하여 정씨 정권을 멸망시키고 타이완을 병합합니다. 이후 중국에서 타이완으로 건너간 이주민이 급증했고, 그들은 선주민을 벽지로 몰아내거나 중국 문화에 반강제로 편입시켰습니다. 이러한 청의 중국 동화 정책에 따라 18세기에 이르면 타이완 선주민 부족 사회는 대부분 소멸됩니다.

타이완은 원래 중국인이 살던 영역이 아닙니다. 중국인이 이주하여 타이완이 중국 언어권에 편입된 것은 고작 350년에 불과합니다.

티베트인은 왜 중국에 굴복했는가?

강희제는 몽골고원에도 진출하여 외몽골의 할하 지역을 평정함으로써 영토를 확대했습니다. 18세기에 군림한 건륭제乾隆帝, 재위 1735~1795 시대는 강희제, 옹정제에 이은 청의 전성기였습니다. 건륭제는 적극적으로 대외 원정에 나서 청의 영토를 확대했습니다. 몽골의 중가르 지역, 중앙아시아의 동투르키스탄의 위구르인 거주 구역을 정복하고 '새로운 영토'라는 의미로 '신장新疆'이라고 이름 지었습니다. 현재 이 지역은 신장 웨이우얼 자치구신장 위구르 자치구가 되어 티베트와 나란히 중국으로부터 독립하기 위한 투쟁을 벌이고 있습니다.

달라이 라마 5세 사후, 티베트는 혼란에 빠졌습니다. 1717년 몽골인 중가르족이 티베트를 점령하고 약탈합니다. 티베트인은 건륭제에게 도움을 요청했지만 건륭제는 중가르족을 정벌하는 동시에 티베트도 병합했습니다. 이미 몽골인들에게 짓밟혀 청에 저항할 힘이 없었던

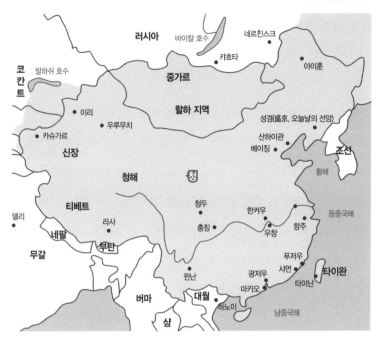

러시아
바이칼 호수
네르친스크
카흐타
아이훈
코칸트
발하쉬 호수
중가르
할하 지역
이리
우루무치
성경(盛京, 오늘날의 선양)
카슈가르
신장
산하이관
베이징
조선
청해
청
황해
티베트
청두
한커우
동중국해
델리
라사
충칭
우창
항주
네팔
부탄
푸저우
무갈
윈난
광저우
샤먼
타이완
마카오
타이난
버마
대월
하노이
남중국해
샴

티베트인은 청에 복속될 수밖에 없었습니다. 이후 티베트는 중국에서 독립하지 못하고 오늘에 이르고 있습니다.

티베트인은 옛날부터 산악 기마 민족의 기상을 가진 이들로 중국에 굴복하지 않았습니다. 4세기에는 화베이^{중국 북부 지역}에 티베트 왕조인 전진을 건국하기도 했습니다. 강대한 당 왕조도 티베트인을 당해 내지 못해서 그들의 왕국^{토번(吐蕃)이라 불렸다}을 사실상 인정했습니다.

하지만 13세기에 칭기즈 칸에 정복되고 원 왕조에 복속되면서 티베트는 과거의 힘을 잃기 시작했습니다. 14세기에 원 왕조가 힘이 약해진 틈에 독립하지만 분열과 혼란을 거듭했습니다. 오랜 기간에 걸쳐 불안정한 상황이 이어지던 중에 18세기에 청 왕조에 복속된 것입니다.

1912년, 청 왕조가 붕괴하자 티베트의 독립을 향한 열망이 높아졌지만 쑨원과 장제스蔣介石(장개석), 중국의 정치가로 중화민국의 총통을 지냈다. _역주의 국민당 정부가 '하나의 중국'을 표방하면서 티베트인의 독립을 인정하지 않았습니다. 1949년, 마오쩌둥이 중화 인민 공화국을 건국하자 인민해방군이 티베트에 침입하여 티베트인 민족주의자를 대거 학살하고 티베트를 제압했습니다. 중국 정부와 티베트인 간의 대립은 돌이킬 수 없는 지경에까지 치달으며 오늘에 이르게 됩니다.

청 왕조를 몰아낸 민족주의

18세기 청 왕조를 다스리던 건륭제는 베트남, 미얀마에도 진출하여 일부 지역을 복속시켰습니다. 청 왕조는 지배 계층인 만주인을 비롯하여 다양한 민족이 어우러진 다민족 국가로서 오늘날 중국의 원형을 형성합니다. 청은 번부藩部, 청나라 행정 구역 중 몽골, 칭하이, 시짱, 신장, 동북 지방을 칭한다. _역주를 다스리는 기관을 만들어서 광대한 영토와 여러 민족을 지배했습니다.

주변 지역으로 영토를 확장하며 군사 비용이 기하급수적으로 늘

어나면서 건륭제 시대 말기에는 재
정난에 빠지게 됩니다. 넓은 영토를
통치하기 위해 관리 인원을 증원하
고 관료 기구가 비대해지자 인건비
도 청 왕조의 재정을 무겁게 짓눌렀
습니다. 19세기, 청 왕조는 재정난
을 극복하지 못하고 마비 상태에 빠
집니다. 지신들이 만든 거대한 기구
에 자신들이 짓눌리면서 쇠퇴 일로
를 걷게 된 것입니다.

| 홍수전. 기독교의 교리를 차용한 신흥 종교를 앞세워 배상제회라는 종교 단체를 조직하고 봉기를 일으켰다.

　혼란기에는 어느 시대든 필연적이라고 해도 좋을 정도로 민족주의
가 대두하게 됩니다. 특히 청 왕조와 같은 다민족 국가에서는 그러한
경향이 뚜렷해서 민족주의자가 민족주의를 내세우며 사람들의 불만을
규합하고 동란을 일으킵니다.

　청 왕조의 혼란기에 등장한 민족주의자가 바로 홍수전^{洪秀全}입니다.
1850년, 대기근이 발생하자 홍수전은 광시성^{廣西省(광서성). 청대에 존재했던 행정 구역으로, 오늘날 광시 좡족 자치구 일대를 일컫는다. 남쪽으로 베트남과 접하고 있다} 진톈촌에서 민중과 함께 무
장 봉기를 일으키고 '태평천국^{太平天國}'이라는 국가를 세운 뒤 청 왕조에
대항합니다. 1853년에는 난징을 점령하고 중국 남부 일대를 지배했습
니다. 수백만 명의 사람들이 홍수전의 가르침에 심취하여 맹신했다고
하니 그는 어마어마한 카리스마의 소유자였음이 틀림없습니다.

홍수전은 '멸만흥한滅滿興漢'이라는 슬로건을 내세웁니다. 멸만흥한이란 만주인인이 세운 청 왕조를 멸망시키고 한인의 왕조를 부활시키자는 뜻입니다. 홍수전은 편집광적으로 민족주의에 집착했습니다. 당시 중국은 국내의 다민족이 단결하여 열강의 침략에 대항하지 않으면 안 되었는데도 홍수전은 멸만흥한을 부르짖으며 중국의 분열을 조장하면서 국력을 떨어뜨렸습니다.

소수파 만주인이 다스리던 정권이었던 청 왕조가 민족주의의 표적이 된 것은 피할 수 없는 운명이었습니다. 다민족 국가에서 각 민족의 민족의식이 고취되는 것은 국가의 통치에 균열을 만드는 직접적인 원인이 됩니다. 일단 균열이 생기면 어떤 거대하고 강력한 기구라도 간단히 무너지게 되어 있습니다.

홍수전의 태평천국은 민족주의를 내세워 청의 가장 취약한 부분을 전략적으로 공격했습니다. 그들은 청나라에 큰 타격을 주었으나 최종적으로는 청에 진압됩니다. 하지만 청은 이미 체제를 유지할 힘을 잃고 열강의 먹이가 되어 이내 무너집니다.

Chapter 22

300년에 걸친
민족 평화의 대상

▌세계에서 가장 아름다운 민족은?

　세계에서 여성이 가장 아름다운 나라와 지역은 어디일까요? 다양한
견해가 있겠으나 나는 발칸반도 지역의 여성들이 빼어나게 아름답다
고 생각합니다. 크로아티아인과 세르비아인, 구^舊유고인, 불가리아인,
그리스인, 루마니아인, 알바니아인 등이 발칸반도에 살고 있습니다.
왜 이 지역 사람들이 아름다운 걸까요? 혼혈이 많아서라는 것이 일반
적인 견해입니다.

　발칸반도는 아시아와 유럽을 잇는 교차점이며 '인종의 용광로'로서
다양한 민족이 뒤섞였습니다. 혼혈은 각 민족의 장점을 잘 계승하여
유전적으로 아름다운 용모에 이르렀다고 봅니다. 발칸반도의 여성들
에게는 유럽의 백인과 아시아 황인의 아름다움이 응축되어 있습니다.

[22-1] 발칸반도와 주변의 나라들

독일, 폴란드, 우크라이나, 체코, 오스트리아, 헝가리, 루마니아, 슬로베니아, 크로아티아, 보스니아 헤르체고비나, 세르비아, 보스포루스 해협, 몬테네그로, 코소보, 불가리아, 이스탄불, 이탈리아, 마케도니아, 알바니아, 터키, 그리스, 다르다넬스 해협, 몰타

그러면 발칸반도를 중심으로 이처럼 아름다운 다민족 혼혈이 태어난 역사적 배경을 살펴봅시다.

발칸반도와 아나톨리아반도 사이에는 다르다넬스 해협과 보스포루스 해협이 있는데, 이곳이 유럽과 아시아의 경계가 됩니다. 옛날부터 이 지역은 동서 교역의 요충지로 비잔틴 제국^{동로마 제국}의 지배를 받았습니다. 비잔틴 제국은 아시아에서 볼 때 보스포루스 해협의 건너편, 그러니까 유럽의 동쪽 끄트머리의 콘스탄티노플^{오늘날의 이스탄불}을 수도로 두었습니다.

13세기 초 비잔틴 제국은 동서 교역의 이권을 노린 베네치아와 십자군이 연합하여 콘스탄티노플을 공격하면서 사실상 붕괴되었습니다. 이후 발칸반도의 민족들은 하나로 뭉치지 못하고 분열되었습니다. 200년 동안 이러한 상태가 계속되었습니다.

이러한 상황을 타파한 세력은 외부 세력인 오스만 제국이었습니다. 콘스탄티노플을 완전히 함락시킨 오스만 제국은 비잔틴 제국을 멸망시키고 발칸반도의 패권을 차지합니다. 이후 콘스탄티노플의 명칭을 이스탄불로 고치고 수도로 삼았습니다.

다민족의 협력을 꾀한 오스만 제국

오스만 제국은 아나톨리아반도에서 발생한 국가로, '오스만 튀르크'라고도 합니다. 원래 튀르크인이 지배하는 국가이기는 하지만 그들이 스스로를 그렇게 칭한 것은 아닙니다. 오스만 제국은 다민족 이슬람 국가로 제국의 발전과 함께 지배 계급에 다양한 민족 출신자들이 모이며 이슬람 통합 국가를 형성합니다. '오스만 튀르크'라는 이름은 외부에서 부르는 호칭으로 최근에는 거의 쓰이지 않습니다. 보통 오스만 제국이라고 부릅니다.

오스만 제국은 다양한 민족을 결속시키고 그 위에 군림했습니다. 이슬람권에는 터키인, 아랍인, 이란인, 쿠르드인, 아르메니아인, 몽골인 등이 모였습니다. 그리고 발칸반도를 중심으로 하는 기독교도^백인에게도 관대한 공존 정책을 펼치며 그들에게 신앙의 자유를 인정했습니다.

오스만 제국은 이슬람교도 이외의 이교도를 밀레트^{Millet}라 부르는 종교 공동체에 편입시켰습니다. 정교도, 아르메니아 교회파, 유대교 신자 등이 모인 밀레트에서는 신앙의 자유가 보장되었습니다. 그 대신 밀레트마다 납세의 의무가 부과되었고 오스만 제국에 대한 충성을 맹세해야 했습니다.

오스만 제국은 인재를 등용하는 데 있어서도 여러 민족을 융화시키는 입장을 취했습니다. 발칸반도에 사는 기독교도 중 유럽 백인의 자손을 이슬람교로 개종시키고 영재 교육을 실시했습니다. 이들이 성인이 되면 우수한 자를 골라 관료와 군인 등으로 등용했습니다. 아이들의 부모는 자식이 오스만 제국에 끌려간다고 한탄하면서도 장래에 상류 지배 계층으로 제국에 등용되기를 기대하면서 협력했습니다. 또한 인재를 배출한 기독교도 공동체는 세금을 면제받는 등의 혜택을 누렸습니다.

혼혈 융합 민족, 오스만인의 탄생

오스만 제국은 과거 비잔틴 제국의 지배를 받았던 그리스인 조선 기술자들을 적극 등용하여 대함대를 편성했습니다. 조선소는 다르다넬스 해협의 유럽 쪽 연안과 아나톨리아반도의 흑해 연안에 지었습니다.

앞서 말했듯, 오스만 제국은 발칸반도의 백인 기독교도를 적극 등용하여 그들의 협조를 얻어 냈습니다. 또 유럽과 아시아의 문명 교차로인 발칸반도와 아나톨리아반도 양쪽에 거점을 두고 민족과 종교의 차이를 뛰어넘어 공존공영共存共榮하려고 했습니다. 이렇게 오스만 제국이 이룩한 공존권 안에서 '오스만인'이라고 불리는 새로운 혼혈 융합 민족이 대거 탄생했습니다. 이 장의 첫머리에서 말했던 발칸반도의 아름다

| 바르바로스 하이레딘. 그는 오스만 제국의 민족·
종교 융합 정책으로 인해 탄생한 '오스만인'을 표
상한다.

운 사람들은 이 '오스만인'의 후예들이라고 할 수 있습니다.

바르바로스 하이레딘^{Barbaros Hayreddin, 일명 '바르바로사'라고도 한다. '붉은 수염'이라는 뜻이다}이라는, 오스만 함대를 이끌던 유명한 인물이 있습니다. 그리스에서 태어난 하이레딘은 아버지가 아시아인으로 오스만 제국의 장군이자 이슬람교도였습니다. 어머니는 유럽계 기독교도였습니다. 그는 6개 국어를 하는 국제인으로 오스만 제국의 민족·종교 융화 정책의 틀 안에서 태어난 오스만인의 전형이었습니다.

하이레딘은 형제와 함께 해적이 되어 튀니지, 알제리 연안의 도시를 공략하며 큰 세력으로 성장했습니다. 후에는 오스만 제국의 술탄^{황제} 술레이만 1세의 초빙을 받고 오스만 제국에 귀순합니다. 1538년, 오스만 제국의 해군 제독이 된 하이레딘은 프레베자 해전^{Preveza war, 1538년 9월 28일 그리스의 북서부에 있는 프레베자 근해에서 교황 바오로 3세가 조직한 로마 가톨릭 동맹의 군대와 오스만 함대 간에 벌어진 전투를 말한다. _역주}에서 스페인과 베네치아의 함대를 격파합니다. 오스만 제국은 지중해의 제해권을 장악하고 과거 고대 로마 제국에 필적하는 지중해 제국을 건설합니다.

| 하이레딘이 이끈 오스만 함대와 로마 가톨릭 동맹 해군이 맞붙은 프레베자 해전을 묘사한 그림

    하이레딘의 수하에는 시난 레이스^{Sinan Rais}와 같은 스페인계 유대인 장교 등 다양한 민족성을 지닌 사람들이 모여 있었습니다. 그러한 다민족·다국적 출신자들이 '오스만인'으로서 활약하며 오스만 제국의 번영을 이끌었습니다.

'문명의 교차로'에서 분출된 민족 대립의 마그마

    오스만 제국이 지배한 영역은 발칸반도에서 중동에 이르기까지 모든 민족이 오가는 문명의 교차로에 있었습니다. 오스만 제국의 공존 정책은 제대로 잘 기능하여 제국 영내에 있는 민족들의 대립도 표면화

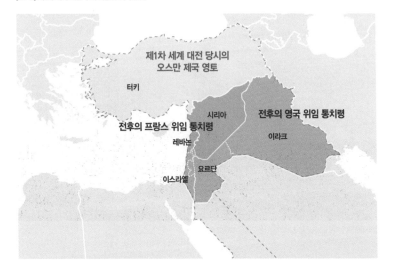

[22-3] 제1차 세계 대전 후의 아랍인 지역 분할

되지 않고 18세기까지는 '튤립 시대^{오스만 제국 사람들은 튤립을 사랑해서 문학, 미술 등의 예술 분}

^{야에서 튤립을 즐겨 소재로 삼았다고 한다. 18세기에 오스만 제국의 예술은 튤립과 함께 전성기를 맞게 되는데 이를 가리켜 튤립 시}

^{대라고 한다. _역주}'라 불리는 안정기가 계속되었습니다.

　하지만 19세기 이후 유럽에서 민족주의가 융성하며 오스만 제국에

도 영향을 미치자 그때까지 표면화되지 않았던 마그마가 단숨에 분출

되면서 오스만 제국은 민족 대립의 최대 격전지가 되었습니다. 오스만

제국 내의 아랍인은 아라비아반도와 이집트로 독립하고, 그리스를 비

롯한 발칸반도에 사는 여러 민족들도 독립합니다. 하지만 오스만 제국

에서 독립한 아랍인 지역과 발칸반도에 영국을 비롯한 열강이 촉수를

내밀면서 사태는 점점 복잡한 양상을 띠며 한 치 앞도 보이지 않는 불

안정한 시대가 됩니다.

발칸반도에서는 세르비아인, 불가리아인, 그리스인이 서로의 영토와 영역을 둘러싸고 격렬한 전쟁을 벌였습니다^{발칸 전쟁}. 아랍인 지역에는 부족 간의 항쟁이 격화되었습니다. 이렇게 300년에 걸친 오스만 제국 시대의 평화는 대립의 대폭발로 변모했습니다. 그런 의미에서 보자면 긴 평화의 시대가 가져온 대가가 컸다고 할 수 있습니다.

발칸을 일러 '유럽의 화약고'라는 별칭도 생겨났습니다. 1914년, 발칸반도에서 일어난 민족 대립과 거기에 뒤엉킨 열강의 대립은 제1차 세계 대전으로 비화합니다. 대립은 아랍인 지역에까지 번져서 이 지역 또한 대전의 무대가 됩니다.

제1차 세계 대전 후 영국과 프랑스는 사이크스-피코 협정^{Sykes-Picot Agreement}이라는 밀약을 바탕으로 아랍인 지역에 일방적으로 자의적인 국경선을 긋고 팔레스타인, 이라크, 요르단^{사실상 영국의 지배 영역}, 시리아, 레바논^{사실상 프랑스의 지배 영역}으로 분할했습니다.

쿠르드인은 누구인가?

영국과 프랑스가 아랍인 지역의 국경선을 자의적으로 정하는 바람에 갈라진 민족이 있습니다. 아랍인 일파인 쿠르드인입니다. 쿠르드인은 독자적인 문화와 언어를 갖고 터키, 이라크, 시리아, 이란에 널

[22-4] 쿠르드인 거주 지역(쿠르디스탄)

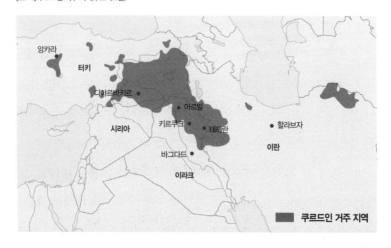

리 분포했습니다. 현재 쿠르드인 인구는 3천만 명 정도 됩니다. 이라크의 쿠르드 자치구^{인구 약 5백만 명}의 주도 아르빌은 최근 오일 머니로 생활이 윤택해지고 급속도로 개발이 진행되면서 '이라크의 두바이'라고 불릴 정도로 발전했습니다.

2017년 9월 25일, 이라크에 있는 쿠르드 자치구의 독립을 묻는 주민 투표가 실시되었고 92.7%의 득표율로 독립을 찬성한다는 결과가 나왔습니다. 이를 보고 이라크 정부는 쿠르드인을 견제하기 위해 쿠르드 자치 정부가 실제적으로 지배하던 유전 도시 키르쿠크를 공격했습니다.

2003년 이라크 전쟁 이후 쿠르드 자치구에서 독립하려는 움직임이 있었으나, IS^{Islamic State, 이슬람 국가}를 토벌하기 위해 이라크 정부에 협력하면서 독립 운동이 잠시 미루어집니다. 2017년, IS의 본거지 모술이 함락되자 쿠르드인은 독립을 위해 발 빠르게 움직이기 시작합니다. 이라크 정부는 쿠르드 자치구에 대한 예산 배분을 삭감하거나 없애는 식으로 쿠르드인을 차별해 왔는데, 이에 쿠르드인의 반발이 심해지면서 대립이 불가피한 상황에 이르렀습니다.

| 살라딘을 묘사한 프랑스 삽화가 귀스타브 도레의 그림. 십자군을 격퇴한 살라딘은 이슬람 역사상 가장 뛰어난 지도자로 평가되고 있다.

역사상 유명한 쿠르드인으로는 12세기에 활약한 살라딘 saladin, 살라흐 앗 딘이 있습니다. 옛날부터 쿠르드인은 전투의 달인으로 강인한 병사 집단으로 유명했는데, 살라딘은 그중에서도 천재적인 전략가였습니다.

살라딘은 당시의 이슬람 상인들에게 재정적인 지원을 받았으며 이를 통해 강해진 살라딘 군단은 상인들의 기대에 부응하여 시리아, 이집트를 통일하고 아이유브 왕조를 건국했습니다. 아이유브 왕조는 카이로를 수도로 하여 지중해 교역을 통해 번성했습니다.

살라딘 시대에도 쿠르드인의 뛰어난 전투 능력은 굉장히 유명했습니다. 오늘날에도 IS의 토벌 작전에 투입된 쿠르드인 부대는 눈부신 활약을 펼쳤습니다.

쿠르드인이 주권을 찾아 독립하려는 움직임은 이라크만이 아니라 쿠르드인 거주 지역이 있는 터키, 시리아, 이란 등에서도 간과할 수 없는 중대한 문제라고 할 수 있습니다.

Part 8

민족의 혈통을
가르쳐 주는
세계

주권 국가와 국민 국가의 차이는 무엇인가?

빈곤층이 부도덕한 권력의 편에 서는 이유는?

백인 우월주의는 어떻게 탄생했는가?

열강들은 적자를 면치 못하면서도 왜 식민지를 경영했을까?

글로벌 시대에 민족이란 어떤 의미를 갖는가?

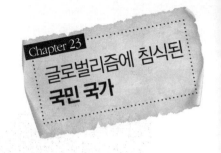

Chapter 23
글로벌리즘에 침식된
국민 국가

법을 바탕으로 통합된 주권 국가

　최근 여러 나라에서 국민 국가^{Nation-state}에 관한 서적과 기사가 대량으로 발표되며 활발히 논의되고 있습니다. 글로벌화가 진행되고 있는 세계 정세 속에서 바깥에 시선을 주는 동시에 안쪽으로 시선을 돌리면 국민 국가의 존재가 새삼 눈에 들어오게 됩니다. 그리고 영국의 EU 탈퇴 움직임에 맞추어 국민 국가가 주목을 받고 있습니다. 또한 각국에서 고조되고 있는 민족주의는 국민 국가와도 관계가 깊습니다.

　국민 국가는 아주 어려운 개념입니다. 그 해석도 폭이 넓고 다양합니다. 개설서를 읽어도 너무 장황하고 추상적인 설명이 이어져서 읽으면 읽을수록 뭐가 뭔지 알 수가 없습니다. 이 장에서는 '민족'을 중심으로 '국민 국가'를 꼼꼼하고 자세히 살펴보려고 합니다.

| 시장은 공간적·문화적으로 분리되어 있는 여러 집단의 교집합이 발현된 장소였다. 하나의 시장이 형성되기 위한 동질적인 요소들은 그대로 국가를 구성하는 동질성의 근간이 되었다. 사진은 고대 도시 트로이의 시장터 유적이다.

16~17세기의 유럽에서는 화폐 경제가 시작되면서 시장이 확대되어 광역 경제권이 형성되었습니다. 중세에는 국지적으로 발전하던 연방과 도시가 근세에 접어들면 면적 면에서 큰 확장을 보이게 됩니다. 대규모 자본을 투자하면 큰 이윤을 얻을 수 있는 통일된 시장이 경제 성장에 가속도를 더했습니다.

통일 시장이 형성될 때 어떤 요소를 통일 기준으로 삼느냐 하는 문제도 대두되었습니다. 민족, 언어, 문화, 전통, 공동체 등 온갖 동질적인 것들이 거론되며 통일화와 공통화의 명분에 이용되었습니다. 동질적인 것이기만 하면 어떤 것이라도 상관없었는데, 그 근저에 있는 노림수는 통일 시장이 형성되면 이윤을 최대화할 수 있기 때문이었습니다.

이런 과정을 거쳐 동질적인 것이 일정한 수준에서 합의되어 결합된 구성체가 바로 '주권 국가'입니다. 주권 국가는 국민 국가 전 단계의 국가 형태입니다. 스페인 왕국, 영국 왕국, 프랑스 왕국 등이 여기에 해당합니다. 프랑스 왕 루이 14세는 "짐은 국가다."라는 유명한 말을 남겼는데, 여기서 '국가'는 주권 국가를 가리킵니다.

주권 국가는 민족, 언어, 문화, 전통, 공동체 등이 일정한 동질성을 공유하고 있으나 반드시 동일해야 하는 것은 아닙니다. 주권 국가인 왕국은 다른 영역을 수시로 침략·병합하고 그곳을 '왕령'에 포함시켰습니다. 왕령 안에는 다양한 민족이 있었기에 그들 사이의 언어와 문화, 전통은 서로 달랐습니다. 하지만 주권 국가에게 유일하게 동질적인 것이 있었습니다. 바로 법입니다. 주권 국가는 법이라는 공통된 기반에 의해 하나의 통합체를 구성합니다.

주권의 세분화로 탄생한 국민 국가

유럽에서는 16세기 이후 근대 자본주의 경제의 기반이 구축됩니다. 모직물 산업으로 생산된 제품을 원활하게 수송하기 위해 수로, 항만 등의 인프라가 정비되고 제품을 만드는 공장 라인이 국가 주도로 건설되었습니다.

그리고 무엇보다도 중요한 것은 상거래 계약과 규칙을 정하는 법체계를 정비하는 일이었습니다. 기업가와 상인은 국왕이 중심이 되는 중앙 집권화를 바라고 중앙 집권을 존속시키기 위해 재정적으로 왕국을 강력하게 지원했습니다. 국왕은 거대한 관료 기구를 조직하여 법을 바탕으로 국가 운영을 대규모화하고 효율화했습니다.

16세기 이후 사람들은 어떠한 사안을 무력으로 결정한다는 과거의 가치관에서 벗어나 법으로 생명과 재산을 보장하는 정치 사회를 구축합니다. 어느 하나의 법이 적용되는 정치 사회의 범위, 이것이 근대 국가인 주권 국가입니다. 주권 국가는 하나의 법을 공유하는 사람들의 집합으로, 구성원의 민족, 언어, 문화, 전통이 일치하지는 않습니다. 그러다 보니 어떤 민족에게는 들어맞는 하나의 법체계와 통치 시스템이 다른 민족 집단에게는 효과적으로 기능하지 않는다는 사실이 차츰 밝혀집니다. 이에 서로 다른 민족이 각각의 법체계를 갖고 민족 스스로 자신의 일을 결정하는 '주권의 세분화'가 요구되었습니다.

그리고 18세기 이후 '주권의 세분화'에 따라 한 민족으로 구성된 국가의 필요성이 대두되면서 '국민 국가'가 탄생하게 됩니다. 국민 국가는 영어 Nation-state를 번역한 말입니다. 일반적으로 영어 nation은 민족·문화적 영역, state는 법·정치적 영역으로 간주합니다. 즉 Nation-state는 '민족이 가진 고유의 문화nation'에 의해 규정된 '주권과 통치 시스템state'을 보유한 국가라고 정의할 수 있습니다. 그리고 이러한 의미에서 '국민 국가'는 단일 민족 국가를 지향한다고 결론 내릴 수 있습니다.

귀화한 외국인은 한국인인가?

국민 국가는 각 민족의 다양성과 각 민족의 자기 결정을 가능케 하는 획기적인 이념이었으나 주권 국가가 가진 포괄성에 균열을 일으키고 민족 간의 분열을 초래했습니다.

한국에서 오랫동안 살아온 일본 사람이 한국에 귀화하여 한국 국적을 취득하고 법적으로 한국인이 된 경우를 생각해 봅시다. 이 사람은 주권 국가의 개념으로 보면 한국인입니다. 하지만 국민 국가의 개념으로 비추어 보면 한국인이라 말하기 어렵습니다. 국민 국가는 단일 민족을 지향하므로 민족이 다른 경우 받아들일 수 없는 것입니다. 유럽에서도 국민 국가라고 하는 나라^{가령 영국}는 이민자의 수용을 거부합니다.

한편 미국에서는 인종, 민족을 불문하고 미국 국적을 가진 사람은 미국인이 될 수 있습니다. 미국과 같은 다민족 국가는 국민 국가가 아닙니다. 다민족 국가인 중국도 마찬가지로 국민 국가라고 할 수 없습니다.

국민 국가에서는 법적인 입장을 가리키는 국적보다도 민족의 동일성이 확인되어야 국민으로 인정해 줍니다. 이 말을 듣는 많은 한국인이 이것을 당연하다고 생각할 것입니다. 한국은 단일 민족 국가의 역사를 걸으며 통상적으로 '국민'과 '민족'이 일치했기 때문입니다. 한국인에게는 원래부터 '한국인'이라는 인공적^{=법적}으로 만들어진 국적이 아

| 단일 민족 국가라는 인식이 강한 대한민국에서는 많은 사람들이 '국민=민족'이라는 생각을 갖고 있다. 빠른 속도로 다문화가 진행되고 있는 사회의 구성원들은 '국민'에 대한 인식 변화가 요구된다. 사진은 경복궁에서 한복을 입고 사진을 찍는 외국인들의 모습이다. ⓒ Danny Ye

니라 민족의 혈통·핏줄을 가리킨다고 생각하는 국민 국가 의식이 있었습니다. 하지만 유럽을 비롯한 세계 각지에서는 역사적으로 다양한 민족이 뒤섞인 탓에 '주권의 세분화'를 달성하기가 어려웠고, 그로 인해 민족 간의 항쟁이 발생하여 많은 피를 흘렸던 것입니다.

앞에서 소개한 일본 사람이 한국에 귀화한 예를 다시 한 번 생각해 보겠습니다. 현재 한국의 법에 따라 한국 국적을 부여받은 사람은 민족의 차이를 뛰어넘어 한국 국민으로 간주됩니다. 이것은 오늘날의 한국이 단순한 국민 국가가 아니라는 사실을 말해 줍니다.

한국 국민 대부분이 한국인이라는 단일 민족으로 구성되어 있기에 대체로 한국인은 한국이 국민 국가라고 생각할지도 모릅니다. 하지만 그런 식으로 마냥 단순하게 이 문제를 바라볼 수만은 없습니다. 앞으로 한국에서 고령화가 더욱 진행되면 노동 인구의 부족으로 세계 각지에서 지금보다 더 많은 이민 노동자를 받아들이느냐 마느냐 하는 선택의 기로에 놓이게 될 것입니다. 국민 국가에 대해 그 역사적 경위에서부터 다시 생각해 봐야 하는 순간이 닥치게 되는 것입니다.

민족주의는 위험한 사상이 아니다

내셔널리즘Nationalism이라는 영어를 사전에서 찾아보면 3가지 유형으로 구별하여 해석할 수 있습니다. 내셔널리즘이 '국민주의'로 변역될 때는 국민 국가를 표현하는 문맥으로 파악할 수 있습니다. 그리고 국가주의 또는 국수주의로 번역될 때는 파시즘이나 군국주의를 표방하는 문맥이 되어 부정적인 이미지가 뒤따르게 됩니다. 국가를 위해서라면 개인의 인권이나 자유를 제한하고 타국의 영토를 침략하여 다른 민족을 희생시켜도 된다는 국가 지상주의 사상이 국가주의입니다. 자국의 이익을 우선하는 개념으로 배외주의Chauvinism(쇼비니즘)와 연결되어 국수주의라는 광신적 애국에 빠지게 됩니다. 이는 균형 잡힌 건전한 애국심Patriotism(패트리어티즘)과는 구별됩니다.

민족주의라고 해석될 때는 열강의 식민지 지배로부터 민족을 해방

	번역 형태	연관
①	국민주의	국민 국가
②	국가(국수)주의	파시즘, 국군주의
③	민족주의	해방 투쟁, 독립 운동

하는 운동을 표현하는 문맥이 됩니다. 민족 독립을 달성하기 위해 민족의식을 높이고 민족의 단결을 지향합니다. 인도의 간디, 중국의 쑨원, 베트남의 호치민 등이 민족주의 사상을 내걸고 열강과 싸운 대표적인 인물들입니다. 여기에서 말하는 민족주의는 인종 차별적인 인종주의Racism(레이시즘)와는 다릅니다.

빈곤층 불만의 배출구가 되는 국가주의

국민 국가라는 의식이 확산될수록 위정자는 국민을 중시할 수밖에 없게 됩니다. 국민 국가에서는 국가를 지탱하는 주체가 국민이라는 구도로 명확해지고, 이에 따라 위정자는 주권을 국민과 서로 나누게 됩니다. 이러한 이해가 일정 수준에 도달하면 민주주의가 등장합니다. 따라서 민주주의는 국민 국가의 외곽에 있다고 할 수 있습니다.

국민 국가의 위정자는 국민의 지지를 얻기 위해 국민의 이익을 위하는 정책을 내놓습니다. 국민이 바라는 방향성에 맞추어 정치를 하고 다른 나라의 국민을 희생해서라도 자국민의 이익을 우선하지 않으면 위정자는 그 사명을 다했다고 볼 수 없습니다. 그런 의미에서 국민 국가는 많든 적든 필연적으로 국가^{국수}주의로 귀결됩니다. 하지만 오늘날의 세계에서 만연하는 국가^{국수}주의는 국민 국가의 급진적인 현상이라기보다는 글로벌리즘^{Globalism}에 대한 반동으로 보입니다.

오늘날 국민 국가는 글로벌리즘에 잠식되어 붕괴 직전에 이르렀습니다. 글로벌 자본주의의 대두로 경계가 허물어지며 사람과 물자, 자본과 정보가 국경을 넘어 자유롭게 왕래하게 되었습니다. 국제 경쟁력이 있는 기업에 국민 국가의 자원이 집중되면서 나머지 국민은 세금 부담과 임금 인하에 직면했습니다. 하지만 글로벌 기업은 저렴한 노동력을 찾아 해외로 진출하고, 단일 국적이 아니기 때문에 국민 국가는 그 기업을 통해 세수입을 얻지 못합니다. 국민은 일자리를 잃고 지역 경제는 붕괴되어 많은 국민이 피폐해집니다. 글로벌 자본주의와 국민 국가의 이익은 명확하게 반비례하고 빈곤에 처한 국민은 글로벌리즘에 대항하기 위해 국가^{국수}주의에 호소하게 됩니다.

과거에는 국민 국가에 충실하는 과정에서 국가^{국수}주의에 휩쓸렸다면, 오늘날에는 국민 국가가 쇠망해 가고 그 위기감에 반동적으로 국가^{국수}주의가 등장한다는 것이 큰 차이입니다. 종래에는 엘리트 계층에서 국가^{국수}주의를 견인한 반면 오늘날에는 빈곤층의 불만을 배출하는 출구로서 국가^{국수}주의가 대두된다는 특징을 보입니다.

세계의 보수 우파 정치인들은 이러한 상황을 교활하게 악용하고 있습니다. 한편으로는 글로벌 기업과 유착하여 그들을 지원하면서 다른 한편으로는 국가國家주의를 내걸고 빈곤층의 환심을 사려고 일구이언하는 것입니다.

　현재와 같은 글로벌 시대에 국민 국가를 복권시키고 국민 국가에 속한 구성원 모두의 번영을 기대하기란 물리적으로 불가능하다고 생각합니다. 그러한 상황에서 국민 국가로 꼽히는 나라들한국과 일본, 영국 등은 유례없는 큰 시련에 직면해 있습니다.

Chapter 24

백인 우월주의의 역사

일본인을 유해한 인종으로 본 루스벨트의 인종 개량론

제2차 세계 대전 중 미국 대통령이었던 프랭클린 루스벨트^{Franklin D.} Roosevelt는 일본인을 유해한 인종으로 보았습니다. 영국의 미국 주재 공사인 캠벨은 루스벨트가 인종에 대해 노골적인 발언을 했다며 영국 본국에 다음과 같이 보고합니다.

"루스벨트는 인도인과 아시아인을 백인과 교배시켜야 그들의 문명이 진보한다고 생각한다. 하지만 일본인을 백인과 교배시켜도 그들의 문명은 진보하지 않을 것이라고 했다."

루스벨트는 스미소니언 박물관의 연구자가 한 말을 인용하여 일본인의 두개골은 백인의 두개골보다 약 2,000년이나 발달이 늦었다(물론 전혀 근거가 없습니다)고 설명했다고 합니다.

| 일본에 대한 선전 포고문에 사인하는 프랭클린 루스벨트

루스벨트는 1941년에 일본과의 전쟁을 선포하고 나서 미국 국내와, 미국의 영향이 미치던 브라질, 멕시코, 페루 등 중남미 국가에 일본계 이주민 강제 수용소를 건설했습니다. 그리고 일본계 이주민의 재산을 일방적으로 빼앗은 뒤 강제 수용소로 끌고 가서 가혹한 노동을 시켰습니다.

인적이 없던 지역과 사막 지대에 세워진 강제 수용소 주변은 가시철조망이 쳐진 담장으로 둘러싸이고 경비병이 감시를 했습니다. 수용소는 불결해서 식중독이 자주 발생했고 식량을 구하기 위해서는 농장을 경작하여 자급자족하지 않으면 안 되었습니다.

루스벨트는 '대통령령 9066호'에 서명하여 일본계 이주민을 영장 없이 조사하고 연행할 수 있게 했습니다. 미국이 일본과 전쟁을 벌이던 상황이라 적성 외국인인 일본계 이주민의 스파이 행위와 파괴 행위를 막겠다는 것이 표면적인 이유였으나 루스벨트가 일본인에 대한 차별 의식을 갖고 격리시킨 것은 명백합니다. 당시 미국의 야당^{공화당} 정치인 중에서도 루스벨트의 '대통령령 9066호'에 반대한 이가 없었으니 결국에는 모두가 용인했다고 보아야 합니다. 루스벨트의 아내인 엘리너^{Anna} ^{Eleanor Roosevelt}만이 그러면 안 된다고 남편을 설득했지만 루스벨트는 귀담아 듣지 않았습니다. 루스벨트는 이러한 생각을 근저에 갖고서 제2차 세계 대전과 태평양 전쟁을 수행했던 것입니다.

우생학이 주장하는 열등 인종을 배척하는 논리

인종 개량에 관한 생각은 루스벨트만이 아니라 과거 미국의 백인 사회 전체에 공유된 일종의 '상식'이었습니다. 19세기 말 이후, 미국에서는 우생학이 융성했습니다. 우생학이란 무엇일까요?

서러브레드종Thoroughbred, 오로지 경주마로 개량된 쿼터호스와 함께 세계에서 가장 빠르고 몸이 잘 발달된 세련된 품종의 말 _역주은 우수한 말끼리 교배시켜서 얻을 수 있습니다. 이렇게 생물의 우열은 부모의 유전자에 의해 결정된다는 이론이 우생학인데, 이 이론을 사람에게 적용시켜서 우수한 종을 확보해야 한다는 사상을 가진 사람들이 있었습니다.

우생학을 추진한 집단은 독일의 나치라고 알려져 있습니다. 하지만 실제로 연구가 가장 활발했던 곳은 미국이었습니다. 뉘른베르크 재판제2차 세계 대전 후에 연합국이 뉘른베르크에서 독일의 주요 전범들을 처벌하기 위하여 국제적으로 행한 군사 재판소의 재판을 말한다. _역주에서 인종 분리 정책에 대한 죄를 추궁당하던 나치 간부는 우생학 이론을 미국인에게 배웠으며, 미국에서 우생학은 생물학자만이 아니라 일반인에게까지 널리 침투해 있었다고 증언했습니다. 이 증언대로 미국에서는 우생학에 근거한 인종 개량론이 1900년부터 1960년까

| 프랜시스 골턴. 영국의 인류학자, 통계학자이자 우생학의 창시자. 저서 『유전적 천재(Hereditary Genius)』(1869)에 인간의 재능은 유전에 의해 결정되며, 인간의 교배를 인위적으로 선택함으로써 우수한 인간을 만들어 낼 수 있다고 주장했다. 찰스 다윈의 사촌으로도 유명하다.

지 잇달아 발표되었습니다. 미국의 과학 아카데미 회원이었던 찰스 대븐포트Charles Davenport는 1911년 『우생학과 유전의 관계Heredity in Relation to Eugenics』를 저술했는데, 이 책은 미국 우생학사에 길이 남을 쾌거로 꼽히며 각 대학의 교과서가 되기도 했습니다. 이 책에서 대븐포트는 백인이 지성과 문화 면에서 가장 우수한 유전자를 갖고 있다는 전제를 바탕으로, 백인의 우월성을 지키기 위해서는 타인종과의 혼혈을 금지해야 한다고 역설합니다. 카네기 재단은 대븐포트에게 연구 자금을 지원하고 카네기 연구소 안에 특별 연구소까지 설치해 주었습니다. 대븐포트만이 아니라 미국의 많은 생물학자가 우생학의 입장에서 열등 인종을 배제하고 유전자의 '오염'을 막아야 한다고 주장했습니다.

우생학은 영국에서 태어나 미국에서 융성했습니다. 우생학은 찰스 다윈Charles Robert Darwin, 영국의 '진화론'과 멘델Gregor Johann Mendel, 오스트리아의 '유전법칙Mendelian inheritance, 완두콩을 이용한 7년의 실험을 정리하여 1865년에서 1866년 사이에 발표한 유전학의 법칙이다._역주'을 논리의 기반으로 삼으며 영국인 생물학자 프랜시스 골턴Francis Galton에 의해 1860년대에 창시되었습니다.

다윈은 1859년에 저술한 『종의 기원The Origin of Species』에서 '적자생존' 이론을 주장했습니다. '적자생존'은, 생물계에서는 생존에 유리한 능력을 더 많이 가진 개체우수 존재는 생존 경쟁에서 승리하고 그렇지 못한 개체열등 존재는 자연 도태된다는 이론입니다. 골턴은 우생학을 통해 다윈의 이론을 계승하면서도 인간에게는 '적자생존'이 반드시 해당되지 않는다고 주장했습니다. 요컨대 지성이 뒤떨어진 자의 출생률이 지성이 뛰어난 자를 앞서는 '적자생존'의 패러독스Paradox=역도태가 있다고 언급한 것입니다. 골턴의 설은 훗날 '문명의 쇠퇴와 영락은 상류 계급의 생식력 저하로 귀결된다'고 하는 우생학의 큰 명제가 됩니다.

오늘날 이러한 명제는 과학적 논거로 다루기에 빈약하다고 간주되지만 20세기에는 이 명제가 인종에 따라 일반에게 유포되었습니다. 우생학자 칼 피어슨Karl Pearson은 백인의 우수한 유전자를 영구히 유지하는 것은 '열등한 인종과의 전쟁'이라고 주장했습니다. 백인의 순수한 혈통은 의식적으로 지켜야 하며 그렇지 않을 시에는 생식력이 강한 열등 인종에 바로 잠식될 것이라는 생각이 백인에게 널리 퍼졌고 '인종의 용광로'라 불리는 미국 사회에서는 생식을 관리하는 정책의 필요성이 강하게 요구되었습니다. 정계와 재계도 이 주장에 공명하여 1924년 이민법이 제정됩니다.

'배일 이민법'으로 지키고자 했던 미국의 '순수한 혈통'

미국의 쿨리지 정권<sup>1923~1929년에 재임했던 미국의 30대 대통령 캘빈 쿨리지(John Calvin Coolidge)
의 정권을 말한다. _역주</sup>에서 제정된 1924년의 이민법 배경에는 인종 차별 의식
이 짙게 깔려 있습니다. 이 이민법은 일본인과 중국인을 비롯한 아시
아인, 동유럽인, 남유럽인의 이민을 금지하고 제한하는 것을 목적으
로 기존의 이민·귀화법을 개정한 것입니다. 이 이민법이 성립하는 데
큰 영향을 끼친 사람이 보수주의 변호사였던 매디슨 그랜트^{Madison Grant}
였습니다.

당시 그랜트의 인종주의적 견해를 보여 주는 저서 『위대한 인종의
소멸^{The Passing of the Great Race}』이 화제가 되었습니다. 이 책은 북방 유럽의 백
인 인종이야말로 인류 문명의 거의 모든 것을 쌓아올린 위대한 인종이
라고 주장했습니다^{노르디시즘, 북방 인종 우월주의, Chapter 10 참조}. 이 책은 나중에 히틀러
에 의해 '나치의 성서'라며 극찬을 받았습니다.

그랜트는 미국 정부의 이민 정책 자문으로 초빙되었습니다. 그는 정
부에 다음과 같이 제언했습니다.

"흑인과 황인 같은 유색 인종에 대한 이민을 전면적으로 금지하되,
우수한 북방 인종인 북유럽인과 독일인, 영국인, 아일랜드인에 대해서
는 이민을 장려하고 그들의 피를 받아들이는 것이 미국에 중요합니다.
동유럽인과 남유럽인의 이민에 대해서는 개별적으로 대응하고 부적절
한 경우에는 제한해야 합니다."

그랜트가 동유럽인과 남유럽인을 문제로 삼은 이유는 유대인이 러시아 제국의 포그룸^{박해,} ^{학살}을 피해 이 지역으로 섞여 들어갔고, 아시아인까지 섞여 들어가서 백인의 순수한 혈통이 유지되지 않았다고 생각했기 때문입니다.

그랜트는 적절한 이민 규제 계획이 없으면 미국은 파멸한다고 호소했습니다. 그랜트의 이러한 주장은 캘빈 쿨리지 대통령과 보수 의원들에게 환영을 받았습니다. 쿨리지는 그랜트의 의견에 동조하여 "인종의 혼혈은 자연의 섭리에 위배된다."고 공언했습니다.

그랜트의 주장을 완전히 받아들이는 형태로 법 개정안이 정리되어 1924년에 새로운 이민법이 제정됩니다. 이 이민법을 일본에서는 '배일^{排日} 이민법'이라고 부릅니다. 앞에

| 매디슨 그랜트(위)와 그의 저서 『위대한 인종의 소멸』(아래)

서 설명한 바와 같이 일본인 이민만을 배제한 개정법은 아니지만 당시에 캘리포니아를 중심으로 일본 이민이 급증하면서 법에 따른 규제가 일본인을 주요 타깃으로 삼았기 때문입니다. 참고로 중국 이민은 19세기 말 이후 이미 금지되었습니다.

식민지 경영, 경제적으로는 수지가 맞지 않았다?

서구 열강은 19세기에 본격적으로 해외 식민지를 개척하기 시작했습니다. 일반적으로는 남의 땅을 식민지로 삼아서 다른 민족을 착취하고 이익을 취했다고 생각하기 쉬운데, 식민지 경영은 그렇게 간단하지만은 않습니다. 해외를 식민지화하려면 초기에 막대한 투자비가 들기 때문에 비용 대비 효과라는 관점에서 무턱대고 나설 수는 없습니다. 상시 군대를 주둔시키는 비용, 행정부를 설치하고 운용하는 데 따른 각종 비용과 인건비, 각종 인프라를 정비하는 데 드는 비용, 주재원의 의료 서비스 문제 등 막대한 비용이 들고 행정적 절차도 아주 까다롭습니다. 투자비를 회수하고 안정적으로 이익을 낼 수 있을지도 보장할 수 없습니다. 식민지 비즈니스는 사실상 위험 부담이 커서 수지가 맞지 않습니다.

교과서와 해설서는 식민지 경영의 성공 사례만 언급합니다. 가령 네덜란드는 인도네시아를 지배하며 자바의 주민을 동원해 아편과 커피, 사탕수수 등의 상품 작물을 재배하고 큰 이익을 올렸다고 나옵니다. 하지만 이러한 성공 사례는 일부에 불과하고 투자비를 회수하지 못한 채 손실만 키운 경우가 대부분입니다. 아프리카 식민지 경영을 통해 수익을 올린 나라는 별로 없습니다.

그런데도 왜 서구는 큰 위험 부담을 감수하면서까지 식민지 개척에 나섰을까요? 그것은 경제적인 동기에 더하여 사상적 동기가 있었기 때문입니다.

근대 유럽에 계몽사상이 보급되었습니다. 계몽啓蒙이란 '무지한 사람[蒙]'을 가르쳐 이끌다[啓]', 즉 무지몽매한 야만 상태에서 구해 낸다는 의미입니다. 계몽은 영어로 Enlightenment인데, '빛을 비추다', '야만의 어둠에 빛을 비추다'로 번역됩니다. 그러니까 백인들에게는 계몽사상에 근거하여 서양 문명을 미개한 야만 지역에 도입하고 문명화하는 것이

| 열강의 식민주의와 제국주의를 나타내는 대표적인 일러스트다. 아프리카 남쪽의 케이프타운과 북쪽의 카이로까지 발을 뻗고 있는 세실 로즈의 모습에서 서구 열강의 야욕이 엿보인다.

야말로 백인의 사명이라는 믿음이 있었던 것입니다.

영국의 세실 로즈Cecil John Rhodes, 영국의 정치인. 케이프 식민지의 총리로 다이아몬드 광산을 통합 독점하고 거부가 되었다. 옥스퍼드 대학교가 운영하는 '로즈 장학금'의 주인공이다. _역주는 이러한 사상을 가진 전형적인 인물이었습니다. 로즈는 남아프리카 케이프 식민지의 총독이었습니다. 그는 앵글로색슨족이야말로 가장 우수한 인종이며 앵글로색슨 민족이 세상을 지배해야 인류가 행복과 평화를 영위할 수 있다고 생각했습니다.

열강은 교육과 계몽을 통해 미개인들의 의식이 깨어나고 문화가 발달되면 그 지역이 자본주의 시장에 편입되어 결국에는 이익을 가져다줄 거라는 노림수도 없지 않았지만, '백인의 사명'이라는 신념이 수지가 맞지 않는 식민지 경영에 대한 불안을 덜어 주었던 것입니다.

오늘날 우리에게 인종과 민족은 어떤 의미인가?

아프리카를 출발한 우리의 조상은 수백만 년에 걸친 긴 여정 끝에 지구의 곳곳으로 퍼졌습니다. 그들이 정착한 땅은 햇빛이 강한 적도 지역이기도 했고, 비교적 기온이 선선한 북반구이기도 했으며, 사시사철 눈으로 뒤덮인 극지이기도 했습니다. 그들은 제각각 터전으로 삼은 땅의 기후와 풍토에 적응하면서 피부색과 생김새가 달라졌습니다. 그렇게 우리는 여러 인종으로 갈라지고, 다양한 민족을 형성했습니다. 그리고 지난한 역사 속에서 서로 다른 인종과 민족이 융합하는 가운데 새로운 유형의 인간이 탄생함으로써 현재의 복잡한 인류 생태계를 이루게 되었습니다.

아득한 시간을 되돌리면 우리는 모두 하나의 조상으로부터 출발했습니다. 피부색과 생김새가 다른 존재를 배척하는 일이 대단히 어리석인 짓이라는 것쯤은 이제 누구나 알고 있습니다. 우리가 지나온 시간 속에서 일어났던 수많은 비극의 대부분은 서로의 차이를 인정하지 않는 데서 비롯되었으니까요. 그러나 안타깝게도 이 어리석은 역사는 아직도 현재 진행형입니다. 크게는 전쟁과 분쟁으로, 작게는 일상 속의 차별과 모멸로 여전히 되풀이되고 있습니다.

민족 학살이나 인종 청소 같은 비극을 목격하면서 이런 생각을 해 본 적 없나요? 차라리 지구상의 모든 사람이 하나의 인종, 하나의 민족으로 이루어져 있다면 그런 비극이 일어나지 않았을지도 모른다고요. 그

건 알 수 없는 일입니다. 같은 민족끼리도 편 가르기를 하고 서로 다투는 일이 끊이지 않았으니까요.

우리가 모두 하나의 인종이고 하나의 민족이어서 똑같은 언어와 풍습과 문화를 공유했다면, 이 세상이 참 지루하고 따분했을지도 모릅니다. 어디를 가나 비슷한 생김새의 사람과 똑같은 모양의 건물이 있고 죄다 엇비슷한 옷만 입고 다닌다면 어떨까요? 그럼 멀리 여행을 갈 필요도 없을 겁니다. 아무리 멀리 간들 삶의 모습이 달라지지 않는데, 굳이 외국으로 떠날 필요가 없을 테니까요.

지구상에 여러 인종이 존재하고 다양한 민족이 제각각의 모습으로 살아가는 것은 커다란 축복입니다. 세계 곳곳에서 자라난 다양성들이 서로 결합하고 융합하는 가운데 인류는 발전할 수 있었습니다. 오늘날 각 국가와 민족은 고유한 경험을 주고받으며 타인과 협력하는 방식을 터득해 가는 가운데 평화와 번영이라는 목적지를 향해 함께 가고 있습니다. 어쩌면 이 모든 일은 우리가 서로 달랐기에 가능한 일이었을지도 모릅니다. 오늘날 우리에게 '인종'과 '민족'이란 나 자신의 계보를 증명하는 혈통의 울타리인 동시에 존재의 한계를 뛰어넘어 더 멀리 가도록 이끌어 주는 징검다리가 아닐까요? 우리는 나와 다른 존재를 통해 새로운 것을 접하면서 더 넓은 세계로 향하고 있으니까요.

지금까지 우리는 지구상에 출현한 민족들의 기원과 그들이 걸어온 길에 대해서 살펴보았습니다. 이 책이 역사를 탐구해 온 분들의 미해결 과제에 조금이나마 도움이 되었기를 바랍니다. 아울러 우리 안에

존재하는 차이를 극복하고 더 나은 세상을 만들기 위한 또 다른 출발
점이 되기를 기대합니다.

『아리아인(アーリア人)』, 아오키 켄(青木健), 2009

『고대 메소아메리카 문명 마야·테오티우아칸·아스테카(古代メソアメリカ文明 マヤ·
テオティワカン·アステカ)』, 아오야마 가즈오(青山和夫), 2007

『동남아시아의 전통과 발전(東南アジアの伝統と発展)』, 이시자와 요시아키(石澤良
昭)·이쿠타 시게루(生田滋), 1998

『동남아시아 다문명 세계의 발견(東南アジア多文明世界の発見)』 이시자와 요시아키,
2009

『문명의 십자로=중앙아시아의 역사(文明の十字路=中央アジアの歴史)』, 이와무라 시
노부(岩村忍), 2007

『인간은 이렇게 해서 늘어났다 : 20만 년간의 인구 변천사(ヒトはこのようにして増えて
きた : 20万年の人口変遷史)』, 오쓰카 류타로(大塚柳太郎), 2015

『세계사의 탄생 : 몽골의 발전과 전통(世界史の誕生 : モンゴルの発展と伝統)』(1999),
오카다 히데히로(岡田英弘) 지음, 이진복 옮김, 황금가지, 2002

『청조란 무엇인가(清朝とは何か)』, 오카다 히데히로, 2009

『몽골 제국에서 대청 제국으로(モンゴル帝国で大清帝国へ)』, 오카다 히데히로, 2010

『중국 민족주의 민족과 애국의 근현대사(中国ナショナリズム 民族と愛国の近現代史)』,
오노데라 시로(小野寺史郎), 2017

『인류가 걸어온 길(人類がたどってきた道)』, 가이부 요스케(海部陽介), 2005

『뼈가 말해 주는 일본인의 역사(骨が語る日本人の歴史)』, 가타야마 가즈미치(片山一道), 2015

『민중의 대영 제국-근세 영국 사회와 미국 이민(民衆の大英帝国ー近世イギリス社会とアメリカ移民)』, 가와기타 미노루(川北稔), 2008

『중국사 속의 민족들(中国史のなかの諸民族)』, 가와모토 요시아키(川本芳昭), 2004

『중화의 붕괴와 확대 : 위진 남북조(中華の崩壊と拡大 : 魏晋南北朝)』, 가와모토 요시아키, 2005

『조선-민족, 문화, 역사(朝鮮-民族、文化、歴史)』, 김달수(金達寿), 2002

『일본에서 본 조선의 역사-일한 관계 전사(日本で観た朝鮮の歴史ー日朝関係全史)』, 구마가이 마사히데(熊谷正秀), 2004

『한자 문명에 숨겨진 중화사상의 굴레(漢字文明にひそむ中華思想の呪縛)』, 황문웅(黄文雄), 2000

『터키 민족의 세계사(トルコ民族の世界史)』, 사카모토 쓰토무(坂本勉), 2006

『침략의 세계사 : 요 500년간 백인은 세계에서 무엇을 했는가(侵略の世界史 : この500年、白人は世界で何をしてきたか)』, 시미즈 게이이하치로(清水馨八郎), 2001

『유목민의 눈으로 본 세계사(遊牧民から見た世界史)』, 스기야마 마사아키(杉山正明), 20011

『대청 제국의 형성과 팔기제(大清帝国の形成と八旗制)』, 스기야마 기요히코, 2015

『오스만 제국 이슬람 세계의 부드러운 전제(オスマン帝国 イスラム世界の柔らかい前提)』, 스즈키 다다시(鈴木董), 1992

『일본인과 중국인ー'동문동류'로 억측하는 위험성(日本人と中国人ー同文同種・と思いこむ危険)』, 진순신(陳舜臣), 2016

『고대 인도(古代インド)』, 나카무라 하지메(中村元), 2004

『난민문제—이슬람권의 동요, EU의 고뇌, 일본의 과제(難民問題ーイスラム圏の動揺、EUの苦悩、日本の課題)』, 하카타 게이(墓田桂), 2016

『인종 전쟁이라는 우화—황화론과 아시아주의(人種戦争という寓話ー黄禍論とアジア主義)』, 히로베 이즈미(廣部泉), 2017

『노동자 계급의 반란 : 지면에서 본 영국 EU 이탈(労働者階級の反乱 : 地べたから見た英国EU離脱)』, 브레이디 미카코(ブレイディ みかこ), 2017

『중동 이슬람 민족사—경합하는 아랍, 이란, 터키(中東イスラム民族史ー競合するアラブ、イラン、トルコ)』, 미야타 오사무(宮田律), 2006

『슬라브 민족과 동구 러시아(スラヴ民族と東欧ロシア)』, 모리야스 다쓰야(森安達也), 1986

『급진적 역사—러시아사와 이슬람사의 프런티어(ラディカル・ヒストリーロシア史とイスラム史のフロンティア)』, 호카리 미노루(保苅実), 1991

『이야기 폴란드의 역사—동구의 '대국'의 고난과 재생(物語 ポーランドの歴史ー東欧の「大国」の苦難と再生)』, 와타나베 가쓰요시(渡辺克義), 2017

『상상된 공동체 : 민족주의의 기원과 보급에 대한 고찰(Imagined Communities)』(1983년), 베네딕트 앤더슨(Benedict Anderson) 지음, 서지원 옮김, 길, 2018

『A Troublesome Inheritance : Genes, Race and Human History』, Nicholas Wade, 2011

『힐빌리의 노래(Hillbilly Elegy)』(2016년) J.D. 밴스(J.D. Vance) 지음, 김보람 옮김, 흐름출판, 2017

『Brevísima relación de la destrucción de las Indias』, Bartolomé de las Casas, 1552

『민족과 민족주의 : 역사를 보는 새로운 관점(Nations and Nationalism)』(2005년), 어네스트 겔너(Ernest Gellner) 지음, 최한우 옮김, 한반도국제대학원대학교 출판부, 2009

『Die gelbe Gefahr』, Heinz Gollwitzer, 2010

『침입종 인간 인류의 변성과 미래에 대한 근원적 탐구(The invaders : How Humans and Their Dogs Drove Neanderthals to Extinction)』(2015년), 팻 시프먼(Pat Shipman) 지음, 조은영 옮김, 진주현 감수, 푸른숲, 2017

『The Ethnic Origins of Nations』, Anthony David Stephen Smith, 1987

『샤를리는 누구인가? : 자유 표현의 상징인가? 불평등이 낳은 괴물인가?(Who is Charlie? : Xenophobia and the New Middle Class)』, 엠마뉘엘 토드(Emmanuel Todd) 지음, 박아르마 옮김, 희담, 2016

『문명과 식량(The Big Ratchet)』(2014년), 루스 디프리스(Ruth DeFries) 지음, 정서진 옮김, 눌와, 2018

『아메리카 흑인의 역사(アメリカ黒人の歴史)』, 제임스 M. 바더맨(James M. Vardaman), 2011

『세계 인구의 역사(A Concise History of World Population)』(2006년), 마시모 리비 바치(MASSIMO LIVI-BACCI) 지음, 송병건·허은경 옮김, 해남, 2009

『사피엔스(Sapiens)』(2014년), 유발 하라리(Yuval Noah Harari) 지음, 조현욱 옮김, 김영사, 2015년

『Freedom Betrayed: Herbert Hoover's Secret History of the Second World War and Its Aftermath』, Herbert Hoover, George H. Nash, 2011

『니얼 퍼거슨의 시빌라이제이션 : 서양과 나머지 세계(Civilization)』(2011년), 니얼 퍼거슨 (Niall Ferguson) 지음, 구세희·김정희 옮김, 21세기북스, 2011

『The Humans Who Went Extinct: Why Neanderthals Died Out and We Survived』, Clive Finlayson, 2011

『나를 운디드니에 묻어주오(Bury My Heart at Wounded Knee)』(1970년), 디 브라운(Dee

Alexander Brown) 지음, 최준석 옮김, 길출판사, 2016

『Nazism and War』, Richard Bessel, 2004

『잃어버린 계놈을 찾아서 : 네안데르탈인에서 데니소바인까지(Neanderthal Man)』
(2014년), 스반테 페보(Svante Pääbo) 지음, 김명주 옮김, 부키, 2015

『The Great Big Book of Horrible Things : The Definitive Chronicle of History's 100 Worst
Atrocities』, Matthew White, 2011

『Race War! : White Supremacy and the Japanese Attack on the British Empire』, Gerald
Horne, 2005

『전염병의 세계사(Plagues and peoples)』(1977년), 윌리엄 맥닐(William H. McNeill) 지
음, 김우영 옮김, 이산, 2005

『세계의 역사 1, 2(A World History)』(1998년), 윌리엄 맥닐 지음, 김우영 옮김, 이
산, 2007

『1493 : Uncovering the New World Columbus Created』, Charles Mann, 2011

『이성적 낙관주의자 : 번영은 어떻게 진화하는가(The Rational Optimist)』(2010년), 매
트 리들리(Matt Ridley) 지음, 조현욱 옮김, 김영사, 2010

『아랍 오스만 제국에서 아랍 혁명까지(The Arabs : A History)』(2009년), 유진 로건
(Eugene Rogan) 지음, 이은정 옮김, 까치, 2016

전경아 _ 옮김

중앙대학교를 졸업하고, 일본 요코하마 외국어학원 일본어학과를 수료했다. 현재 번역 에
이전시 엔터스코리아 출판기획 및 일본어 전문 번역가로 활동하고 있다. 주요 역서로 『미움
받을 용기 1·2』, 『세계에서 가장 자극적인 나라 : 짐 로저스의 어떤 예견』(공역), 『엉덩이 탐
정』 시리즈 등이 있다.

혈통과 민족으로 보는 세계사

초판 1쇄 발행	2019년 10월 4일
초판 2쇄 발행	2019년 11월 18일

지은이	우야마 다쿠에이
펴낸이	정덕식, 김재현
펴낸곳	(주)센시오

출판등록	2009년 10월 14일 제300-2009-126호
주소	서울 은평구 진흥로67 (역촌동, 5층)
전화	02-734-0981
팩스	02-333-0081
메일	nagori2@gmail.com

책임편집	이양훈	**편집**	이미순
경영지원	염진희		
홍보마케팅	이종문		
디자인	이인선		

ISBN   979-11-90356-01-5 03900